La balsa de la Medusa

www.machadolibros.com

Estética de la literatura

Traducción de
Francisco Campillo

Aun siendo una disciplina relativamente reciente, la estética hunde sus raíces en los orígenes de la cultura occidental. A la cultura griega debe su originario significado etimológico: *aisthesis*, sensación. Como todas las disciplinas, tiene un lenguaje con significación específica, aunque aparentemente no sea así. Esa supuesta no especificidad de su lenguaje pone al lector «ingenuo» en peligro de ser arrastrado a terrenos pantanosos, muy alejados del camino real.

La colección *Léxico de estética*, dirigida por Remo Bodei, se compone de una serie de volúmenes, no muy extensos, escritos con lucidez y rigor, dirigidos a un público culto aunque no especializado. Los distintos textos, que tienen su propia fisonomía autónoma, por lo que se pueden considerar como monografías independientes, proponen la reconstrucción por sectores del mapa de ese vasto territorio que ha recibido el nombre de «estética».

La colección se articula en tres secciones: *Palabras clave*, *El sistema de las artes* y *Momentos de la historia de la estética*. La primera aborda, desde una perspectiva teórica e histórica, los conceptos fundamentales que utilizamos para comprender los fenómenos estéticos o para valorar obras de arte, productos manufacturados o de la naturaleza (lo bello, el gusto, lo trágico, lo sublime, por ejemplo). La segunda está dedicada a la estética aplicada a los campos considerados más importantes, como la pintura, la arquitectura, el cine y los objetos de la vida cotidiana. Finalmente la tercera examina la disciplina en su desarrollo histórico, sobre la base de los distintos planteamientos teóricos específicos y de las prácticas artísticas concretas, desde el mundo antiguo hasta la Época Contemporánea.

Fruto del trabajo de los principales especialistas en la materia, italianos y de otros países, todos los volúmenes, aun en la especificidad y diversidad de cada sección, autor y asunto de cada uno de ellos, tienen en común la amplitud de perspectiva y el lenguaje sencillo, una bibliografía comentada que orienta hacia otras lecturas más concretas y especializadas y, finalmente, sus dimensiones contenidas, aun cuando se ocupen de asuntos vastos y complejos.

La colección se constituye de la siguiente forma:

PRIMERA SECCIÓN: PALABRAS CLAVE	SEGUNDA SECCIÓN: EL SISTEMA DE LAS ARTES	TERCERA SECCIÓN: MOMENTOS DE LA HISTORIA DE LA ESTÉTICA
Títulos publicados	Títulos publicados	Títulos publicados
Remo Bodei *La forma de lo bello*	Enrico Fubini *Estética de la música*	Paolo D'Angelo *La estética del romanticismo*
Valeriano Bozal *El gusto*	Roberto Masiero *Estética de la arquitectura*	Elio Franzini *La estética del siglo XVIII*
Maurizio Ferraris *La imaginación*	Mario Pezzella *Estética del cine*	Mario Perniola *La estética del siglo veinte*
Remo Ceserani *Lo fantástico*	Ernesto L. Francalanci *Estética de los objetos*	Federico Vercellone *La estética del siglo XIX*
C. d'Angeli-G. Paduano *Lo cómico*	Andrea Pinotti *Estética de la pintura*	Giovanni Lombardo *La estética antigua*
Baldine Saint Girons *Lo sublime*	Massimo Fusillo *Estética de la literatura*	Patricia Castelli *La estética del Renacimiento*
De próxima aparición *Trágico/tragedia* *El genio*	De próxima aparición *La estética, las artes y las técnicas*	De próxima aparición *La estética Medieval*

Massimo Fusillo

Estética de la literatura

La balsa de la Medusa, 187

Colección dirigida por
Valeriano Bozal

Léxico de estética
Serie dirigida por Remo Bodei

Título original: *Estetica della letteratura*
© 2009, Società editrice il Mulino, Bologna
© de la traducción, Francisco Campillo, 2012
© de la presente edición,
Machado Grupo de Distribución, S.L., 2012
C/ Labradores, 5. Urb. Prado del Espino
28660 Boadilla del Monte (Madrid)
machadolibros@machadolibros.com
www.machadolibros.com

ISBN: 978-84-7774-943-1
Depósito legal: M-26.234-2012

Impreso en España - *Printed in Spain*
Cofás, S.A.
Móstoles (Madrid)

Índice

Introducción. Una estética plural 11

Primera parte. Momentos y tendencias de la estética literaria ... 25

   I. La estética antes de la estética 27
  II. La revolución romántica y sus consecuencias 51
 III. Más allá de la modernidad 115

Segunda parte. Teoría en práctica 137

 IV. Territorios, instituciones, efectos. La estética implícita de los escritores 139
  V. Mapa de palabras clave. Hacia un léxico de la estética (literaria) contemporánea 193

Bibliografía 241

Índice de nombres 255

Introducción

Una estética plural

En las últimas décadas estética y literatura parecían dos conceptos abocados a una clara decadencia (no es casualidad que dos libros recientes sentencien su adiós[1]). En 1983 el crítico de arte Hal Foster editó un volumen colectivo de ensayos que alcanzaba un notorio eco y en el que lo Postmoderno se proponía como una antiestética[2]: declaraba el desplome definitivo de la mayor utopía estética del siglo veinte, la del arte como subversión a cargo de las Vanguardias históricas, tal y como lo interpretara Adorno; consideraba el gusto subjetivo como algo ya banalizado por la cultura de masas y sentenciaba la disolución de toda idea de universalidad como consecuencia de la pluralidad de las culturas. En el fondo, pretendía rubricar el final del proyecto modernista, descendiente directo de la Ilustración, que había entendido lo estético como una región autónoma, capaz de crear mundos intersubjetivos y totalidades simbólicas. A ello oponían el programa de un análisis político de cualquier forma de repre-

[1] Schaeffer, J. M., *Adiós a la estética* (2000) (trad. J. Hernández Iglesias), Madrid, Machado Libros, 2006; Marx, W., *L'adieu à la littérature. Histoire d'une dévalorisation*, Paris, Minuit, 2005.
[2] Foster, H. (ed.), *The Anti-Aesthetics. Essays on Postmodern Culture*, Seattle, Bay Press, 1983.

sentación. Y es que la estética era considerada fundamentalmente como una ideología, es decir, un proyecto ilusorio que correspondía a exigencias sociales y antropológicas básicas, pero del que quedaba al descubierto su matriz política, tal y como sostiene el pensador marxista Terry Eagleton[3]. Desde el punto de vista de la literatura, los *Cultural Studies* desafiaban cualquier especificidad del fenómeno literario, y lo leían de la mano de todas las demás formas de discurso social, en cuanto medio para construir identidades y roles. Incluso en el argot oficial del mundo universitario «cultura» se convertía en una palabra clave tal, que ocupaba el lugar de la literatura. Se trataba de una reacción terapéutica frente a los excesos del Formalismo estructuralista, tan obsesionado por la búsqueda de la literariedad, una suerte de propiedad universal que diferenciaría a la literatura de cualquier otro lenguaje; de una reacción que, a su vez, alcanzaba cierto grado de exceso, pero que, en cualquier caso, ensanchó en no poca medida el ámbito de acción de la crítica literaria.

Sin embargo, desde hace poco tiempo se han venido detectando ciertos signos de una actitud de respuesta: no se trata de volver atrás como si nada hubiera sucedido, sino de replantear las relaciones; se ha advertido que el ataque culturalista contra la estética provenía de su absolutización (precisamente a cargo de quienes propugnaban la historización de todos sus conceptos…) en cuanto teoría de lo bello, olvidando así los innumerables cambios que este campo de estudio ha conocido en los últimos tiempos. Es un ámbito que no puede verse reducido a la valoración crítica de lo bello artístico, puesto que la función estética se ha configurado progresivamente como una actitud que está presente siempre y cada vez que contemplamos un objeto con una mirada no-referencial (por ejemplo, un plano del metro desvinculado

---

[3] Eagleton, T., *La estética como ideología* (1990) (trad. J. Cano y G. Cano), Madrid, Trotta, 2006.

de su uso práctico)[4]. Ha nacido de este modo una estética plural y multicultural, la cual considera los juicios estéticos como fenómenos fuertemente condicionados por presupuestos ideológicos (en continuidad, por tanto, con los *Cultural Studies*); pero que entiende, en cualquier caso, la actividad estética como la respuesta a unas necesidades cognitivas primarias: tanto más importante e insustituible cuanto más nos empuja a salir de nuestro contexto. Para decirlo con el eslogan que adopta el editor de otro ensayo colectivo: «Beauty is back»[5].

De todos modos, el problema no tenía que ver únicamente con la orientación prevalentemente política exhibida en los últimos tiempos por la teoría literaria: hacía y hace referencia, sobre todo, a la praxis artística. ¿Qué papel desempeña el arte en una época como la nuestra, de estetización omnipresente, de «epidemia de lo imaginario», como la ha definido Slavoj Žižeck?[6] Una vez anulada la diferencia jerárquica entre alta y baja cultura, la dimensión estética se ha extendido a todos los aspectos y rincones del mundo contemporáneo (política, vida cotidiana, publicidad, objetos, urbanismo, cuidado del cuerpo, videojuegos, *computer graphics*, etc.), característica que coexiste con la homologación y el anonimato de periferias y no-lugares, herederos perversos de un ocaso de la belleza que se remonta a la época romántica. Por supuesto, con frecuencia se

---

[4] Elliott, E.; Freitas, L.; Rhyne, J. (eds.), *Aesthetics in a Multicultural Age*, Oxford, O.U.P., 2002; en particular, Fluck, W., «Aesthetics and Cultural Studies», pp. 79-103; *vid.* también Patella, G., *Estetica culturale. Oltre il multiculturalismo*, Roma, Meltemi, 2005. Puede encontrarse un enfoque plural, muy atento a la cultura de masas, en Carroll, N., *Beyond Aesthetics. Philosophical Essays*, Cambridge, C.U.P., 2001.
[5] Matthews, P. R.; McWhirter, D. (eds.), *Aesthetics Subjects*, Minneapolis-London, University of Minnesota Press, 2003, en el que se aboga por la pluralización de la estética de cara a poder percibir «the plenitude of life».
[6] Žižek, S., *L'epidemia dell'immaginario* (1997), De Senaldi, M. (ed.), Roma, Meltemi, 2004.

trata de una belleza velada y estandarizada, producida directamente por exigencias comerciales; pero es un fenómeno en absoluto fácil de analizar y valorar: según de qué punto de vista se trate puede interpretarse como progreso, como pesadilla o como perversa banalización del programa vanguardista, el cual pretendía sacar el arte de los museos para extender su alcance a todos los ámbitos de lo vivido[7]. En cualquier caso, precisamente como reacción a esta estetización, el arte contemporáneo ha adoptado diversas estrategias aparentemente «antiestéticas»: la recuperación de materiales arcaicos y antifuncionales en el *Arte povera*; el encuentro directo con el paisaje natural propio del *Land Art* y, más recientemente, por un lado, la intervención decididamente política del arte poscolonial, feminista y gay; por otro, el sensacionalismo de los nuevos artistas ingleses, que intentan despertar la apatía perceptiva del espectador moderno, demasiado estimulado y, por tanto, en el fondo, *anestesiado**. Se trata, desde luego, de fenómenos de muy diversa índole, que en parte se enfrentan a la institución estética contraponiéndole un nuevo compromiso ético (*Less Aesthetics More Ethics,* rezaba el título programático de una bienal de arquitectura en Venecia hace algunos años), y en parte, por el contrario, extienden su ámbito de acción: gracias a Jannis Kounellis, un hierro oxidado se vuelve en objeto de percepción estética, como lo son, en el fondo, si bien con sus correspondientes diferencias, los animales en formol de Damien Hirst (eco, por otra parte, de aquella

---

[7] Bodei, R., *La forma de lo bello* (trad. J. Díaz de Atauri), Madrid, Machado Libros, 2006, y Welsch, W., *Grenzgänge der Ästhetik*, Stuttgart, Reclam, 1996, quien contrapone a la estetización una cultura de la escucha que no pretende ser mediofóbica, sino contemporizar lo virtual y lo corpóreo. Puede encontrarse una historia de la belleza, desde el Romanticismo a Nietzsche y Spengler, y hasta su ambiguo retorno con Andy Warhol en Vercellone, F., *Oltre la belleza,* Genova, Costa & Nolan, 1998.
* *Anestetizzato* en el original, se traduce literalmente como «anestesiado», pero además sugiere en italiano su lectura como «an-estetitzzato», es decir, «carente de sentido estético».

estética de lo feo y lo horrible teorizada y practicada en su tiempo por el Romanticismo). También el teatro ha experimentado procesos similares: una vez se dieron cuenta de la facilidad con la que era asimilado por los *mass media*, los autores que experimentaban con técnicas multimedia (Martone, Tiezzi, Barberio Corsetti, todos ellos en Italia) se orientaron hacia una dramaturgia arcaica y pobre, mientras, en paralelo, también se abrían paso reacciones opuestas: el extremismo trágico de Sarah Kane, o lo grotesco, deliberadamente repugnante, de las producciones de Frank Castorf[8].

Estamos, por tanto, ante fenómenos muy distintos, pero que parecen responder en el fondo a la misma pregunta: ¿qué hacer con la estética en una época en la que todo se convierte en estética? Y una paradoja similar se le plantea a la literatura: por un lado, categorías tan literarias como la ficción, la narración, el mito o la retórica se han hecho omnipresentes, expandiéndose hacia ámbitos diversos e insospechados, como las ciencias naturales, la paleontología, la geología, la antropología; por otro, la literatura (y aún más la crítica literaria) pierde progresivamente hegemonía, visibilidad, enraizamiento social. En cualquier caso, personalmente, no creo que la literatura esté en peligro, tal y como dice temer uno de los grandes maestros en un poco feliz *pamphlet* por él escrito[9], y tal y como repiten incansablemente tantos y tantos intelectuales apocalípticos, que defienden hasta la extenuación la tradición humanística frente a los presuntos ataques de los *media*, tanto viejos como nuevos, desde la televisión a Internet. Ante un imaginario cada vez más polimórfico no tiene sentido obstinarse en defender la superioridad del libro (que

---

[8] Mario Perniola interpreta en clave de «disgusto» numerosas tendencias estéticas contemporáneas, desde el neocinismo al *cyberpunk*. Vid. Perniola, M., *Disgusti. Le nuove tendenze estetiche,* Genova, Costa & Nolan, 1998.

[9] Todorov, T., *La literatura en peligro* (trad. N. Sobregués), Barcelona, Círculo de Lectores, 2009.

considerado en sí mismo es un mero instrumento comunicativo, no superior al vídeo o a la película) o en preservar la pureza de la escritura. Desde siempre la literatura ha explorado los límites de lo virtual, y mucho antes que éste se convirtiera en tecnología dominante[10]: hay mucho que dar y mucho que recibir, por tanto, de la contaminación con otros nuevos lenguajes; tiene todas las condiciones necesarias para aceptar el desafío de lo contemporáneo y convertirse en una valiosísima experiencia que permita leer el mundo a través de múltiples perspectivas, identificándose con las pasiones y los lenguajes de personajes a menudo muy lejanos de nuestro universo cotidiano.

En realidad, estética y literatura obtienen su fuerza precisamente de ser ambas nociones temporales e inestables, que han sufrido continuas transformaciones. En los dos casos, pero especialmente en el primero, se plantea sobre todo una cuestión de génesis: en cuanto concepto y disciplina autónoma, la estética nace en el s. XVIII, que es el siglo de la Ilustración y de la creación de los primeros museos (las «bellas artes» de las que hablara Batteux), y éste es un dato incontrovertible. Alexander Baumgarten acuñó en 1735 la palabra «estética», con la que designaba la ciencia dedicada al conocimiento sensible, no limitada, por tanto, sólo al arte y a la belleza, sino extendida a todo género de experiencias no conceptualizables (aunque no por ello irracionales: el placer, el lenguaje, la emoción)[11]. Baumgarten abría así las puertas al filósofo que obviamente habría de dar mayor empuje a este ámbito de estudio, Kant (aunque no debemos olvidar las fundamentales aportaciones de Vico): con su *Crítica del juicio* la experiencia estética se de-

---

[10] Cfr. Mazzarella, A., *La grande rete della scrittura. La letteratura nell'era digitale*, Torino, Bollati Boringhieri, 2008, *vid.* también *infra*, cap. III.

[11] Baumgarten, A. G., y Kant, I., *Il battesimo dell'estetica*, edición de L. Amoroso, Pisa, Ets, 1993; Amoroso, L., *Ratio & Aesthetica. La nascita dell'estetica e la filosofia moderna* (2000), Pisa, Ets, 2008.

fine como placer sin interés, finalidad sin objetivo; se convierte en experiencia individual de una libertad que busca, sin embargo, ser compartida y hacerse universal: aun careciendo de demostraciones, puede llevarnos hacia el sentido último de nuestra existencia, hacia una forma completamente peculiar de verdad.

Aquí llegados, el problema que se plantea es si, por una parte, considerar la estética como una ciencia sólo moderna, desarrollada a partir de estos presupuestos o, por el contrario, un campo de estudio que ha existido siempre, aunque sólo encontrara en el s. XVIII su denominación (una cuestión similar se plantea también para la novela, que habría «nacido» en la misma época). Como sucede con frecuencia, se trata de un falso dilema: el siglo XVIII supuso un giro fundamental, que configuró y construyó una estética filosófica, pero ello no es óbice para que en otras épocas se plantearan y se puedan encontrar reflexiones sobre temas similares, a menudo escondidas en los pliegues del hacer artístico[12]. Puede sonar extraño, pero tampoco el concepto unificado de literatura con el que contamos hoy ha existido siempre: en la antigüedad, por ejemplo, era fundamentalmente o más restringido o mucho más amplio. Así, por un lado, los teóricos antiguos hablaban de poesía, no de literatura, circunscribiendo de este modo su campo de aplicación a las obras en verso; por otro, consideraban retóricas o literarias formas de escritura que para nosotros hoy no lo son o lo son sólo en parte, como la ciencia, la medicina, la filosofía, la oratoria o la historiografía. Puede vislumbrarse, de modo totalmente implícito, una idea

---

[12] Cfr. la equilibrada síntesis de Modica, M., *Che cosa c'è l'estetica*, Roma, Editori Riuniti, 2002; también Amoroso, L., *L'estetica come problema*, Pisa, Ets, 1988; Garroni, E., *Estetica. Uno sguardo attraverso*, Mlano, Garzanti, 1992; y la poco canónica y cuestionable antología de Ferraris, M., y Kobau, P. (eds.), *L'altra estetica*, Torino, Einaudi, 2001, que se centra sobre todo en los límites con la lógica y en la psicología de la percepción.

unitaria de literatura en la *Poética* de Aristóteles (quien no por casualidad será el punto de inicio de nuestra investigación), idea proveniente del papel central de la ficción, pero planteada sólo en estado potencial. En la Edad Media será la comunicación prevalentemente oral de las obras lo que dé origen a una idea del texto literario más fluida y performativa que la nuestra. El Humanismo, la Ilustración, el Romanticismo, el Simbolismo y el Modernismo serán las etapas principales que conformarán la noción moderna y occidental de literatura, la cual asumirá, en cualquier caso, formas distintas en relación con cada contexto[13].

Obviamente, la intersección entre dos nociones tan problemáticas como estética y literatura resulta a su vez igualmente problemática. Recientemente, Alain Badiou ha introducido el término, quizá un tanto provocador, de «inestética», para hablar de una filosofía que, aun consciente del valor de verdad del arte, no la reutiliza como objeto de reflexión, sino que describe sus efectos superando las concepciones didáctica, romántica o clásica que han animado durante siglos la relación entre ambos mundos. Para la primera de esas concepciones (de Platón en adelante) el arte tendría valor sólo en tanto preparación a la filosofía; para la segunda sería, en cambio, encarnación de una verdad religiosa profunda e inefable; por último, para la tercera (a partir de Aristóteles) tendría un valor no cognitivo, sino terapéutico y catártico. Se trata de tres perspectivas de larga vida, que persisten también en el siglo veinte con Brecht, Heidegger y Freud, respectivamente[14]. Francamente, no podemos decir hasta qué punto ha llegado el intento de Badiou; sin duda, habría mucho que discutir y reflexionar sobre esta triple

---

[13] Wimsatt, W. C., y Brooks, C., *Breve storia dell'idea di letteratura in Occidente*, Torino, Paravia, 1973-5.

[14] Badiou, A., *Inestetica*, Boni, L. (ed.), Milano, Mimesis, 2007 (reúne artículos que se datan en 1993 y 1994); resulta muy útil la introducción del editor sobre algunos aspectos espinosos de tal propuesta teórica.

articulación. Sin embargo, no hay duda de que el uso instrumental del arte, del cine, de la literatura, de la poesía, por parte de los filósofos puede percibirse como una cuestión verdaderamente espinosa. A ello cabe añadir la cuestión referente a las fronteras con áreas afines, como la teoría de la literatura y la crítica literaria. La segunda tiene un carácter decididamente militante, y se hace reflexión estética sólo de vez en cuando, sobre todo en las formas híbridas propias del ensayo[15]. La relación con la primera es más delicada: en cuanto disciplina autónoma, la teoría de la literatura tiene una fecha de nacimiento muy reciente, el siglo que acaba de terminar, sin duda alguna. De la aspiración a hacer de ella una ciencia, primero con los formalistas rusos y después con el *New Criticism* americano y el Estructuralismo, que implica un divorcio de la estética, en tanto va a la búsqueda de propiedades lógicas y de análisis totalmente objetivo, puede afirmarse sustancialmente su fracaso, si bien nos ha proporcionado magníficos instrumentos de análisis. Precisamente por ello el intercambio entre los dos campos puede ser, en el estado actual de la cuestión, muy proficuo, también porque la teoría de la literatura (como la literatura comparada) no puede olvidar la mediación y las relaciones con la otras artes de las que, inevitablemente, han de ocuparse los teóricos de la estética. El proyecto de una estética comparada se presenta de nuevo fascinante, en el momento en que retorna en formas nuevas la utopía wagneriana de una obra de arte total, sin hegemonía alguna de lo literario y verbal, al tiempo que la praxis privilegia cada vez más la sinestesia, la hibridación, la fusión.

---

[15] Cfr. Berardinelli, A., *La forma del saggio. Definizione e attualità di un genere letterario*, Venezia, Marsilio, 2002; La Porta, F., y Leonelli, G., *Dizionario della critica militante. Letteratura e mondo contemporaneo*, Milano, Bompiani, 2007. Sobre el delicado tema de los límites, *vid.* Garroni, E., «Estetica e critica letteraria», en Asor Rosa, A. (ed.), *Letteratura italiana. IV: L'interpretazione*, Torino, Einaudi, 1985, pp. 418-48.

Estas consideraciones sobre el carácter problemático de las dos nociones y de su intersección no pretenden deconstruir nuestro objeto de estudio, sino sólo mostrar su complejidad. La estética de la literatura existe, sin duda; tiene una larga historia y (creo) un porvenir seguro. Para afrontarla en un espacio tan limitado como el de un libro que pretende y debe ser ágil, hemos seguido tres caminos. En primer lugar, un panorama histórico de las distintas teorías, muy selectivo, ya que no podríamos recorrer la historia entera de la estética (que, por supuesto, siempre se ha preocupado de la literatura)[16]. Hemos escogido por ello algunos instantes y movimientos particularmente significativos en una forma un tanto fragmentada, que espera reencontrar las mismas cuestiones más adelante y volver entonces hacia atrás, pero que es esencialmente diacrónica. Este muestrario privilegia las tendencias y épocas en las que la literatura juega un papel dominante, lo cual explica cómo no hemos dedicado secciones independientes a algunos de los gigantes del pensamiento estético, si bien están obviamente presentes: Platón, Kant, Hegel. La razón de una cierta discriminación en favor de los siglos XVIII y XIX se encuentra en todo cuanto ya se ha dicho sobre el nacimiento de la estética, que es precisamente ciencia antigua y moderna a un tiempo, pero consolidada y ratificada en la Modernidad; además de justifi-

---

[16] Podemos encontrar numerosos instrumentos útiles para integrar el componente histórico, que alternen el ensayo historiográfico y el léxico, como Givone, S. (ed.), *Estetica: storie, categorie, bibliografia*, Firenze, La Nuova Italia, 1998; o el amplísimo Gaut, B., y McIver Lopes, D. (eds.), *Routledge Companion to Aesthetics*, London, Routledge, 2005. Para una síntesis histórica reciente, *vid.* Vercellone, F.; Bertinetto, A., y Garelli, G. (eds.), *Lineamenti di storia dell'estetica, la filosofia dell'arte da Kant al XXI secolo*, Bologna, Il Mulino, 2008; es de gran valor Carchia, G., y D'Angelo, P. (eds.), *Dizionario di estetica* (2002), Bari, Laterza, 2008; cfr. también Kelly, M., *Encyclopedia of Aesthetics*, Oxford-New York, O.U.P., 2005; y Barck, K. (ed.), *Äestetische Grundbegriffe*, 7 vols., Stuttgart-Weimar, Metzler, 2000-5.

carse, en general, con la convicción de que se hace historia, también y sobre todo, para entender el presente (convicción de la que nace el último capítulo).

A partir de este primer recorrido, inevitablemente el más largo, se constituye, sin intención alguna, un eje de reflexión estética que nace en contacto directo con la escritura creativa. No se trata de una simple tendencia a la abolición de las diferencias entre la crítica y sus objetos de estudio, entre el discurso secundario y el primario, tendencia que –personalmente– considero algo deletérea (el arquetipo del crítico como escritor fracasado, para entendernos), sino del interés por una reflexión que se ve contaminada continuamente por la literatura, y que, una vez cae el mito de la objetividad científica, parece particularmente interesante. Limitémonos a dar aquí una serie de nombres deliberadamente heterogénea: el autor anónimo de *Lo sublime*, Giambattista Vico, Friedrich Schlegel, Søren Kierkegaard, Walter Pater, Oscar Wilde, Friedrich Nietzsche, Henry James, Viktor Šklovskij, Walter Benjamin, Roland Barthes (no por casualidad, casi todos también autores total o parcialmente literarios); sin con ello implicarnos en el tan debatido problema de si la filosofía debe entenderse como una forma de escritura literaria o, por el contrario, sus respectivos límites se encuentran bien delimitados (cuestión sobre la que se han manifestado Jürgen Habermas, Hans Blumenberg, Stanley Cavell, Richard Rorty y otros más)[17]. Por esta razón (pero no sólo por ella), en la segunda parte del libro la palabra pasa a los escritores y a la literatura. Precisamente porque la estética es un mundo problemático y huidizo, muchos historiadores y filósofos de la estética, como Wladislaw Tatarkievicz y Luciano Anceschi[18], la

---

[17] Resulta muy interesante el planteamiento en clave de relaciones múltiples de Horn, E.; Menke, B.; Menke, C. (eds.), *Literatur als Philosophie-Philosphie als Literatur*, München, Fink, 2006.

[18] Tatarkiewicz, W., *Historia de la estética* (1962-7) (trad. D. Rurzyca), Madrid, Akal, 1987; Anceschi, L., *Gli specchi della poesia. Riflessione, poesia, critica*, Torino, Einaudi, 1989.

han perseguido por las interioridades de las obras mismas, tanto literarias como artísticas en general. Entiéndase bien: no en las declaraciones programáticas, con frecuencia insuficientes y desilusionantes, ya que la creatividad es un fenómeno complejo, fuertemente inconsciente, que suele ir más allá de las intenciones del autor, sino captando lo no dicho, lo reprimido social e individual. Muy a menudo los poetas no saben lo que dicen, aunque lo digan antes que los demás, escribió Jacques Lacan hablando de Rimbaud[19]: sucede así, por ejemplo, que Proust anticipó la Estética de la Recepción, o que Wilde fue heraldo de la estetización postmoderna. Por este motivo el capítulo cuarto recorre, a través de fragmentos de la literatura de todas las épocas, los cuatro ejes incuestionables de la comunicación literaria: autor, género, texto y lector (de los seis que identificara Jakobson, éstos son los que han gozado de mayor relevancia estética: el contexto y el contacto tienen que ver en mayor medida con la sociología y la filología).

El último capítulo se propone afrontar la estética literaria (y no sólo literaria) contemporánea, con la convicción de que un trabajo como éste debe proyectarse sobre el presente. Se llevará a cabo a través de una serie de palabras clave: una elección, inevitablemente, subjetiva, no exhaustiva; cada cual podrá añadir otras cuatro (o catorce) igualmente significativas. La metáfora del mapa nace de la fuerte tendencia espacial de la teorización contemporánea, que prefiere formas no lineales del saber: no es por casualidad que se multipliquen cada vez más los léxicos, los atlas y otras formas similares. El hecho de que las palabras clave hayan sido organizadas en parejas evidencia la dificultad de trazar un mapa de un mundo tan *in progress* como el de la estética actual: y es que de hecho

---

[19] Lacan, J., *Seminario* II: *El yo en la teoría de Freud y en la técnica psicoanalítica* (trad. I. Agost), Barcelona, Paidós, 1981; y el comentario de M. Lavagetto, *Freud, la letteratura e l'altro*, Torino, Einaudi, 2001, pp. 204-5.

no son parejas de opuestos, sino que unen términos contiguos, a veces sinónimos, otras en relación de intersección, inclusión o complementariedad, delimitando así una serie de áreas temáticas en las que podrían hallarse numerosas palabras-clave distintas. Por ello nos hemos confiado al capricho del orden alfabético, descubriendo, en cualquier caso, alusiones y ecos que sólo a veces se hacen explícitos y que por lo general se dejan a la aportación subjetiva del lector, a quien se deja, como es habitual, la última palabra.

Desearía expresar mi agradecimiento sobre todo a la Fundación Alexander von Humboldt de Bonn, la cual, gracias a una beca de investigación obtenida en 1989, me ha financiado una provechosa estancia en Berlín, en el Instituto de Literatura Comparada Peter Szondi, dirigido por Gert Mattenklott. También envío un caluroso agradecimiento desde estas páginas a las amigas y amigos que han leído mi trabajo durante su elaboración con quienes he discutido aspectos concretos del mismo: Clotilde Bertoni, Matteo Colombi, Paolo D'Angelo, Flora De Giovanni, Stefano Ercolino, Stefania Esposito, Giuseppe Girimonti Greco, Giulio Iacoli, Roberto Russi, Ferdinando Tavi, Luca Zenobi.

Primera parte

Momentos y tendencias de la estética literaria

I

La estética antes de la estética

La «Poética» de Aristóteles: universalización, trama, empatía

Un concepto ya de por sí problemático como el de estética se hace aún más débil cuando lo aplicamos a la Antigüedad Clásica, tanto porque la estética es claramente una ciencia nacida en plena Modernidad (lo cual no le impide, sin embargo, encontrar formas afines a ella en épocas remotas)[1], como porque no parece que podamos vislumbrar en esa época una idea unitaria, similar a la que tenemos hoy, de lo que es literatura. A pesar de todo, no hay ninguna duda de que una historia de la estética literaria que se limite a ciertos momentos clave ha de comenzar necesariamente con la *Poética* de Aristóteles; y ello no sólo por el eco excepcional que esta obra singular ha alcanzado a través de los siglos. En primer lugar debemos aclarar que, aunque Aristóteles no llegó a acuñar un término nuevo, no es menos cierto que en sus palabras se expresa la exigencia de un concepto más amplio que el ya existente de poesía. Con su visión laica del arte como una distracción útil, tan lejana de aquella otra platónica, el arte

---

[1] Cfr. Carchia, G., *L'estetica antica*, Roma-Bari, Laterza, 1999; Lombardo, G., *La estética antigua* (trad. F. Campillo), Madrid, Machado Libros, 2008.

como posesión sobrenatural, y con su noción de texto autónomo respecto a su ejecución escénica y oral (y también respecto a sus orígenes rituales), Aristóteles se acerca sin duda a la noción moderna de literatura y prepara el terreno a la investigación alejandrina, proyectándose en el futuro hacia las interpretaciones formalistas y estructuralistas.

Primer tratado de estética de la historia, primer libro de teoría de la literatura, primer ensayo de crítica e historia literaria, la *Poética* goza del mismo estatuto de originalidad en el ámbito del discurso secundario que Homero en el de la creación primaria. Un estatuto que deriva esencialmente de su defensa de una idea fuerte de literatura que aún hoy tiene mucho que decirnos. Cuando Aristóteles sostiene que la poesía es más seria y filosófica que la historia (entendiendo por este término el registro en forma de crónica y de manera poco selectiva de los sucesos reales, *vid. Poética*, 1451b 6-7), está poniendo el acento sobre una característica fundamental de la experiencia estética: su capacidad de universalizar y de instituir modelos. Ello implica, sobre todo, el rechazo de lo accidental y la búsqueda, en cambio, de lo posible y de lo verosímil. Y es que universalizar no significa tipificar, es decir, reducir las personalidades individuales a meros estándares en los que todos podamos reconocernos; significa, por el contrario, captar los rasgos esenciales de un carácter o de un evento, para así darles un sentido totalizador: para hacerlos representativos de toda una clase de individuos. Sólo tras llevar a cabo por completo esta operación, el lector podrá abandonar su propia identidad y penetrar en la de los personajes ficticios, incluso si éstos distan de su mundo. En la cultura contemporánea el concepto de universalismo ha sufrido duros ataques; pero un modelo estético semejante puede demostrarnos aún su validez, incluso en el espinoso ámbito de la apreciación, precisamente porque nace no de una generalización indebida, sino de una potenciación expresiva de lo particular: apreciamos novelas y películas en tanto consiguen representar un mundo específico de manera tan creíble, que es capaz de suscitar empatía también en quien proviene de una cultura muy distinta. Para lograr su efecto filosófico y universalizante, la poética debe usar al máximo la mímesis, concepto clave en toda la estética aristotélica, la cual le atribuye el valor que Platón le negara. Se trata de un concepto al que su uso continuado le ha dotado de connotaciones peyorativas, aludiendo a la reproducción servil de la realidad de la que el arte (sobre todo figurativo) se ha ido desprendiendo progresivamente con el paso de los siglos, especialmente en el siglo que acaba de concluir. En realidad, el término *mímesis* tiene un valor activo y productivo, siguiendo esa exaltación del hacer artesanal que se encierra en la etimología de *poeta* y que vive en toda la estética antigua; debería interpretarse, por tanto, como «representación» o, aún mejor, como «simulación»[2], término que revela su carácter de engaño, de simulacro casi, y de construcción alternativa. Atraído por el placer innato de imitar, el poeta llega a construir un auténtico «mundo posible» –como diríamos hoy aludiendo a las teorías semánticas de Dolezel[3]– que no es nunca una copia del real, sino, al contrario, más coherente y relevante. Si el mundo real no es sino un flujo indeterminado de acontecimientos unidos por un vínculo exclusivamente casual, por una mera sucesión cronológica, el mundo de la ficción literaria debe ser, en cambio, un todo orgánico y unitario, en el que los eventos se relacionen entre sí, en el que el comienzo, el núcleo y el final vengan siempre motivados y nunca sean casuales. Por ello, según Aristóteles, no obtendremos unidad si nos limitamos sólo a escoger como tema la vida de un héroe concreto, ya que toda existencia se

---

[2] Tal y como propone G. Genette, *Nuevo discurso del relato* (1983) (trad. Mª L. R. Tapia), Madrid, Cátedra, 1998.

[3] Dolezel, L., *Heterocósmica. Ficción y mundo posibles* (1998) (trad. F. Rodríguez), Madrid, Arco, 1999.

compone inevitablemente de innumerables acontecimientos dispares, no unidos necesariamente por una relación de causalidad.

Tras su transformación por parte de las poéticas en un precepto normativo, esta concepción organicista y biológica de la literatura ha prevalecido durante siglos, al menos hasta la revolución romántica, para después deshacerse definitivamente con el experimentalismo modernista. Bastaría recordar la tendencia a la imperfección que caracteriza el siglo veinte en sus mejores expresiones literarias, desde Proust a Kafka, a Musil, quien en una famosa cita de *El hombre sin atributos* (cap. 122) reflexiona precisamente sobre lo imposible que resulta para el artista contemporáneo, sumido en una infinidad de dimensiones, creer en un orden lineal; o la idea del flujo continuo de lo cotidiano (la *tranche de vie* o después el *stream* joyceano) del que el novelista moderno se limitaría a cortar un retal; o antes todavía la melodía infinita de Wagner, o el análisis interminable de Freud... No obstante, incluso en el momento en que entra en crisis y se ve cuestionada, o incluso negada («esta novela no comienza», se apunta al pie de una página, la primera, en blanco, en *Petróleo* de Pasolini), la segmentación producida por el hacer artístico continúa ejerciendo su fascinación, tanto en el instante inaugural del *íncipit*, como en la recomposición propia del final. En el fondo, y si se la despoja de cualquier carácter normativo, la visión aristotélica del relato no queda muy lejos de la definición del texto literario que nos ha dejado uno de los más importantes semiólogos, Yuri Lotman: un modelo finito de un mundo infinito. Ambos traen a la mente las reflexiones de George Simmel sobre el marco: confín inexorable que delimita la separación entre la vida y las formas del arte y, al mismo tiempo, síntesis unificadora[4].

---

[4] Lotman, J., *La estructura del texto artístico* (1970) (trad. V. Imbert), Madrid, Itsmo, 1982, *vid.* pp. 261 y ss.; Simmel, G., «La cornice» (1902),

Hemos llegado de este modo a una cuestión crucial: la trama*. Si la *mimesis* es la actividad estética por excelencia, el *mythos* es su producto principal. Con este término –el mismo con el que se designa el mito en sentido estricto– Aristóteles se refiere a «la composición (*synthesis*) de los hechos» (1450a 5-6, traducción nuestra), es decir, a la estructura de los eventos: el significante de una obra narrativa (su significado es la historia narrada) que desde hace tiempo la narratología ha llamado «trama». Aun siendo sólo una de las partes constitutivas de la tragedia (si bien la más importante), el *mythos* asume en la *Poética* un inédito relieve estético, ya que Aristóteles lo hace erigirse en criterio-guía de la literariedad: el poeta no lo es por usar la métrica (podemos versificar las *Historias* de Herodoto y no por ello obtener una obra poética), sino por construir *mythoi*, es decir, tramas bien representadas y bien estructuradas, coherentes y unitarias. De aquí a postular una prosa de ficción (la novela, que nacerá dentro de poco y para la cual Aristóteles casi parece dejar una casilla en blanco[5]), y por tanto una idea de literatura más amplia que la de poesía, hay sólo un breve paso.

Podemos decir, por tanto, que Aristóteles es el primero en utilizar uno de los dos principios a partir de los cuales se ha identificado y definido durante siglos la literatura: la ficción,

---

en *Il volto e il ritratto. Saggi sull'arte*, Bologna, Il Mulino, 1985; para una contextualización del pensamiento de Simmel en el marco de la estética del siglo XX, *vid.* Perniola, M., *Estetica: storie, categorie, bibliografia*, Firenze, La Nuova Italia, 1998, pp. 41-5.

* Para la traducción del *mythos* aristotélico como «trama», cfr. Lombardo, G., *La estética antigua*, en esta misma colección, pp. 127 y ss. (N. del T.)

[5] Cuando añade la clasificación de modalidad, mímesis dramática o diegética a la establecida por el objeto de la representación (personajes superiores o inferiores a la media), obteniendo de ello la tragedia y la comedia para el drama, y épica y un espacio vacío para la diegética; no existía una poesía narrativa de argumento no-elevado, pero es en esta casilla donde asoma el espacio que ha de ocupar la futura novela.

complementaria de la dicción (siguiendo el eficaz lema de Genette)[6], que hace referencia al estilo y a la figuración retórica. No es casualidad que la *Poética* no preste atención a la lírica, género ligado paradigmáticamente a la dicción: muy lejos de ser un tratado sistemático acerca de los distintos tipos de poesía –así se presenta y así ha sido recibida–, esta obra es, por el contrario, una serie de apuntes recordatorios para facilitar las lecciones orales, no destinada a la publicación, y que desarrolla sólo en parte el programa que plantea en su comienzo. En el fondo se trata de una obra acerca de la superioridad de la tragedia en cuanto arte puramente mimético y fuertemente selectivo, y en particular de un tipo concreto de tragedia, la de Sófocles (sobre todo su *Edipo rey*). El mismo padre de la poesía antigua, «el clásico» por excelencia y verdadera enciclopedia de la cultura griega, Homero, es apreciado sobre todo por sus aptitudes miméticas y por haber anticipado, en cierto modo, la tragedia. Probablemente (pero es sólo una hipótesis) se haya perdido el segundo libro de la *Poética,* el dedicado a la comedia, pérdida que ha contribuido a esa (tan deplorable) subordinación de lo cómico a lo trágico que caracteriza toda la cultura occidental (como es sabido, esta cuestión constituye el núcleo argumental de *El nombre de la rosa* de Umberto Eco).

El valor absolutamente fundamental que Aristóteles atribuye a la trama evoca en nuestra mente algunos momentos cruciales de la cultura contemporánea, momentos que han otorgado a la narración una función indispensable en la formación de cualquier identidad, desde las (controvertidas) teorías narrativas de la historiografía a las del psicoanálisis, desde las neurociencias a la antropología: no es casualidad que el paleontólogo Stephen Jay Gould haya extraído la conclusión de que deberíamos hablar de *homo narrator* y dejar

---

[6] Genette, G., *Ficción y dicción* (1991) (trad. C. Manzano), Barcelona, Lumen, 1993.

de hacerlo de *homo sapiens*[7]. En particular, precisamente el carácter coherente y unitario del *mythos*, opuesto a la fragmentación caótica del tiempo real, ha proporcionado un muy válido punto de partida para las reflexiones filosóficas de Paul Ricoeur acerca de la profunda interconexión entre tiempo y trama, entendida esta última al modo aristotélico, como «síntesis de lo heterogéneo» (Ricoeur usa siempre esta misma definición para la figura retórica por excelencia, la metáfora)[8]; una idea que ocupa el pensamiento de los filósofos que se han interrogado en mayor medida sobre las aporías del tiempo (San Agustín, Husserl, Heidegger), y también de la narratología y la novela del siglo veinte (la *Recherche, Mrs. Dalloway, La montaña mágica*).

Gracias a su reorganización en una trama bien estructurada, un hecho que en la vida real parece desagradable, como la visión de un cadáver, puede en la ficción poética convertirse en placentero; podríamos añadir una infinidad de ejemplos, y no sólo literarios: los episodios de martirios violentos tan caros a la pintura barroca, las películas de terror, el uso de desechos en el arte contemporáneo... En el fondo de todo ello se encuentra el principio de extrañamiento tan anhelado por los formalistas rusos, no demasiado lejano de lo que el propio Aristóteles llama *xenikon*: en el *Arte povera*, un hierro oxidado, bien presentado en un museo, puede producir una intensa experiencia estética. Y, sobre todo, gracias a la reconfiguración de la trama, el espectador aristotélico consigue el efecto final de la catarsis, de la cual, a pesar de todo, no nos ha llegado una definición concreta (hay escritas bibliotecas enteras de hipótesis, ya que los filólogos tienen predilección por hablar de lo

---

[7] Gould, S. J., «So Near and Yet So Far», *New York Review of Books*, 41, 17, October, 1995.
[8] Ricoeur, P., *Tiempo y narración* (1983-5) (trad. A. Neira), 2 vols., Madrid, Cristiandad, 1987; id., *La metáfora viva* (1978) (trad. A. Neira), Madrid, Cristiandad, 2001.

que no existe); podemos imaginarla como un proceso a mitad de camino entre la clarificación intelectual y la purificación de las emociones experimentadas. Problemas de interpretación aparte, es importante subrayar que la catarsis aristotélica, ese tan afortunado enigma, nace de un identificarse en la historia representada, y en particular de las dos emociones principales, la piedad y el miedo: nace, por tanto, de una cierta forma de empatía, concepto que ha ido asumiendo cada vez más importancia en la historia de la estética y de la teoría literaria.

Decir lo extremo: lo sublime

Por cosas de la casualidad, le corresponde a un autor destinado al anonimato (o a ostentar un nombre falso), de datación incierta (muy probablemente en activo a comienzos de la Era Imperial), el mérito de haber elaborado una teoría estética reflejo de la de Aristóteles y capaz de influir poderosamente en la cultura moderna, incluso en las épocas contemporánea y postmoderna. Surgido como respuesta a una obra perdida de Cecilio de Calacte, el tratado *Sobre lo sublime* del Pseudo Longino recupera estratos muy arcaicos de la estética antigua: la visión de Demócrito y después de Platón de la inspiración como entusiasmo divino, éxtasis y posesión, y las reflexiones de Gorgias sobre el poder mágico-chamánico de la palabra, sobre su magnetismo emotivo[9]; pero los contamina con la visión universalista de los estoicos y con la orientación clasicista típica de su época (estamos posiblemente en los mismos años en los que Horacio compone su *Ars poetica,* el tercer libro de estética antigua, que habrá de gozar de un éxito enorme en la modernidad). De todo ello resulta una obra que por vez primera sitúa en el centro de la teoría literaria la ex-

---

[9] Cfr. Carchia, G., *Retorica del sublime*, Roma-Bari, Laterza, 1990.

periencia subjetiva, el contexto, y no el texto cerrado en su coherencia estructural, como sucedía en la *Poética* y como sucederá en las poéticas estructuralistas. No es por casualidad que de este tratado se hayan apoderado los críticos de la Deconstrucción a la hora de replantear la crítica literaria como oposición al escepticismo estructuralista: en efecto, muchas de sus tesis son muy cercanas a la teoría agonística de Harold Bloom[10]. Además de ello, Longino es un crítico literario con una escritura enormemente creativa, a diferencia de la de Aristóteles; tanto es así que los partidarios de la deconstrucción han hablado de la eliminación de la frontera entre primario y secundario, filosofía y literatura, literatura y crítica. El tratado, pensado como apuntes de discusiones privadas, presenta un estilo rico en esos cambios de registro y violaciones de la uniformidad estilística tan teorizados por el propio autor; y no podía ser de otra manera, pues hablamos de alguien que defiende la idea de la literatura como apropiación del texto a través de la identificación total con quien lo ha escrito. Longino es, en definitiva, el primer crítico-escritor que se siente profundamente atraído por su objeto de estudio.

El reflejo de Aristóteles en esta obra no puede reducirse tan sólo a la oposición entre racionalismo e irracionalismo, o entre objetivo y subjetivo. Aunque se le haya leído con frecuencia en clave neorromántica y anticanónica, y se le haya considerado precursor de la teoría del genio (lo cual en parte es cierto), Longino no es en absoluto un defensor de la inefabilidad del arte. Si lo sublime nace de «un amor invencible por lo que es siempre grande y, en relación con nosotros, so-

---

[10] Bloom firma, por ejemplo, el epílogo de la traducción italiana de G. Lombardo: Pseudo Longino, *Sul sublime* (1992), Palermo, Aesthetica, 2007. Sobre la utilización actual de Longino a cargo de la deconstrucción americana, cfr. Hartman, G. H. *et al.*, *La via al sublime. Sei saggi americani*, Brown, M.; Fortunati, V., y Franci, G. (eds.), Firenze, Alinea, 1987.

brenatural»[11], y, por tanto, de ese sentimiento de enajenación frente a la infinitud y a la impasibilidad del cosmos que será origen tanto del gnosticismo antiguo como del existencialismo moderno, su desafío imposible radica precisamente en conseguir expresar esta experiencia límite: en comunicar lo incomunicable. Y es que el tratado valora en igual medida la aptitud individual y la técnica adquirida, el *ingenium* y el *ars*: de las cinco categorías que señala como fuentes de lo sublime, las dos primeras («el talento para concebir grandes pensamientos» y «la pasión vehemente y entusiasta»[12]) son innatas, mientras las otras tres (elaboración de figuras, el estilo noble y la composición solemne y elevada) serán fruto del estudio. Longino dedica más extensión a la última categoría, la composición (*synthesis*), definida como una especie de culminación de las demás. Privilegia las formas de inversión del orden lineal, empezando por la más expresiva, el hipérbaton, llegando así a una especie de «sintaxis de la pasión», como la ha definido Giovanni Lombardo[13], particularmente evidente cuando comenta la famosa oda de Safo sobre los celos, a la cual describe como ejemplo del paso desde la autoalienación amorosa a la recomposición poética.

Si nos fijamos en la estética del siglo veinte, nos resultará muy significativo el interés longiniano por las formas no verbales de comunicación, un interés que se hace muy evidente cuando trata el ejemplo del silencio de Ajax Telemonio, héroe al que inmerecidamente, y en beneficio de Ulises, no se le adjudicaron las armas del vencido Aquiles. En el episodio de la evocación de los muertos (*Odisea*, XI), aquél escucha sin inmutarse las palabras melosas y falsas con las que el héroe ho-

---

[11] «Longino», *Sobre lo sublime* XXXV, 2-3 (trad. J. García López), Madrid, Gredos, 1979.
[12] *Ibídem*, VIII, 1.
[13] Lombardo, G., *Hypsegoria. Studî sulla retorica del sublime*, Modena, Mucchi, 1988, p. 103.

mérico intenta una reconciliación, para después marcharse sumergido en ese mismo silencio, tan elocuente: un silencio más sublime que cualquier posible discurso, concluye el autor (*Ib.*, IX, 2).

Al arte auténtico se llega por substracción: Longino trata extensamente lo falso sublime, causado por la grandilocuencia ampulosa, la puerilidad y una inspiración vacía. Su ideal estético es el de una palabra tan eficaz que se hace acción: como en el *Fiat lux* del Génesis bíblico, al que caracteriza como directamente escrito por el «legislador de los judíos» («Hágase la luz y la luz fue, hágase la tierra y la tierra fue», recogido por Longino en IX, 9), o en algunos textos de Homero (entre los menos frecuentes, escogidos quizá en razón de su ascendencia oriental) que describen sucesos terribles y tumultuosos y en los cuales domina la dimensión visual y sonora. Efectivamente, Longino se muestra muy atento a la relación entre las artes (el célebre *ut pictura poësis* de Horacio, presente ya en Simónides): usa con frecuencia la música para poner en claro sus teorías e identifica lo sublime con la luz en un cuadro, luz que parece provenir de la obra misma, como si fuera natural (otro afortunado precepto estético: el arte consiste en esconder el arte). Por otra parte, su tratado ha desempeñado un importante papel en la historia de la pintura y de la arquitectura hasta nuestros días. Esa exaltación del pensamiento «desnudo y sin voz»[14], que hemos podido leer a propósito del silencio de Ajax, se proyecta, por tanto, de modo directo en las poéticas del siglo veinte basadas en su conceptualización, en la supresión de cualquier elemento estetizante[15].

Ha sido precisamente el éxito reciente y ultimísimo de lo sublime lo que ha empujado a analizar con una mejor

---

[14] «Longino», *op. cit.*, IX, 2.
[15] Para una perspectiva general, *vid.* Valesio, P., *Ascoltare il silenzio. La retorica come teoria*, Bologna, Il Mulino, 1986.

perspectiva la larga historia de esta idea, superando la tan difundida crítica que entendía ese concepto antiguo sólo en clave retórico-literaria (mientras hemos visto cómo la novedad del planteamiento de Longino consiste en no considerarlo como un estilo, sino como un comportamiento), y su versión moderna, que lo concebía como una categoría filosófica destinada a culminar en la tercera *Crítica* de Kant[16]. Lo sublime, que jamás fue citado o meramente aludido en la antigüedad, no fue conocido tampoco, al menos de modo directo, en la Edad Media, lo cual no impide, obviamente, interpretar algunas obras en tal sentido: por ejemplo, el *trasumanare** de Dante en el *Paraíso*, o el tópico del fluir infinito del agua (Pietro Boitani sí lo ha hecho espléndidamente[17]). En pleno Renacimiento, incluso antes de la *editio princeps* de Robortello en 1554, se inicia una difusión directa del concepto gracias a la traducción latina de Fulvio Orsini y a figuras como la del helenista Pietro Vettori y su alumno Ugolino Martelli (de quien conservamos un magnífico retrato obra de Agnolo Bronzino), que lo difundieron en el círculo de los Farnese. Resulta de igual importancia su influencia (más o menos directa) en la cultura mágica y hermética y en el pensamiento de Leo-

---

[16] Cfr. Russo, L. (ed.), *Da Longino a Longino. I luoghi del sublime*, Palermo, Aesthetica, 1987; Mattioli, E., *Interpretazione dello Pseudo-Longino*, Modena, Mucchi, 1988; Kennedy, T., y Cotta Ramusino, E. (eds.), *Dicibilità del sublime*, Udine, Campanotto, 1990; Saint Girons, B., *Fiat lux. Une philosophie du sublime*, Paris, Quai Voltaire, 1993; Costa, G., *Il sublime e la magia. Da Dante a Tasso*, Napoli, Esi, 1994; Cuniberto, F., «Sublime», en Carchia, G., y D'Angelo, P. (eds.), *Dizionario di estetica*, Roma-Bari, Laterza, 2008; Saint Girons, B., *Lo sublime* (1993) (trad. J. A. Méndez), Madrid, Machado Libros, 2008; Bodei, R., *Paesaggi sublimi. L'uomo di fronte alla natura selvaggia*, Milano, Bompiani, 2008.

* Nos decidimos por dejar sin traducir el término italiano: superar los límites de lo humano (N. del T.).

[17] Boitani, P., *Il tragico e il sublime nella letteratura medievale*, Bologna, Il Mulino, 1991, especialmente los dos últimos capítulos.

nardo[18]. Desde luego, no es casualidad que la categoría de lo sublime sirviera de apoyo a los defensores de Miguel Ángel (mientras a Rafael le correspondería la categoría opuesta de lo bello); del mismo modo que no cabe duda de su incumbencia a la hora de comprender plenamente la revolución de la luz de Caravaggio. Será la traducción francesa, acompañada de importantes reflexiones teóricas a cargo de Boileau y publicada en el mismo año que el *Paraíso perdido* de Milton (1674), la que lance definitivamente a la fama el tratado por toda Europa: aunque no supusiera el comienzo de su destino moderno, como se ha creído, sí impulsó, sin lugar a dudas, el giro decisivo en su fortuna. Para Boileau, que distingue claramente entre el estilo sublime y lo sublime en sentido propio (en rigor, este último puede residir incluso en una sola frase o figura), la traducción de Longino hace las veces casi de antídoto a la preceptística aristotélica que el propio Boileau al mismo tiempo elaboraba en su célebre *Arte poética* (1674).

La edad de oro de lo sublime en Europa fue sin duda el siglo XVIII, cuando su idea se separa definitivamente de la connotación clásica de grandeza formal para pasar a vincularse a la experiencia de lo terrible y pavoroso y la contemplación de los paisajes naturales. En su *Indagación filosófica sobre el origen de nuestras ideas acerca de lo bello y de lo sublime* (1757), Edmund Burke nos proporciona la formulación más radical de tal noción, en la que se escuchan ecos del empirismo y del subjetivismo propios de la filosofía inglesa de su tiempo (sobre todo Locke)[19]. Lo sublime pasa de este modo a ser un

---

[18] Cfr. Mattioli, E., «Il sublime e lo stile: suggestioni cinquecentesche», en Russo (ed.), *Da Longino a Longino, op. cit.,* pp. 54-64; Costa, G., «Pietro Vettori, Ugolino Martelli e lo Pseudo Longino», *ibídem,* pp. 65-80; Costa, G., «Il sublime e la magia», *op. cit.*

[19] Burke, E., *Indagación filosófica sobre el origen de nuestras ideas acerca de lo sublime y de lo bello* (1757) (trad. M. Gras y J. A. L. Férez), Madrid, Alianza, 2010.

placer negativo (*delight,* no *pleasure*), conectado a sentimientos y sensaciones como el vacío, lo desierto, la soledad, la noche, la inmovilidad, la incertidumbre, el arrastrarse de un reptil, el toque de una campana. Estamos ante un sentimiento de terror y estupor frente a ciertos fenómenos que se escapan al control racional y que provocan una pérdida del yo: una aniquilación que se convertirá en centro de las orientaciones decadentes y nihilistas. Respecto a la teorización de lo sublime, Kant representa su versión más equilibrada y racionalista: después de realizar en su obra *Observaciones sobre el sentimiento de lo bello y lo sublime* (1746) un análisis de tono antropológico sobre las costumbres y las diferencias de género entre lo masculino y lo femenino, en la *Crítica del juicio* (1790) las dos categorías se ven incluidas dentro de la teoría del juicio reflexivo, autónomo respecto a los sentidos y los conceptos, al tiempo que se ven claramente diferenciadas: lo bello nace de la armonía entre imaginación e intelecto, mientras que lo sublime tiene su origen en el conflicto entre ambas facultades, en un sentimiento de inquietud respecto a la infinitud, tanto numérica (lo sublime matemático) como natural (lo sublime dinámico). A esta fase de desorientación le sigue, sin embargo, una exaltación del sujeto: una fase positiva en la cual la razón se complace en poder concebir sus propios límites. Se trata, en definitiva, de un modelo de sublime en el que dominan una profunda ambivalencia entre atracción y repulsión y una tendencia hacia lo imposible que es su rasgo distintivo más característico. Si, por una parte, Schiller sistematiza la concepción kantiana, asociando lo sublime (o al menos una de sus clases: lo sublime patético) a la tragedia[20], por otra, Schelling, en su *Sistema del idealismo trascendental* (1800), neutraliza su oposición frente a lo bello, considerado como lo infinito expresado en términos finitos y,

---

[20] Schiller, F., *Lo sublime: de lo sublime y sobre lo patético* (trad. J. L. del Barco), Málaga, Ágora, 1992.

por tanto, como categoría omnicomprensiva. También Hegel, quien estudia y traduce en su juventud el tratado de Longino, reduce drásticamente el alcance de lo sublime, siempre vinculado con la imposibilidad de representar lo infinito, pero confinado a la fase más arcaica del arte simbólico. En este punto parece que estaríamos ante un ocaso de la noción, que, de hecho, Croce condenará como totalmente ajena a la estética en tanto falsamente cuantitativa y tautológica[21]. Pero, bien al contrario, no será en absoluto así. Ya en la estética romántica, y sobre todo en la poesía inglesa de Wordsworth, Coleridge o Blake, o en las obras de Leopardi y de Baudelaire, la idea de lo sublime desempeña un papel importantísimo, a menudo contrapuesto al tercer polo, lo pintoresco, o al revés de la moneda, lo cómico, como sucede en las teorías de Friedrich Theodor Vischer[22]; al tiempo que se irá difundiendo cada vez más por América, considerada tierra sublime por excelencia por lo desmesurado de sus paisajes (*The American Sublime* es el título de un célebre poema de Wallace Stevens)[23]. Todo el siglo XX, con sus tendencias nihilistas y sus reflexiones sobre los límites del lenguaje y la representación, ha encontrado innumerables consonancias con lo sublime (así

---

[21] Croce, B., *Estética como ciencia de la expresión y lingüística general* (1902) (trad. A. Vegué), Málaga, Ágora, 1997, *vid.*, p. 304.

[22] Vischer, F. T., *Il sublime e il comico. Contributi a una filosofia del bello* (1837), E. Tavani (ed.), Palermo, Aesthetica, 2000. Sobre el concepto de sublime en el XVIII inglés y después en el Romanticismo, *vid.* Monk, S. H., *Il sublime: teorie estetiche nell'Inghilterra del Settecento* (1960), introd. de G. Sertoli, Genova, Marietti, 1991; Weiskel, T., *The Romantic Sublime. Studies in the Structure and Psychology of Trascendence*, introd. de H. Bloom, Baltimore, The John Hopkins University Press, 1986; Twitchell, J. B., *Romantic Horizons. Aspects of the Sublime in English Poetry and Painting, 1770-1850*, Columbia, University of Missouri Press, 1983.

[23] Cfr. Arensberg, M. (ed.), *The American Sublime*, Albany, New York State University Press, 1986; Wilson, R., *American Sublime. The Genealogy of a Poetic Genre*, Madison, Wisconsin University Press, 1991.

lo ha subrayado Lyotard[24]), al que ha situado en paralelo a otros conceptos cruciales: lo dionisiaco en Nietzsche, el saber poético de Valéry, lo sagrado en Otto, lo siniestro de Freud, el aura en Benjamin, la agonía de Bloom. Si, por lo que se refiere a las artes visuales, Massimo Carboni, en un libro con toda justicia alabado[25], ha interpretado en clave de sublimidad el *ready made* de Duchamp, la abstracción absoluta de Malevič, que se dirige hacia el cero, y el minimalismo de Barnett Newmann (quien, impresionado por el *Fiat lux* de Longino, afirmó que «lo sublime es ahora»), en la literatura se podría aludir a una infinidad de nombres, desde Kafka a Beckett, o, más cercano a nuestros días, al extremismo trágico de Sarah Kane, que sondea hasta el fondo (y el suicidio) los límites de la representación. Pero su red de influencia puede alargarse hasta los géneros más bajos del *splatter* y el *horror**, dada la estrecha relación entre placer y miedo que caracteriza lo sublime; hasta las hibridaciones del *body art* y, actualmente, de lo *posthuman;* hasta el cine de Cronenberg y de tantos otros. Ha sido precisamente la fetichización del cuerpo en el arte contemporáneo, y en particular el sentido de desrealización producido por las figuras de Duane Hanson, con sus luminosas imágenes de simulaciones perfectas, lo que ha animado a Fredric Jameson a acuñar la expresión *sublime histérico* (casi un sustituto de lo *camp*, tema del que volveremos a hablar más adelante) para la mezcla tan ambigua entre lo terrorífico y lo jubiloso[26].

---

[24] Lyotard ha trabajado extensamente sobre lo sublime kantiano y sobre la ontología negativa de lo posmoderno; *vid.* sus reflexiones en J. F. Lyotard, *Anima minima. Il bello e il sublime*, Sossi, F. (ed.), Parma, Pratiche, 1995.
[25] Carboni, M., *Il sublime è ora. Saggio sulle estetiche contemporanee*, Roma, Cooper-Castelvecchi, 2003.
* Voz inglesa en el original (N. del T.).
[26] Jameson, F., *El posmodernismo o la lógica cultural del capitalismo avanzado* (1991) (trad. J. L. Pardo), Barcelona, Paidós, 2008, pp. 75-9.

Poética y retórica

Ese acento en el valor de la experiencia subjetiva propugnado por Longino permanecerá durante mucho tiempo como un fenómeno bastante aislado. Y es que durante muchos siglos la reflexión sobre la literatura se concretó en una preceptística de mayor o menor rigidez; en la elaboración de esos manuales y tratados que recogían las principales reglas que debían dirigir la composición, en estrecha relación con la retórica, auténticos ejes de la educación escolar y estética. A esta tan prolífica, y también tan diversificada, producción se le atribuye el nombre de poética: por su intención práctica y experimental, además de por su dependencia del paradigma aristotélico, si bien en un principio no directa. Ya en la antigüedad misma Horacio no conoció el texto de la *Poética*, aunque su tono sea claramente aristotélico: así podemos observar la importancia absoluta que otorga al teatro y a la tragedia, aunque esta última era en la Edad Augusta un género ya decaído que intentaba en vano renacer. En efecto, sus dos epístolas teóricas, y en particular el *Ars poetica*, dan pie a un endurecimiento de los conceptos aristotélicos en lo que se refiere a las normas prácticas, también por su carácter militante, en el que se escucha el eco del clima hiperliterario que reinaba en el principado de Augusto, animado por intensas discusiones críticas y estéticas. En realidad, Horacio inaugura ese género de tratadística en forma de consejos prácticos para jóvenes autores que gozará de una larga fortuna en la Modernidad, desde Boileau a Max Jacob, de Gide a Carver, hasta llegar a las recientes escuelas de escritura creativa. Por otra parte, en la literatura occidental el concepto de poética ha exhibido con frecuencia el carácter de programa ideológico, no exento de connotaciones polémicas y políticas[27]. La resonan-

---

[27] Catucci, S., «Poetica», en Carchia y D'Angelo (eds.), *Dizionario di estetica*, *op. cit.*

cia de la *Poética* horaciana resultará igualmente desmesurada, transmitiendo a la Modernidad occidental la división entre los tres estilos (sublime, mediocre y humilde, correspondientes a las tres obras de Virgilio), el estrecho vínculo entre el talento (*ingenium*) y la técnica (*ars*), y la idea de un efecto sobre el público que sepa mezclar el elemento didascálico con el hedonista, lo útil con lo dulce (*docere et delectare*). Hay una aportación de Horacio, relacionada con el concepto clave de Aristóteles, que será de gran importancia para la historia de la teoría y de la praxis literaria, la mímesis: la imitación no se dirige sólo a la realidad, sino también a la literatura preexistente, mímesis de la mímesis, literatura de segundo grado o, para decirlo con un término que goza en nuestros días de gran fortuna, intertextualidad. Nace de este modo una estética clasicista, basada en la emulación más aún que en la imitación: basada en la competición con los modelos canónicos.

Los mil años de estética tardo-antigua y medieval no pueden, desde luego, reducirse a la repetición de las mismas reglas, si bien algunos principios de base dan muestras de una increíble continuidad (la *claritas,* la proporción, la idea de belleza conectada con la educación moral y la glorificación de la creación divina); como siempre, las innovaciones más significativas –la importancia dada al papel del destinatario, el desinterés como esencia de la experiencia estética– provienen de figuras muy peculiares y de la práctica de los propios poetas (San Agustín, Escoto Eriúgena, Dante)[28]. La propia tensión existente entre normas y práctica es también el rasgo característico más importante de la época en la que se retoma el conocimiento directo de Aristóteles. Tras haber circulado en la Edad Media a partir del siglo XII, a través del comentario en árabe de Averroes, y después de su versión latina a cargo

---

[28] *Vid.* el clásico Tatarkiewicz, W., *Historia de la estética* (1960-8) (trad. D. Rurzyca), Madrid, Akal, 1984, vol. II: *Estética medieval*; Fumagalli Beonio Bocchieri, M., *L'estetica medievale,* Bologna, Il Mulino, 2002.

de Ermanno Alemanno en 1256, la *Poética* vuelve a la escena literaria en 1498 con la traducción también latina del humanista Giorgio Valla, después con la edición impresa a cargo del editor Aldo Manuzio en 1508 y finalmente con la traducción en lengua vulgar de Bernardo Segni en 1549. Durante más de dos siglos, hasta el XVIII, la reflexión teórica sobre la literatura se organizó esencialmente como un interminable comentario de Aristóteles (con frecuencia muy contaminado por las ideas de Platón, como sucede en el *Naugerius* de Fracastoro[29]), cuya autoridad permaneció casi siempre incuestionada, aunque la praxis fuese por caminos centrífugos y aunque existiera una división clara entre interpretaciones estrictas y otras más libres. Sea en forma de tratados autónomos como en forma de comentarios, se fueron sucediendo innumerables obras en las que se discutía, incluso animadamente, sobre las reglas para componer una tragedia, una comedia o un poema épico; sobre cómo insertar en el sistema aristotélico nuevos géneros como la novela de caballerías, y sobre cuál era la auténtica finalidad de la poesía: el placer o la instrucción. Es difícil decir cuánto de esta producción pertenece al ámbito de la estética literaria, de límites siempre débiles o, por el contrario, debe considerarse exclusivamente como parte de una historia de la crítica literaria más o menos militante o incluso como la crónica de la recepción de la *Poética* misma. Pero nos encontramos, de todos modos, también con obras que han desarrollado ideas estéticas fundamentales, posiblemente como clara contestación al dictado aristotélico: el comentario de Francesco Robortello (1558), por ejemplo, valora el concepto de lo verosímil, destinado a desempeñar

---

[29] Sobre todo en relación con el concepto de universal, ligado a las ideas platónicas; sobre la importancia de este texto en la historia de la poética, *vid.* Barilli, R., *Poetica e retorica* (1960), Milano, Mursia, 1984. Para un perfil histórico general, *vid.* Wiegmann, H., *Geschischte der Poetik*, Stuttgart, Metzler, 1977; Segre, C., *Principios de análisis del texto literario* (trad. M. Pardo de Santayana), Barcelona, Crítica, 1985, pp. 312-38.

un papel cada vez más importante en la teoría literaria, hasta llegar al Realismo y el Naturalismo decimonónicos; la *Poética* de Giulio Cesare Scaligero (1561), muy pronto convertida en canónica, elabora un sistema coherente, quizá con ánimo de contrastar con el modelo antiguo, sobre todo por lo que hace referencia a la importancia del carácter (uno de los cinco elementos de la tragedia), al que otorga relieve, sin embargo, por razones de pedagogía moral: Aristóteles lo subordinaba a la lógica de la narración. La relación entre narración y caracterización psicológica será también un tema de gran importancia en la historia de la teoría de la literatura: Henry James, por ejemplo, dará un vuelco al énfasis que Aristóteles pone en la trama. En el plano de los efectos y de los fines cabe recordar la traducción comentada de Ludovico Castelvetro (1570), quien propugna el objetivo marcadamente hedonista de la poesía teatral, destinada a la masa inculta: las tristemente célebres tres unidades sobre las que se construye una tragedia (tiempo, lugar, acción), que Aristóteles había sólo sugerido o auspiciado (la segunda ni siquiera había sido mencionada) y que finalmente habían acabado por cristalizarse como dogmas, servirían, según Castelvetro, para componer obras lineales y comprensibles para todos. La concordancia orgánica se transforma de este modo en medio para obtener la eficacia comunicativa[30]. Finalmente, hay que recordar el papel que los tratados de poética han desempeñado en las primeros análisis de las literaturas nacionales, como es el caso de la *Filosofía poética antigua* (1596) de Alonso López, el *Pinciano,* obra cumbre del Renacimiento español, o *El libro de la poesía alemana* (1624) de Martin Opitz, de marcado formalismo racionalista.

A finales del XVI y después, sobre todo en el XVII, la praxis poética toma caminos cada vez más libres y experimenta-

---

[30] Pueden encontrarse otros textos igualmente significativos en la compilación de Weinberg, B. (ed.), *Trattati di poetica e di retorica del Cinquecento,* Roma-Bari, Laterza, 1970-4.

les: el Manierismo y el Barroco elaboran estrategias expresivas anticlásicas, muy alejadas de los ideales aristotélicos de coherencia y mimetismo. Por ello, no podía faltar una reacción contra la autoridad de Aristóteles (como tampoco faltó en el ámbito de la investigación científica: basta pensar en Galileo), proveniente en este caso no de tratadistas, sino de los propios artistas, quienes reflexionaban sobre su actividad. Se trata de una reacción ligada con frecuencia al nacimiento de géneros nuevos e híbridos, como la tragicomedia pastoral, cuya obra cumbre, *Il pastor fido* (1590) de Battista Guarini, suscitó encendidas polémicas. Quizá la voz más enérgica contra las reglas poéticas provenga de un filósofo que a lo largo de su obra combatió la idea aristotélica de un universo finito y dividido, contraponiendo a la misma una visión infinita y panteísta: Giordano Bruno, quien en su diálogo *De los heroicos furores* (1585) defiende, con un tono casi protorromántico, que las reglas derivan de la poesía, y no viceversa, y que Aristóteles resulta útil sólo a quienes no son capaces de poetizar sin reglas propias. El diálogo fue escrito en Londres y dedicado a Sir Philip Sidney, autor a su vez de un *Elogio de la poesía* (1595, publicado póstumamente), versión irónica y paradójica de las poéticas renacentistas, escrita por un protestante europeísta poco proclive a la idea de una inspiración divina de la poesía, aunque conserve, en cualquier caso, ciertos conceptos clave de Aristóteles, como la imitación, la primacía de la tragedia o la superioridad de la poesía respecto a la historia[31]. Un ejemplo paradigmático de esta tensión entre teoría y praxis es Torcuato Tasso, obsesionado de por vida por el problema de la corrección doctrinal, moral y formal de sus obras, y claramente neoaristotélico en sus escritos, sobre todo en sus *Discursos del poema heroico* (1587), aunque posteriormente se distanciara de tales posturas en sus composiciones.

---

[31] *Vid.* la edición italiana de M. Pustianaz, Genova, *Il melangolo*, 1989.

En la Francia del XVII, en plena era absolutista y en el contexto de una sociedad aristocrática y oligárquica, se desarrolla un teatro marcadamente clasicista, que conjuga las reglas aristotélicas con el racionalismo cartesiano, para el que las pasiones han de ser siempre controladas por la razón. El manifiesto teórico de este clasicismo es el tratado *El arte poética* (1674) de Boileau, del cual ya hemos hablado a propósito de lo sublime; sus concreciones artísticas más elevadas son las tragedias de Jean Racine. Pero antes de llegar a la consolidación de este aristotelismo estricto, Francia, que no había conocido una profusa elaboración de poéticas en el s. XVI, sí había presenciado una larga fase de discusiones teóricas sobre las unidades del drama, culminada con la polémica en torno a la tragicomedia *El Cid* (1637), de Pierre Corneille: no por azar una polémica en torno a un género híbrido y a un texto de gran éxito, considerado como irregular, poco verosímil y escasamente moral. El autor se defendió valerosamente, invocando siempre, y sin embargo, la autoridad de Aristóteles, a quien no impugnaba, sino que interpretaba de un modo más libre, exento de elementos morales y de la obsesión por lo verosímil. En una obra teórica de su madurez, el *Discurso sobre la utilidad y las partes del poema dramático* (1660), Corneille confesará finalmente su incomodidad como hombre de teatro al intentar esclarecer el significado de algunas reglas aristotélicas, como la unidad de acción o lo verosímil.

Será sólo con la revolución ilustrada cuando la poesía se separe definitivamente del modelo aristotélico y de la obsesión por las normas, vinculándose estrechamente a una crítica literaria cada vez más autónoma e incisiva. Una figura clave en este sentido es Lessing: en su *Dramaturgia de Hamburgo* (1767-9), una colección de recensiones teatrales para el Teatro Nacional de esa ciudad, que acababa de fundarse, combate duramente el clasicismo francés y el dogma de las tres unidades, contraponiendo a las mismas la dramaturgia poliédrica e irregular de Shakespeare, muy alejada en sus formas de las reglas aristotélicas pero cercana a su espíritu en su realismo. El anticlasicismo de Lessing no significa en absoluto un rechazo de la *Poética,* definida, por el contrario, como «obra no menos inefable que los *Elementos* de Euclides»[32]: sí que sienta, en cambio, las bases de un nuevo modo de leerla, más profundo y dinámico, enriquecido por la experimentación que llevará a cabo la Modernidad. La libertad creativa del artista no debe verse frenada por sistemas rígidos, aunque sí controlada: su tinte ilustrado le impedía suscribir ese rechazo radical de toda regla propugnado en los albores del Romanticismo. Del mismo modo, en su *Laocoonte* (1766), Lessing responde a la homologación horaciana entre pintura y poesía y a la teoría de Du Bos sobre la superioridad de la segunda en cuanto generadora de la imaginación (argumento no muy lejano de los estereotipos actuales respecto a la relación entre cine y novela). Mediante un análisis rico y detallado (por ejemplo, sobre el perspectivismo de Homero), y una oposición entre lo visual y lo verbal, lo simultáneo y lo sucesivo, lo estático y lo dinámico, Lessing abre el camino a un diálogo entre las artes que se convertirá con el tiempo en estética comparada y hoy en la investigación sobre las relaciones entre los distintos *media*.

Después de que en la estética romántica prevaleciera un platonismo enemigo de la elaboración de reglas, la poética vuelve a ser valorada con los escritos teóricos de Edgard Allan Poe, quien intenta compensar la reflexión técnica con la libertad creativa, enfrentándose así al mito del genio espontáneo, una lección que recibirán Baudelaire y también el Simbolismo. En el siglo XX, la noción de poética evoluciona aún más, vinculándose tanto a los programas de las Vanguardias históricas como a los proyectos de fundar una ciencia de la literatura, llevados a cabo por los distintos movimientos

---

[32] Lessing, G. E., *Dramaturgia de Hamburgo*, C-CIV (trad. F. Formosa), Madrid, Asociación de Directores de Escena de España, 1993, p. 527.

formalistas rusos (muy emparentados con las Vanguardias), la Fenomenología (los *Conceptos fundamentales de poética* de Emil Staiger, por ejemplo, pretenden definir la esencia de los tres macrogéneros: lírico, épico y dramático[33]), el Estructuralismo o la Neorretórica. Hoy día, cuando ya se han olvidado tanto la distinción entre vanguardia y tradición, como la utopía cientifista de una teoría general de la literariedad, entre las varias acepciones que en el siglo XX se han dado a «poética», permanece sobre todo la de Luciano Anceschi[34], orientada inevitablemente a lo plural: la idea de que toda obra, todo escrito, todo hacer artístico contiene, en sus estrategias expresivas concretas, una visión más o menos implícita de la literatura.

---

[33] Staiger, E. (1946), *Conceptos fundamentales de poética*, Madrid, Rialp, 1984.
[34] Anceschi, L., *Le poetiche del Novecento in Italia. Studio di fenomenologia e storia delle poetiche* (1962), Vetri, L. (ed.), Venezia, Marsilio, 1990, en particular las «Conclusioni teoriche», pp. 263-80; también, y sobre todo, id., *Gli specchi della poesia. Riflessione, poesia, critica*, Torino, Einaudi, 1989.

II

La revolución romántica y sus consecuencias

El Romanticismo: fragmento, ironía, infinito

Si ante nuestros ojos, ya postindustriales, la Revolución Industrial representa con justicia una fisura muy clara, que marca el inicio de la Modernidad en su sentido pleno, tanto en el plano material como en el ideológico, la misma fractura temporal se verifica en lo literario en el delicado paso de los siglos XVIII a XIX, en un momento en el que, entre otras cosas, la estética, con Baumgarten, Vico y Kant, acababa de nacer como disciplina filosófica autónoma. La revolución romántica transformó radicalmente la teoría y la praxis literaria de una manera completamente irreversible: todavía hoy somos sus descendientes directos. En el fondo no podemos evitar calificarnos como románticos[1]. Estamos ante una revolución

---

[1] Cfr. Givone, S., *Historia de la estética* (trad. Mar Gª Lozano), Madrid, Tecnos, 2009, cap. II; D'Angelo, P., *La estética del Romanticismo* (trad. J. D. de Atauri), Madrid, Machado Libros, 1999. Sobre el valor transgresor de la estética romántica, desde sus inicios alemanes hasta sus derivaciones en el siglo XX con D'Annunzio, Valéry, Benjamin, Proust, cfr. Rella, E., *L'estetica del romanticismo,* Roma, Donzelli, 1997. *Vid.* también la antología comentada de Lacoue-Labarthe, P., y Nancy, J. L. (eds.), *L'absolu litteraire. Théorie de la littérature du romantisme allemand,* Paris, Seuil, 1978. En general, sobre la ruptura epistemológica que supera el

que implica sobre todo a la dimensión histórica y geográfica del fenómeno literario, relativizando sus rasgos distintivos, que ya no consisten en la adecuación a una serie de normas recabadas de unas culturas y épocas consideradas como ejemplares (sobre todo la Antigüedad Grecorromana), sino en una mezcla compleja entre creación libre y reflexión crítica. Ya la polémica de Herder contra la Ilustración (en su *pamphlet Aún una filosofía de la historia*, de 1774) había redescubierto, por un lado, el valor de la cultura medieval y, por otro, la autonomía de las producciones artísticas en las civilizaciones egipcia, persa, india y, en general, de todo el Oriente. Tras sus huellas, Wackenroder defiende, en su obra *Efluvios cordiales de un monje amante del arte* (1774[2]), una tolerancia plena ante las obras de arte creadas en épocas y culturas muy lejanas a la nuestra[3]. Se daban todas las premisas necesarias para la reutilización literaria del Medievo y del Oriente como trasfondo o como tema para las más variadas obras, narrativas y poéticas, de un elevado número de autores europeos (Novalis, Tieck, Hölderlin, Hoffmann, Scott, Hugo, Gautier, Nerval y tantos otros)[4]; pero también para un estudio científico tanto

---

saber clásico, basado en la semejanza, *vid.* Foucault, M., *Las palabras y las cosas. Una arqueología de las ciencias humanas* (1966) (trad. E. Frost), Siglo XXI, Madrid, 2009.

[2] Herder, J. G., *Aún una filosofía de la historia: para la educación de la humanidad* (1774) (trad. E. Tabernig), Sevilla, Espuela de Plata, 2007.

[3] Wackenroder, W. H., «Alcune parole sulla universalità, la tolleranza e l'amore umano nell'arte», en id., *Scritti di poesia e di estetica,* Torino, Bollati Boringhieri, 1993, pp. 27-31, donde se polemiza contra todo aquel que piensa que el lugar donde apoya sus pies es el centro de gravedad del mundo entero: «¿Por qué no condenáis al indio por la razón de serlo y no hablar vuestra lengua?, ¿y pretendéis condenar el Medioevo porque no construía templos iguales a los que podéis ver en Grecia?» (p. 29).

[4] Sobre la relación con Oriente en las artes durante los tres últimos siglos, cfr. Amalfitano, P., e Innocenti, L. (eds.), *L'Oriente. Storia di una figura nelle arti occidentali,* 2 vols., Roma, Bulzoni, 2007, y en particular vol. I, parte 2, «Visioni romantiche dell'Oriente», y Zagari, L., «Il fascino

del arte medieval como de las lenguas y la mitología oriental (sobre todo en el segundo Romanticismo: Görres, Creuzer, Schelling). Esta revalorización de períodos históricos y de áreas geográficas otrora olvidados no se plantea simplemente como una reacción frente al Neoclasicismo, y tampoco implica la voluntad de disminuir el valor de la antigüedad griega: fueron las polémicas entre clasicistas y románticos sobre el uso de la mitología en Francia e Italia las que contribuyeron a crear tal simplificación. En realidad, en Alemania, el área en la que el Romanticismo fue más precoz y radical, la relación con el Clasicismo de Weimar, y con Goethe y Schiller, no fue nunca de contraposición extrema, sino de diálogo y quizá de ósmosis. Para los románticos el ídolo contra el que polemizar no son en absoluto los clásicos, considerados, por el contrario, expresión de un arte espontáneo y primigenio («ingenuo», según la célebre dicotomía de Schiller[5]), y estudiados frecuentemente desde una nueva perspectiva, que abre las puertas a la relación con Oriente y con los componentes enigmáticos y dionisíacos; el objetivo de su ataque es el Clasicismo francés, que había extrapolado de las literaturas antiguas un conjunto de reglas abstractas, haciendo imposible esa facultad de proyectarse abiertamente hacia el futuro que constituye el alma misma de la creatividad artística: «La crítica es *enriquecimiento* de la obra y su *perfección*»[6]. Además de dejar clara cuál era la importancia de esa proyectividad en la estética romántica, este fragmento del *Athenaeum* demuestra tam-

---

del primitivo e il misterio della complessità. L'Oriente nella letteratura dell'età di Goethe», pp. 277-320.

[5] Schiller, F., *Sobre poesía ingenua y poesía sentimental* (trad. J. Probst, R. Lida, P. Aullón de Haro), Madrid, Verbum, 1995. La dicotomía schilleriana es en realidad tipológica y no histórica, como la de antigua y moderno, sostenida en aquellos años y de modo autónomo por Schlegel, F., *Sobre el estudio de la poesía griega* (trad. B. Raposo), Madrid, Akal, 1996.

[6] Schlegel, F., «Frammenti dell'*Athenaeum*», en *Frammenti critici e poetici*, M. Cometa (ed.), Torino, Einaudi, 1998, p. 114.

bién cómo la historización romántica no implica ese relativismo absoluto que será típico de algunas tendencias estéticas del siglo XX, como el subjetivismo y el neopragmatismo, que suscribirían sin duda alguna la definición del arte como lo que ha sido llamado así «en un cierto tiempo, en un cierto lugar».

No es sólo la historización la principal novedad a través de la cual los románticos refundarán la teoría literaria. De hecho retoman la reflexión sobre la relación entre textos literarios y crítica, la cual no debe ser nunca descripción y clasificación desde fuera: debe convertirse en una íntima compenetración. Ello no significa en absoluto que se deba renunciar a la reflexión teórica y caer en una fácil magnificación de la espontaneidad poética, que ratificaría el nacimiento de una crítica creativa. Esto sucede, y sólo en parte, en los primerísimos días del Romanticismo, en los ya citados *Efluvios cordiales de un monje amante del arte* de Wackenroder, donde se expresa una idea del genio artístico como fenómeno fundamentalmente inefable, que puede ser transcrito sólo mediante nuevas obras autónomas (una idea, en mi opinión, nefasta, que gozará de gran repercusión en la cultura moderna). La postura de Friedrich Schlegel, posiblemente el más profundo e innovador entre los románticos alemanes, es, en cambio, mucho más compleja: como sintetiza Paolo D'Angelo, para aquél «la crítica es acrecentamiento y acabamiento de la obra»[7]; debe saberla reconstruir, transformarla, tratarla como punto de partida para nuevos experimentos. Y es que criticar significa «entender a un autor mejor de lo que él se ha entendido a sí mismo»[8]: un aforismo muy intuitivo y eficaz, que encierra en su interior tanto el concepto de creatividad inconsciente, que será desarrollado por el psicoanálisis, como el de lector crea-

---

[7] D'Angelo, *La estética del Romanticismo, op. cit.*, p. 211.
[8] Schlegel, F., «Frammenti sulla poesía e sulla letteratura», en id., *Frammenti critici e poetici, op. cit.*

tivo, propugnado por la Estética de la Recepción. La obra es un organismo totalmente individual, cuya vida se prolonga y desarrolla a través de la crítica.

Sin embargo, es necesario destacar también el movimiento inverso: la poesía romántica contiene siempre un elemento de crítica, de poesía sobre la poesía, de autorreflexión, aquel que Schelegel etiqueta como *poesía trascendental*. También en este caso la imagen popular y vulgar del Romanticismo ha falseado su alcance revolucionario: los románticos no defendían que la creación artística fuera un proceso no mediado e incontrolado, una libre efusión de sentimientos subjetivos; antes bien, en su estética, el entusiasmo dionisíaco se asocia siempre a un momento de una bien calibrada reflexión (como sucede también en el más auténtico momento dionisíaco). El filósofo Schelling llama *poesía* al primer elemento, inconsciente, y *arte* al segundo, consciente, enfatizando la indisoluble intersección entre ambos[9]; mientras el poeta William Wordsworth, autor de una célebre definición de la poesía como «espontáneo rebosar de los sentimientos», en el prólogo a sus *Baladas líricas* la redefine en los inteligentes términos de «emoción revivida en tranquilidad». Más en general, cabe decir que el acto de la reflexión ha de entenderse recurriendo a una importante figura retórica, que se transforma de este modo en una categoría estética más amplia: la ironía.

Alejada de su uso sentido retórico como antífrasis (afirmar algo para decir lo contrario: el clásico «¡qué buen día hace hoy!» para referirse a un día lluvioso, horrible), más cercana quizá a su sentido citacional[10] y, en cualquier caso, inspirada

---

[9] Schelling, F., *Sistema del idealismo trascendental* (1800) (trad. J. Rivera de Rosales, V. López), Barcelona, Anthropos, 2005, *vid.* p. 416.

[10] Los dos sentidos pueden ejemplificarse recurriendo al consabido lema que aparece al final de las películas, «todo parecido a personas o hechos reales es pura coincidencia»: sería ironía antifrástica al final de una película política, en las que las referencias son clarísimas; sería ironía citacional al final de una película fantástica, totalmente ajena a la realidad.

directamente por la filosofía socrática, la ironía romántica representa el momento de autoconciencia del artista: un distanciamiento cómico de la propia actividad que sirve de contrapeso al abandono al entusiasmo creativo y se relaciona con la rotura de la ilusión escénica prevista en la comedia antigua (la parábasis). El concepto de ironía asume siempre connotaciones paralelas muy metaliterarias, que apuntan a una escritura rapsódica y ligera: ficción, agilidad, arabesco y sobre todo *Witz*, o sea, la frase ingeniosa, el chiste, un procedimiento sobre el que Jean Paul traza su teoría sobre el humorismo y que será posteriormente objeto de un famoso ensayo de Freud, muy rico en ideas para la propia teoría de la literatura[11]. Con todos estos elementos el romántico afronta un punto crucial de su retórica: la relación entre finito e infinito. Sobre todo en la reflexión intrínsecamente trágica de Solger, la belleza es algo divino e inalcanzable para el hombre, que se mueve en el ámbito de lo finito: la ironía, que en absoluto debe confinarse a lo cómico, es el medio para expresar del mejor modo este contraste irresoluble[12]. De ello deriva también la elección por parte de Friedrich Schlegel del fragmento como forma de reflexión filosófica: no se trata de apuntes preparatorios para una obra organizada que hay que culminar, sino una forma breve totalmente autónoma que en cuanto tal puede encerrar una tensión utópica hacia la totalidad in-

Para una perspectiva general, *vid.* Mizzau, M., *L'ironia*, Milano, Feltrinelli, 1984.

[11] Paul, Jean, *Il comico, l'umorismo, l'arguzia* (Spedicato, E., ed.), Padova, Il Poligrafo, 1994; Freud, S., *El chiste y su relación con el inconsciente* (1904) (trad. L. López-Ballesteros), Madrid, Alianza, 2010; D'Angeli, C., y Paduano, G., *Lo cómico* (trad. J. Díaz de Atauri), Madrid, Machado Libros, 2001.

[12] Este gran pensador idealista, oscurecido quizá por Hegel, expresa su teoría, no por casualidad, en un diálogo: Solger, K. W. F., *Erwin: Quattro dialoghi sul bello e sull'arte* (1815), Brescia, Montellana, 2004; es conveniente también leer sus posteriores *Lezioni di estetica* (Pina, G., ed.), Palermo, Aesthetica, 1995, publicadas póstumamente (1829).

finita, una búsqueda del sistema que, al mismo tiempo, confirma su imposibilidad. También en este caso la estética romántica se proyecta claramente hacia lo contemporáneo, anticipando la poética de lo imperfecto, de lo inacabado, que caracterizará en gran medida el siglo XX en la literatura y la filosofía. Toda la estética romántica se concreta en formas textuales fluidas, frecuentemente con hibridaciones entre poesía y prosa, ensayo y cuento, autobiografía y narrativa, incluyendo también el paratexto y el «antetexto» [*avantesto*]: cartas, diarios, diálogos, prólogos, por no hablar de la enorme cantidad de material que queda inédito. Una idea de textualidad difusa y abierta que sirve de preámbulo a las teorías y prácticas posmodernas.

La capacidad del artista para captar lo infinito en lo finito, de representar lo irrepresentable (hoy bien podríamos decir: de formalizar de la lógica totalizadora de lo inconsciente), se define por los románticos alemanes como *fantasía* (*Phantasie*), contrapuesta a la *imaginación* (*Einbildungskraft*), más reproductora y vinculada al acontecimiento espaciotemporal. Tal contraposición se verá desarrollada posteriormente por los románticos ingleses, y en particular por Coleridge (si bien con una inversión terminológica: aquí la componente más experimental es la imaginación [*imagination*], y la fantasía [*fancy*] es la facultad más racional y menos creativa) en el marco de una vasta y heterogénea autobiografía preñada de oralidad, su *Biografía literaria*, donde propugna ya desde su enigmático título una compenetración entre crítica filosófica y poesía, entendidas como experiencias individuales, liberaciones del yo y de todo cientifismo prescriptivo[13]. De este modo se ve trastocada la concepción mimética de la litera-

---

[13] Coleridge, S. T., *Biografía literaria* (1817) (trad. E. Hegewilz), Barcelona, Labor, 1995, en particular los caps. IV y XIII. Puede encontrarse una historia filosófica de este concepto clave en Ferraris, M., *La imaginación* (trad. F. Campillo), Madrid, Machado Libros, 1999.

tura dominante durante muchos siglos, la cual implicaba un reflejo del mundo exterior en la representación del autor; ahora es el sujeto quien proyecta sus propias imágenes interiores en lo externo. Se trata de un cambio histórico de paradigma, que Abrams ha visualizado recurriendo a dos metáforas que gozan aún de amplia vigencia: el espejo (la reproducción) y la lámpara (la iluminación)[14]; o, por decirlo con la concisión de una fórmula: ya no más imitación, sino expresión. Gracias a esta nueva concepción estética los románticos podrán atribuir al arte un valor cognitivo de gran altura, peculiar e insustituible, carácter que el siglo XX retomará más adelante.

La revolución romántica alcanzó a todo el sistema de las artes, otorgando, sobre todo, un nuevo estatuto a la pintura y a la música, confiriéndoles una esencia primaria, en cuanto artes ligadas a una progresión infinita; la escultura, por el contrario, encarna la forma cerrada del Neoclasicismo. Por lo que se refiere al campo específico de la literatura, las novedades más significativas implican a la noción de género literario, y en particular a la novela y a la tragedia, además del descubrimiento de la poesía popular. Para los románticos la obra de arte tiene un carácter absolutamente individual, y debe ser progresiva, es decir, en continuo devenir: ya no puede mantenerse, por ello, la visión clasicista de los géneros literarios como entidades cerradas y codificadas; los límites entre las formas se verán rediseñados y continuamente sobrepasados. Por este motivo la estética romántica centra su atención en un género que durante siglos había sido relegado a una posición marginal, ya que había nacido tarde y no estaba incluido en el sistema de Aristóteles: la novela. Pero no se trata sólo de poner del revés una jerarquía y dar espacio a una forma literaria

---

[14] Abrams, M. H., *El espejo y la lámpara. La teoría romántica y la tradición crítica* (1953) (trad. M. Bustamante), Barcelona, Barral, 1975, que analiza un amplísimo espectro de teorías críticas.

menor, que ya a partir de finales del XVIII se estaba institucionalizando y adquiriendo hegemonía. En realidad los románticos mostrarán poca simpatía por la novela realista de su tiempo, y usarán la noción en un sentido transgenérico, que permitirá repensar la historia literaria y proponer un nuevo canon, recuperando el parentesco etimológico entre romántico y «novelesco». En el *Diálogo sobre la poesía* de Friedrich Schlegel –una obra en la que resuena el clima vanguardista del movimiento del «Athenaeum» y que contiene una *Carta sobre la novela*– es sobre todo la *Divina Comedia* la que se define como novela, categoría a la que se adscriben también los poemas caballerescos, el *Jerusalén liberada* (ejemplo del subgénero sentimental), los dramas de Shakespeare, *Don Quijote*, las *Confesiones* de Rousseau; mientras en el ámbito de la narrativa contemporánea se prefieren las obras irónicas e irregulares, las metanovelas de Sterne, Diderot y Jean Paul, ejemplos auténticos de formas caóticas y fantásticas[15]. Ya no nos encontramos, por tanto, ante una categoría cronológica, sino estética, la cual permite trazar un hilo conductor cultural de amplio alcance en el tiempo: una operación crítica que sirve de prefacio a las teorías de la novela propias del siglo XX, tanto a la de Lukács, centrada en la noción de forma abierta, como a la antitética de Bachtin, que valora la idea de un género en continuo devenir, antijerárquico, y fundamentalmente cómico y grotesco. No es casualidad que lo grotesco sea, junto a lo feo, lo sublime, lo fascinante, una de las categorías estéticas creadas o refundadas por el Romanticismo, como se dice en uno de sus textos claves, el *Prefacio* de Víctor Hugo a su *Cromwell*.

Si para Schlegel la novela es una forma enciclopédica que se nutre de todos los géneros, incluida la filosofía, y que está

---

[15] Schlegel, F., «Carta sobre la novela», *Diálogo sobre la poesía* (1800), en *Poesía y filosofía* (trad. D. S. Meca, A. Rabade), Madrid, Alianza, 1994, p. 136.

destinada más al futuro que al presente (las obras contemporáneas, como el *Wilhelm Meister* de Goethe o el *Heinrich de Ofterdingen* de Novalis, pueden sólo ensombrecerlo), para otros pensadores románticos (Hölderlin, Schelling, Solger) la tragedia será el género más adecuado para canalizar la tensión entre la infinitud del cosmos y la finitud del hombre, entre lo *aórgico* y lo *orgánico*[16]. Además, gracias a la mediación crítica del menos teórico de los hermanos Schlegel, August Wilhelm, autor de un afamado *Curso de literatura dramática,* el Romanticismo en su sentido más pleno se orientará mucho más hacia la literatura teatral, o hacia una lírica entendida, tras las huellas de Wordsworth y Coleridge, como efusión plena del yo. De este modo, la transformación de todos los géneros será completa y definitiva.

Nietzsche y el Esteticismo

Si es incuestionable que el inicio del siglo XX representa, gracias al nacimiento del psicoanálisis y a la experimentación modernista, un cambio histórico, ¿cómo debemos valorar la fase final del XIX?, ¿hay que considerarla sólo una derivación del Romanticismo, que lleva hasta el extremo algunas de sus características, y que está destinada a ser desplazada definitivamente por las Vanguardias?, ¿o bien ver en ella un episodio autónomo, que vehicula un nuevo modelo estético capaz de hacerse oír incluso en nuestra plena y propia contemporaneidad? La periodización es siempre un trabajo complejo, que segmenta un flujo en el que coinciden, inevitablemente, cesuras y permanencias: es lo que los lingüistas llaman relación entre lo continuo y lo discreto. En relación con etiquetas tales como tardo-Romanticismo o Decadentismo, en las que se re-

---

[16] Cfr. Hölderlin, F., *Sul tragico* (trad. it. G. Pasquinelli, R. Bodei), Milano, Feltrinelli, 1980.

flejan demasiadas connotaciones peyorativas o moralistas, el término Esteticismo define mejor el espíritu dominante en este período, al poner de relieve su efecto innovador sobre la estética y reasumir en cierto grado su programa. ¿Qué entendemos aquí por Esteticismo? La respuesta corriente es la atribución al arte de un valor absoluto, autónomo y superior respecto a los ámbitos de la moral, de la política, de la utilidad social. Definido en estos términos, podría parecer que el Esteticismo llevara a su culminación algunas ideas básicas de la experiencia romántica, la cual, como hemos visto, exaltaba el valor cognitivo del arte, persiguiendo una estrecha vinculación entre verdad y belleza, moral y estética. La diferencia sustancial radica precisamente en este último aspecto. Para los románticos el arte es una forma superior de conocimiento que concreta a un tiempo y plenamente filosofía, ciencia y religión: gracias a la unión de subjetivo y objetivo el poeta puede trascender las limitaciones del espacio-tiempo y participar en la infinitud y en la eternidad del cosmos.

Para los artistas del Esteticismo, esta aspiración terrible y utópica ya no existe, el arte no contiene en sí la moral, sino que se opone a ella: es siempre inmoral, como sostiene Oscar Wilde (aunque en su obra, como en la de otros protagonistas de esta tendencia, no falte un fondo moral y moralista). Lo estético no es sólo una esfera de la que se reivindica su autonomía, como sucedió anteriormente en la *Crítica del juicio* de Kant (figura, por otra parte, a años luz del gusto decadente) y en otras diversas teorías, desde el neoplatonismo renacentista a las tesis de Karl Philipp Moritz o a la teoría de la pura visibilidad de Konrad Fiedler, en general mucho más ascéticas en comparación con el sensualismo estetizante[17]. Incluso

---

[17] Sobre esta dialéctica dentro de la teoría y praxis artística, cfr. Anceschi, L., *Autonomia ed eteronomia dell'arte*, Firenze, Sansoni, 1936; y la voz «Autonomia/Eteronomia» de Catucci, S., en Carchia y D'Angelo (eds.), *Dizionario di estetica, op. cit.*, Karl Moritz escribió en 1784 un en-

la acertada y afortunada fórmula de «el arte por el arte», que encuentra su manifiesto en el *Prólogo* de Théophile Gautier a su novela *Mademoiselle de Maupin*, centrado en travestismos y androginias, presenta sobre todo un matiz polémico: quiere defender la separación de la investigación estética de todo fin utilitario, para orientarse, por el contrario, a una perfección formal que exhiba un valor de por sí. Los autores del Esteticismo van más allá de esta posición: lo estético adquiere una hegemonía total, y pretende fagocitar todos los demás ámbitos de la vida social e individual. Acaba siendo, en el fondo, un modelo existencial: como en las figuras del dandi y del *flâneur*. El arte deja de ser un medio para alcanzar verdades escondidas y preciosas, para convertirse en una actividad especializada, que busca la producción y la intensificación del placer en los sentidos.

El estilo de vida del esteta, orientado completamente al hedonismo del instante, se encuentra ampliamente descrito por un texto atípico (una especie de novela filosófica) publicado bajo seudónimo ya en 1843, a cargo de un autor que teorizó y experimentó esa «infinita multiplicidad» del yo tan central en la literatura entre los siglos XIX y XX: Søren Kierkegaard[18]. En *Aut Aut* la vida estética se ve destinada a ser superada por el estadio de la vida ética, al cual aspira, y se dirige no por una exigencia racional, sino por el descubrimiento de la angustia y por la necesidad de una opción que dé lugar a una personalidad, a una identidad fuerte. Ello no es óbice

---

sayo, *Sul concetto di compiuto in se stesso*, en el que separaba lo bello de lo útil, aunque sin considerarlos incompatibles; sobre la diferencia entre esteticismo y teoría autónoma del arte, cfr. D'Angelo, P., *Estetica*, Bologna, Il Mulino, 2003, cap. III.

[18] Kierkegaard, S., *Estética y ética en la formación de la personalidad* (1843), Sevilla, Espuela de Plata, 2007, p. 83: «El individuo de que hablamos descubre ahora que el *sí mismo* que ha elegido encierra una riqueza infinita, en la medida en que tiene una historia, una historia en la cual reconoce la identidad consigo mismo.»

para que la primera fase conserve una fascinación autónoma, ligada a la indiferencia y la naturalidad propias de lo estético que será objeto del ensayo sobre el *Don Giovanni*, obra en la que el personaje mozartiano se asimila a la fuerza demoníaca de la música y al gran tema filosófico de la seducción como reino de la posibilidad infinita[19]. Los historiadores del Esteticismo invocan a otra figura filosófica como padre de este movimiento: Friedrich Nietzsche[20]. Obviamente, hay buenas razones para reclamar tal paternidad: para Nietzsche, la experiencia estética es la experiencia humana más elevada, a la cual se subordinan todas las demás; por otra parte, tenía una notoria capacidad para la creación artística, de lo que son muestra su producción poética y musical, además de una escritura muy creativa, y, finalmente, la meta y conclusión de su filosofía, la teoría de la voluntad de poder, es en el fondo una forma de arte. Desde luego, no es casualidad que la primera recepción de este filósofo fuera en clave estética, y que también algunas interpretaciones más recientes del Postestructuralismo (Deleuze) hayan insistido en el aspecto de la creatividad. Por otro lado, las innumerables lecturas que han dado vida al fenómeno del —así llamado— renacimiento de Nietzsche, a partir del famoso ensayo de Heidegger, han puesto el acento sobre el resto de los temas que aborda, presentándolo ahora como pensador metafísico. No podemos adentrarnos en las infinitas interpreta-

---

[19] Además del ya clásico ensayo de Jean Baudrillard, *De la seducción* (1979) (trad. E. Benarroch), Madrid, Cátedra, 1989; *vid.* también Bottiroli, G., *Le incertezze del desiderio. Scritti brevi su strategia e seduzione*, Genova, Ecig, 2005.

[20] Cfr. Wuthenow, R. R., *Muse, Maske, Meduse. Europäischer Ästhetizismus*, Frankfurt, Suhrkamp, 1978; cfr. también en la bibliografía nietzschiana, Nehamas, A., *Nietzsche: la vida como literatura* (trad. R. García), Madrid, Turner, 2002; Winchester, J., *Nietzsche's Aesthetic Turn. Reading Nietzsche after Heidegger, Deleuze, Derrida*, New York, State of New York University Press, 1994.

ciones de un pensador tan difícil. Pero, en cualquier caso, se hace necesario distinguir entre diversos períodos de su pensamiento: *El nacimiento de la tragedia* es, sin duda, la obra que más se acerca a un tratado de estética. En ella se afronta el género más sublime y canónico, tan amado ya por los románticos, y al final se auspicia su renacimiento por medio de una nueva síntesis entre apolíneo y dionisíaco en el teatro wagneriano. Si se lee detenidamente entre líneas, tampoco este texto puede interpretarse de una manera tan unívoca: entre las dos categorías hay siempre una conflictividad latente, que desemboca en un predominio de lo dionisíaco destinado a convertirse en idea estética predominante en todo el siglo XX. Tras esta primera obra juvenil, el Nietzsche de épocas sucesivas adoptará posiciones bastante más duras en relación con el arte, tanto al constatar su degradación a mera forma de entretenimiento burgués, en un tono aún más claro que la sentencia hegeliana de la muerte del arte, como al atacar la *décadence* contemporánea y en particular al otrora maestro Wagner. Si bien es cierto que en Nietzsche puede rastrearse una estética de la desidentificación, del arte como proceso para salir de los roles prefijados (un modelo aún hoy muy significativo[21]), no lo es menos que en su obra la categoría de lo estético excede con mucho las prácticas artísticas concretas. Por el contrario, a lo largo de la lectura de *La gaya ciencia* se deja entrever una condena del arte que para algunos es aún más radical que la platónica[22]. En definitiva, el pensamiento de Nietzsche es demasiado particular, idiosincrático, para reducirlo a figura de padre filosófico del Esteticismo. En todo

---

[21] Cfr. Vattimo, G., «Arte e identidad. Sobre la actualidad de la estética de Nietzsche», en id., *Diálogo con Nietzsche. Ensayos 1961-2000* (trad. C. Revilla), Barcelona, Paidós, 2001, pp. 159-97, con análisis de algunos aforismos de *La gaya ciencia* (356, 354) y con conclusiones sobre Adorno y Derrida.

[22] Cfr. Pothen, P., *Nietzsche and the Fate of Art*, Burlington, Ashgate, 2002.

caso, debemos distinguir entre la interpretación de sus obras y el efecto que las mismas han producido en la literatura y el arte, que ha sido enorme (hasta el Postmodernismo) y que con frecuencia se ha basado en un conocimiento indirecto y aproximado de su filosofía, reducida al vitalismo del superhombre. Ha sido precisamente su escritura aforística, fragmentaria y visionaria el elemento que más ha incidido en la estética literaria, deconstruyendo los límites entre literatura y filosofía mucho antes que la deconstrucción misma, y adelantándose a las formas híbridas e incompletas propias de la plenitud del siglo que acaba de concluir.

Los contextos en los que el efecto Nietzsche y el Esteticismo se desarrollaron en mayor medida son Inglaterra (Walter Pater, John Ruskin, Oscar Wilde), Francia (Huysmans y los parnasianistas), Italia (Angelo Conti y Gabriele D'Annunzio) y Alemania (el círculo de Stefan George). Los temas gravitan en general en torno a la morbosidad lánguida, la perversión y el sadomasoquismo[23]. Por cuanto se refiere a la elaboración de nuevos modelos de crítica literaria, es el Esteticismo inglés el que más ha aportado, sobre todo a propósito de la hibridación a la que antes hemos aludido. En este ámbito resulta de fundamental importancia la figura de Walter Pater, figura de transición, en el sentido positivo y creativo del término: cargado de cultura romántica y tardorromántica, elaboró una poética que ejercerá una influencia directa sobre le generación inmediatamente posterior, la de Wilde, y posteriormente también en el Modernismo, sobre todo por su recuperación del mito como lenguaje simbólico de una densidad insustituible. Estamos ante una poética que propugna

---

[23] Resulta ejemplar el análisis de Praz, M., *La carne, la muerte y el diablo en la literatura romántica* (1930) (trad. R. Mettini), Barcelona, El Acantilado, 1999; *vid.* también Paglia, C., *Sexual personae. Arte y decadencia de Nefertiti a Emily Dickinson* (1990) (trad. P. Vázquez), Madrid, Valdemar, 2006.

la autonomía del arte respecto a la moral, y que subraya su origen físico y sensorial: su origen en la intensificación de las percepciones[24] (como se puede leer en la célebre conclusión de su ensayo sobre el Renacimiento, inicialmente censurada por él mismo[25]). Sus *Retratos imaginarios*, dedicados a ciertas épocas y ambientes significativos del pasado artístico y a personajes melancólicos y saturninos, constituyen una verdadera obra maestra de hibridación entre ficción y ensayística: un auténtico e innovador ejemplo de crítica creativa.

Algunos años más tarde, en 1891, Oscar Wilde publicaba *El crítico como artista*, considerado con frecuencia como manifiesto del Esteticismo, pero que, sin embargo, anticipa –aspecto generalmente ignorado– algunas de las tesis del Novecentismo, sobre todo la importancia del efecto sobre el lector. Estructurado como un diálogo entre dos personajes, con una cena como intervalo y rico en esa conversación brillante y llena de paradojas que ha hecho célebre a su autor, el ensayo comienza con una imagen por lo demás bastante tópica: la idea de que en Grecia no había habido críticos literarios, pues se hallaban felizmente inmersos en la producción de la literatura primaria de alta poesía (una imagen que Nietzs-

---

[24] Sobre la poética de Pater en general resulta de gran interés un ensayo muy juvenil de Wolfganag Iser, *Walter Pater: Die Autonomie des Ästhetischen*, Tübingen, Niemeyer, 1960, en particular las partes II y IV, que diferencia su esteticismo, dirigido a exaltar la plenitud de la vida del de Gautier, quien disocia arte y vida.

[25] La «Conclusión» fue publicada en la primera edición de 1873, aparecida con el título de *Studies in the History of Renaissance*; en 1877, la segunda edición, titulada *The Renaissance. Studies in Art and Poetry*, fue privada de las conclusiones ya que se las consideró peligrosas para los jóvenes estudiantes y seguidores (en realidad no suponen en absoluto un elogio del sensualismo hedonista); finalmente, la edición de 1988 tenía un título carente de dimensión histórica y menos académico, simplemente *The Renaissance,* e incluye tanto la «Conclusión» como el célebre ensayo «La escuela de Giorgione»: Pater, W., *Renacimiento. Estudios sobre arte y poesía* (1873) (trad. M. Salís), Barcelona, Alba, 1999.

che habría sin duda compartido). El *topos* se ve rápida y hábilmente desmontado, tanto subrayando que una época tan creativa no puede carecer de vida crítica, como exaltando la *Poética* de Aristóteles en tanto obra representativa de una estética desvinculada de toda moral y atenta a la impresión que las obras producen en los espectadores (la catarsis). De aquí se parte para defender que la crítica literaria debe ser creativa e independiente, ya que guarda la misma relación con sus objetos de estudio que el artista con el mundo sensible. Se trata, en definitiva, de «una creación dentro de otra creación»[26] que puede ser incluso más creativa que la primera, en cuanto trabaja sobre todo con las propias impresiones personales, que se convierten en regla, en medida del juicio artístico. De hecho, el arte se toma en consideración «no como expresión, sino como impresión»[27], y el crítico no debe limitarse a desvelar las intenciones del artista, «pues el sentido de cualquier cosa hermosa que se crea radica, como mínimo, tanto en el alma de quien la mira como en el alma de quien la concibe»[28]: dos frases que anticipan claramente la Estética de la Recepción y la crítica literaria orientada al lector, síntomas ambas del ambiente cultural de los años setenta del siglo XX. En nuestra época podemos ver por doquier formas de crítica periodística que utilizan los textos como pretextos para unos tan largos como vacíos contrapuntos, para los cuales el modelo de crítica creativa propuesto por Wilde podría parecer poco interesante y superado. Pero no es así. Como siempre, Wilde corrige su puntería, afina el objetivo de sus paradojas y, así, en la segunda parte admite que también la interpretación es importante para el crítico: por ello, se ha de conocer bien el Londres isabelino para hablar de Shakespeare o la Atenas de

---

[26] Wilde, O., *El crítico como artista. La importancia de no hacer nada* (trad. L. F. Díaz), Madrid, Rey Lear, 2010, p. 65.
[27] *Ibídem*, p. 68.
[28] *Ib.*, p. 71.

Pericles para hacerlo sobre la tragedia griega. Lo importante es, sin embargo, no buscar sólo la explicación; mejor hacer más intenso el misterio, prestándose por entero al juego: «Sólo intensificando su propia personalidad puede el crítico interpretar la personalidad y la obra de otros, y cuanto mayor sea la intensidad con que dicha personalidad ahonde en la interpretación, más real se torna ésta, más satisfactoria, más convincente y veraz»[29]. Estamos ante una consideración en sentido fuerte de la crítica como diálogo entre dos, que bien puede servir de antídoto al tecnicismo frío y estéril de tanta producción académica considerada científica, también por su implicación existencial (el diálogo termina al alba, con dos amigos que van a contemplar los rosales de Covent Garden). Realmente podríamos aplicar el bello fragmento citado a una buena cantidad de ensayistas y críticos, desde Baudelaire a Barthes, desde De Sanctis a Debenedetti, desde Ruskin a Longhi, desde Macchia a Garboli. Es también una idea de crítica que implica una reinterpretación continua: «Nuestro único deber para con la historia es el de reescribirla»[30] es una sentencia que cabe sin duda suscribir.

Como hemos apuntado anteriormente, el Esteticismo se vio desplazado por las Vanguardias: hoy día, cuando su fulgor revolucionario también se ha apagado, algunos rasgos parecerían volver a estar vigentes, sobre todo la diseminación incondicionada del mundo de lo estético y su difusión cada vez más masificada. De hecho, en plena Postmodernidad se habla de estetización de lo cotidiano, fenómeno que iría vinculado a la expansión de lo virtual y de lo mediático y al debilitamiento de los límites entre ficción y realidad, fenómenos todos que podemos valorar en función de nuestro grado de

---

[29] Wilde, O., *El crítico como artista. La importancia de discutirlo todo* (trad. C. M. Muñoz), Madrid, Rey Lear, 2010, p. 19.
[30] Id., *El crítico como artista. La importancia de no hacer nada, op. cit.*, p. 54.

«apocalipticismo» (hemos hablado de ello en la introducción). Debemos sin duda recordar que muchas épocas han estetizado su universo cotidiano, quizá en modos más ritualizados y menos masificados que los utilizados hoy. Estamos, en definitiva, ante el riesgo de que también la estetización de lo cotidiano se convierta en una fórmula fácil para clasificar un presente a estas alturas aún difícil de comprender[31]. Lo que sin duda cabe subrayar es que, en cualquier caso, el Esteticismo no es en absoluto un movimiento lejano y superado, sino un paradigma cultural que aún tiene mucho que decir a la estética y a la literatura.

De Vico a Croce: lenguaje, poesía, literatura

Anticipada a principios de siglo, exactamente en 1900, por algunas *Tesis fundamentales*, la *Estética como ciencia de la expresión y lingüística general. Teoría e historia* (1902) de Benedetto Croce impresiona sobre todo por el papel preponderante que en ella juega la *pars destruens*: tanto en la exposición de la *Teoría*, como después en la extensa panorámica trazada por la *Historia*, Croce elimina del reino de la estética una serie de categorías que eran y aún son hoy, en un clima poco propenso a la categorización, instrumentos fundamentales de la teoría literaria, como lo trágico, lo cómico, lo sublime o, más aún, el género literario, la traducción, y la división y síntesis entre las artes[32]. No estamos, en todo caso, ante una eliminación radical: se consideran pseudoconceptos que tienen una utilidad sólo empírica. También en la parte histórica la acu-

---

[31] Cfr. D'Angelo, P., *Estetismo, op. cit.*, cap. X.
[32] Tal y como subraya G. Scaramuzza, para Croce la estética es un «ámbito de exclusiones». *Vid.* id., «Per una rilettura dell'estetica di Croce», en Bruno, R. (ed.), *Per Croce. Estetica, estica, storia*, Napoli, Esi, 1995, p. 114.

mulación de teorizaciones menores, a las que se pasa rápida revista en un estilo con frecuencia árido, lejano de la escritura tan elegante de la que Croce era sin duda capaz, produce en el lector una suerte de sentido de saciedad y de rechazo de la abstracción teórica. Se trata de una historia de la estética que tiene un recorrido argumentativo muy consciente y motivado, que privilegia algunas figuras clave (Vico, De Sanctis, Schleiermacher) y que critica a muchas otras con polémica agresividad en nombre del progreso de la ciencia[33]. Sin embargo, ante el material erudito, con miles de distinciones retóricas y sutiles diferenciaciones, muestra una actitud ambivalente, casi de atracción reprimida, que no sorprende dada la propensión crociana a la erudición: les dedica un espacio muy amplio, pero en un modo que evidencia su vacuidad.

¿En nombre de qué se produce esta desmitificación tan radical? En nombre de una visión del arte como acto de la intuición, totalmente autónomo de la transmisión de verdades morales, políticas o metafísicas, y tampoco reducible al mero placer sensorial o la pura relación entre formas. Estamos, por tanto, ante esa línea de valoración de la autonomía del arte de la que acabamos de hablar, pero con un tono totalmente personal. Según Croce, la intuición, que se realiza y se identifica con la expresión, es un conocimiento inmediato, distinto de la elaboración discursiva del concepto, pero distinta también de la percepción, la cual implica siempre una distinción entre verdadero y falso (mientras la intuición nace de una alianza entre lo real y lo posible), y también distinto

---

[33] Cfr. Russo, L., *Una storia per l'estetica*, Palermo, Aesthetica, 1986, que pone de relieve la complementariedad entre el «exceso de historiografía» de la *Historia* y la «radicalidad especulativa» de la *Teoría* (*vid.* p. 76). Russo habla también de un sádico *furor nefandi*: es de sobra conocido el comentario irónico de Labriola, según el cual más que una Historia parecería un Cementerio; cfr. también Bertoni, C., «Introduzione» a *Carteggio Croce-Ricci*, Napoli, Istituto degli Studi Storici (en prensa).

de la sensación, que es más informe y representa la materia que, para poder ser conocida, debe pasar a través de la forma (de hecho, la sensación queda cerca de la lógica inefable de lo inconsciente). Gracias a esta idea tan poderosa, Croce puede propugnar el carácter insustituible de la experiencia estética con un vigor inédito, que cuenta con pocos que lo igualen en la historia del pensamiento.

Nos remontamos así a los orígenes de la estética como disciplina independiente, bautizada por Baumgarten, que la definió como ciencia de la sensibilidad, y fundada con rigor por Kant, autor no demasiado bien tratado por Croce pero muy importante para su edificio teórico (más neokantiano que neohegeliano)[34]. Sin embargo, la autonomía de la actividad estética se presenta en este caso más acentuada que la de sus predecesores germanos: la intuición crociana es a todos los efectos ya de por sí una forma de conocimiento y no tiene necesidad alguna del concepto para convertirse en tal («no necesita dueño», sentencia el autor). Desde este punto de vista su verdadero y reconocido precursor es Giambattista Vico, cuya *Ciencia nueva* precede en diez años (1725) a la primera obra de Baumgarten. La de Croce no es sólo una reivindicación nacionalista: es una propuesta de lectura histórica, que concede su justo valor al papel fundamental de Vico en la configuración del ámbito de lo estético. Tras la *Ciencia nueva* hay sin duda un rico *background* de reflexión teórica sobre la verdad autónoma de la poesía (Gravina, Muratori). Pero Vico es el primero en afirmar de manera radical la productividad de la imaginación y también en historiarla: la «sabiduría poética» se remonta a la infancia de la humanidad, cuando dominaban la fantasía, la memoria, el sentimiento, y ha producido lenguas jeroglíficas y simbólicas en las que se advier-

---

[34] Cfr. Garin, E., *Cronache di filosofia italiana*, Bari, Laterza, 1966, vol. I, pp. 263-6; D'Angelo, *L'estetica di Benedetto Croce*, pref. E. Garroni, Roma-Bari, Laterza, 1982, pp. 16-21.

ten con fuerza su estrecha relación con el cuerpo y las raíces pasionales de las formas retóricas. En oposición al racionalismo cartesiano, Vico da valor a estos «universales fantásticos», que están en la base de un arte concebido como independiente y antitético respecto a la ciencia, ligado a lo particular del mismo modo en que la filosofía lo está a lo universal, y capaz de expresar afectos y pasiones a través del poder expresivo de la retórica[35]. Un poder que se ejemplifica en primer lugar con el propio estilo de Vico, que sabe fundir teoría y narración, palabra e imagen, tiempos y puntos de vista diferentes[36]. La contribución esencial de Vico a la estética literaria fue precisamente el haber valorado el universo del mito como forma autónoma de lenguaje, la cual será posteriormente estudiada científicamente por la antropología y reelaborada continuamente hasta hoy, según esa infinita variedad recopilada por Hans Blumenberg[37].

Según la tesis crociana, toda obra de arte, en cuanto acto individual de intuición-expresión, es única e irrepetible, y no puede ser clasificada en movimientos específicos o trasladada a otros lenguajes. Esta idea fundamental de la individualidad absoluta de los fenómenos artísticos, que nos hace de Croce alguien hoy muy lejano y que ha conducido la crítica que él mismo inspiró hacia el riesgo de la tautología, es también el motivo por el cual en su sistema se condenan conceptos como el de género literario o el de lo sublime, o metodologías como

---

[35] Verene, D. P., *Vico: la scienza della fantasia*, Roma, Armando, 1984; Battistini, A., *La sapienza retorica de Gianbattista Vico*, Milano, Guerini, 1995; Patella, G., *Senso, corpo, poesia. Giambattista Vico e l'origine dell'estetica moderna*, Milano, Guerini, 1995; Amoroso, L., *Lettura della «Scienza nuova» di Vico*, Torino, Utet, 1998.

[36] Lo demuestra de manera ejemplar Sini, S., *Figure vichiane. Retoria e topica della «Scienza nuova»*, Milano, Led, 2005, que habla de un estilo de la simultaneidad.

[37] Blumenberg, H., *Trabajo sobre el mito* (trad. P. Madrigal), Barcelona, Paidós, 2003.

la comparada (tan poco desarrollada en Italia precisamente a causa de esta tan acreditada condena) o la crítica temática. Ello no es óbice para reconocer que Croce supo ser, en la práctica, un gran comparativista, como demostró en su *Historia de la edad barroca en Italia* (1929) o, más en general, con su siempre vivo interés por las relaciones entre las culturas europeas. Para comprender bien esta serie de «herejías» conviene situarlas históricamente: el blanco de su polémica era en concreto la crítica positivista, con su obsesión por los documentos y las fuentes, que con frecuencia reducía la investigación a una mera catalogación de argumentos, limitada, por tanto, a la materia del contenido, mientras la tematización es un proceso que implica siempre dinámicas expresivas. Había también otro aspecto de la estética positivista (una corriente más compleja de lo que se cree) contra el que Croce arremetió, que era la tentativa de analizar científicamente el grado de intensidad que las representaciones artísticas producían en la conciencia; trabajo iniciado en Alemania con Johann Friedrich Herbart y que continúa después Gustav Theodor Fechner, quien pretendía obtener una medición cuantitativa del efecto estético, hasta alcanzar la teoría de la empatía (*Einfühlung*) de Lipps, orientada a cuantificar la energía psíquica invertida en el arte, una orientación destinada, como hemos apuntado ya a propósito de Aristóteles y la catarsis, a gozar de notables desarrollos en el ámbito psicoanalítico[38]. Respecto a estas líneas de investigación, el refugio humanista de Croce en Vico, su protesta de que no todo saber (*Wissen*) es ciencia (*Wissenschaft*)[39], su insistencia en la naturaleza completamente interior de la experiencia estética,

---

[38] Cfr. Scolari, E., *Quattro studi sull'estetica del positivismo*, Modena, Muccchi, 1984; Catuci, S., «Estetica scientifica», en Carchia y D'Angelo (eds.), *Dizionario di estetica, op. cit.*

[39] Croce, B., «Noterelle polemiche» (1894), en *Primi saggi*, Bari, Laterza, 1951, p. 50.

desligada de soporte material alguno, son reacciones totalmente comprensibles.

Para Croce, el principio-guía de la intuición vale tanto para el aspecto productivo como para el receptivo: la creación de una obra de arte, debida al genio, y su valoración crítica, originada en el gusto, son en el fondo la misma operación, diferenciada sólo por las circunstancias. Por tanto, podemos decir que Croce sigue, obviamente con sus caracteres específicos, los pasos de la compenetración entre crítica y poesía que hemos encontrado en la estética romántica y después en el Esteticismo de Wilde[40]. Como es sabido, a pesar de que con frecuencia ha sido leída aisladamente respecto al resto de la ingente producción crociana (que va de la economía a la lógica, del derecho a la historiografía), la *Estética* no es su única obra en el campo de lo artístico, sino que debe unirse a una riquísima producción de crítica literaria, que quizá parezca escrita por un autor, como afirmó Renato Serra, que no hubiese leído siquiera la *Estética*[41]. Para revelar la personalidad de cada artista, verdadera clave de su visión artística, Croce se entrega a la exclusión sistemática de los elementos intelectuales y retóricos: también en este caso la *pars destruens* desempeña un papel preponderante. Se llega así a la sencilla fórmula de la relación entre poesía y no poesía (título de una colección de ensayos de 1923) con la que sobre todo sus epígonos cristalizaron una actividad crítica intensa que ha producido, en cambio, varias obras maestras, como los ensayos

---

[40] Con frecuencia la estética de Croce es etiquetada de romántica por sus detractores, como ha demostrado P. D'Angelo, «Croce e l'estetica romantica», en Bruno, *Per Croce, op. cit.,* pp. 153-203. En realidad, no hay puntos directos de contacto directos ni por lo que afecta a las fuentes ni como consonancias especulativas; sólo algún aspecto debido a la ascendencia común de la estética moderna de la estética romántica, como es el caso, en mi opinión, de la relación crítica-poesía.
[41] Serra, R., «Le lettere. V: Benedetto Croce», en id., *Scritti,* De Robertis, G., y Grilli, A., Firenze, Le Monnier, 1938, p. 356.

sobre Ariosto y Corneille. El principal límite del Croce crítico nos parece hoy que es su cerrazón con frecuencia moralista hacia la literatura contemporánea (en el fondo todo lo que viene después de Flaubert), considerada morbosa y enferma (el mismo fragmentarismo de la poesía de las primeras décadas del siglo XX, de clara derivación crociana, se ve pronto desprestigiado): también en el aspecto teórico las obras sucesivas de estética, como el ensayo *Il carattere di totalità dell'espressione artistica* (1917) y la *Aesthetica in nuce* (1928), desarrollan una visión hiperclasicista del arte, la única capaz de expresar la serenidad e infinitud del cosmos[42]. Pero las cosas podrían haber sido muy distintas si Croce hubiese perseguido el potencial subversivo latente en algunas de las afirmaciones con las que inicia su *Estética*: «Un epigrama pertenece al arte; ¿por qué no una simple nota de información periodística? Un paisaje pertenece al arte; ¿por qué no un esbozo topográfico?»[43]. Estamos ante la misma visión cuantitativa del valor estético implícita en sus observaciones acerca del genio artístico, que no se diferencia tajantemente del genio común salvo por la intensidad de sus creaciones, o en la idea ya tratada de la homogeneidad sustancial entre genio y gusto. Si hubiera seguido este camino, Croce habría alterado los cánones y jerarquías, encontrando grados de artisticidad también en la escritura no tenida institucionalmente por literaria, en la paraliteratura y en las fases preparatorias del antetexto.

Algo muy similar sucede también en la última de las obras teóricas de Croce, *La poesía* (1936), en la que el concepto de literatura, el cual en sus primeros escritos había tenido siem-

---

[42] D'Angelo, P., *L'estetica italiana del Novencento* (1997), Roma-Bari, Laterza, 2006, pp. 47-54.
[43] Croce, B., *Estética, op. cit.*, p. 44.; resulta muy significativa también la frase precedente: «Los límites de las intuiciones, expresiones, que se denominan arte, con relación a las que se clasifican de no arte, son empíricas y no pueden definirse.»

pre una connotación fuertemente negativa, se ve rehabilitado, en cuanto combinación armónica de una forma poética y elegante con una serie de contenidos diversos: religiosos, políticos, científicos, populares, periodísticos[44]. En una Italia en la que el influjo de Croce era ya considerable, esta nueva posición pareció o una prueba de extraordinaria ductilidad teórica o un signo de crisis, si no sólo de fracaso. Hoy, esta idea impura de literatura como práctica de una hibridación resulta ser sin duda su posición más cercana a la teoría y a la praxis de la estética contemporánea.

Del Formalismo al Estructuralismo: extrañamiento y literariedad

En las tres primeras décadas del siglo XX el mundo de la literatura y del arte estaba totalmente convulsionado por el fenómeno de las Vanguardias, que, como ya hemos apuntado, desplazó, entre otros, al Esteticismo decadente. Aun cuando no exento de paralelismos con el siglo precedente (el Romanticismo podría definirse en el fondo como una vanguardia), estamos ante un fenómeno típico del siglo XX: Cubismo, Dadaísmo, Surrealismo, Futurismo, Expresionismo..., son movimientos colectivos que atraviesan en mayor o menor grado todas las artes y expresan proyectos radicales de ruptura con las instituciones (la Academia, el Museo) y con la estética tradicional, confirmando una fractura más o menos definitiva entre la investigación artística y el gran público. Esta ansia de experimentación exalta la novedad y la modernidad a cualquier precio, pero con frecuencia acaba concretándose casi sólo en la formulación de un programa y no en la creación de obras. Se trata en todos los casos de movimientos fuertemente concentrados en el valor autónomo del

---

[44] Cfr. Sasso, G., «Sul concetto crociano di litteratura», en id., *Filosofia e Idealismo. I: Benedetto Croce*, Napoli, Bibliopolis, 1994, pp. 418-40.

arte, pero que, sin embargo, transforman su energía creativa y su impulso utópico en acción directa sobre lo vivido y, por tanto, en activismo político, como sucedió en particular, y siempre con derivaciones a menudo antitéticas, con el Futurismo italiano y ruso y con el Surrealismo[45].

En el país que contempló a comienzos del siglo XX una auténtica revolución política de dimensiones históricas, Rusia, se desarrolló, en estrecho contacto con la vanguardia futurista (en especial con los poetas Chlebnikov, Mayakovsky, Kručënych), un movimiento de teoría lingüística y literaria, y también de método crítico, que fue inicialmente etiquetado con el término –a priori peyorativo– de «Formalismo», el cual ha desempeñado un papel fundamental en la historia de la estética. Su relación con el Futurismo se percibe sobre todo en la escritura, con frecuencia muy creativa, que caracteriza el estilo de los ensayos de los formalistas rusos: digresiones, bruscos saltos hacia lo cotidiano, paradojas, largas citas, contaminación entre ámbitos diversos. Este retrato es válido para la primera fase del movimiento, y sobre todo para la figura de Viktor Shklovsky, no por casualidad lector entusiasta de Cervantes y de la metanovela paródica de Sterne[46]; miembro muy activo de la Sociedad para el Estudio del Lenguaje Poético (Opojaz) de Petrogrado (hoy San Petersburgo). El otro centro importante, el Círculo Lingüístico de Moscú, contaba entre sus miembros con Roman Jakobson, el gran lingüista que ya en sus primeros trabajos exhibía un tono puramente científico. Por otra parte, hay que señalar que el formalismo

---

[45] Cfr. De Micheli, M., *Las vanguardias artísticas del siglo XX* (1959) (trad. A. S.-Gijón), Madrid, Alianza, 2009; Poggioli, R., *Teoria dell'arte di avanguardia*, Bolona, Il Mulino, 1962; Bürger, P., *Teoría de la vanguardia* (1974) (trad. J. García), Barcelona, Península, 1997; D'Angelo, P., «Avanguardia», en Carchia y D'Angelo (eds.), *Dizionario di estetica*, op. cit.

[46] *Vid.* el clásico *Teoria de la prosa* (1917), 1ª ed., con prefacio del autor y un ensayo de Jan Mukarovsky, Torino, Einaudi, 1976.

ruso no fue un movimiento unitario, sino un conglomerado de puntos de vista diversos y a menudo en conflicto entre sí, que tenían en común el rechazo en la actividad crítica a todo presupuesto[47]. Precisamente esta defensa de la precariedad en la elaboración de una teoría de la literatura los dota hoy de una fascinación mayor a la que ejercen sus continuadores, como el New Criticism americano o el Estructuralismo. Si, por un lado, los formalistas rusos representan un nuevo ejemplo de compenetración entre escritura crítica y escritura creativa, por otro, su actividad aspira a una fundación científica de la crítica literaria, que señala por ello el nacimiento de la teoría de la literatura en cuanto disciplina autónoma, lo cual significa también una ruptura con el mundo de la estética. Si nos detenemos a leer un primer balance del trabajo de la escuela, el redactado por Boris Ejchenbaum en 1925 con el título de *La teoría del «método formal»,* nos encontramos rápidamente una alusión a la «distancia» respecto a la estética, y a la «crisis de la estética filosófica»[48]: ya fuera porque los formalistas rusos rechazaban partir de sistemas teóricos ajenos a la literatura y usaban la teoría sólo como hipótesis de trabajo para dar cuenta de un conjunto de hechos (por ello se habla de su «positivismo ingenuo»[49]); o porque el objetivo principal de sus ataques era el Simbolismo, una escuela poética en-

---

[47] Esta es la tesis de Steiner, P., *El formalismo ruso: una metapoética* (1984) (trad. V. Carmona), Madrid, Akal, 2001, que identifica cuatro tipos base: arte como máquina, organismo, sistema o lenguaje; Jameson, F., *La prigione del linguaggio* (1972), Bologna, Cappelli, 1982, tiende, por el contrario, a unificar el movimiento sobre la base del modelo lingüístico, asimilándolo al Estructuralismo. Siempre de gran utilidad el ensayo pionero de Erlich, V., *El formalismo ruso* (1995) (trad. J. Cabanes), Barcelona, Seix-Barral, 1974.

[48] Eichenbaum, B., «La teoría del *método formal*», en Todorov, T., *Teoría de la literatura de los formalista rusos* (1965) (trad. A. M. Nethol), Buenos Aires, Siglo XXI, 1970, pp. 23-4.

[49] Todorov, T., «Presentación» a id., *Teoría de la literatura de los formalista rusos, op. cit.,* p. 14.

cabezada por Andrej Belyi, que acababa de formular una estética fuertemente subjetivista y a los ojos de aquéllos poco científica, al menos en Rusia. En Francia las cosas eran distintas, si pensamos, por ejemplo, en Paul Valéry (poeta difícilmente clasificable en una escuela concreta), quien elaboró una estética rigurosamente formalista[50].

¿Pero qué entendían los formalistas rusos exactamente por «forma»? Y es que han sido acusados de concentrarse sólo en los aspectos técnicos, para olvidar por completo el aspecto semántico, al que toman en consideración sólo en las investigaciones sobre contenidos narrativos. En realidad, la correlación entre forma y contenido es precisamente uno de los primeros objetos de polémica contra el que arremete su «*pathos* de negación y de destrucción» (Eichenbaum, por supuesto)[51]: a tal vinculación contraponen una idea global de forma que coincide con la propia unidad de la obra de arte y que no necesita de ningún correlato. Es el conjunto de todos los elementos constitutivos, unidos entre sí por una integración dinámica: ellos forman, en efecto, un sistema, en cuanto eliminación de uno comprometería el equilibrio global (en esto el Formalismo prepara claramente el camino al Estructuralismo), pero se trata de un sistema abierto siempre a nuevos desarrollos y sometido a un dinamismo continuo.

---

[50] Por su estética de la construcción, que tanto debe al pensamiento científico y que ha suscitado el interés de pensadores como René Thom, Karl Löwith, Hans Robert Jauss, *vid.* su antología *La caccia magica*, Giaveri, M.T. (ed.), Napoli, Guida, 1985; y la edición de sus *Cuadernos* (trad. A. Robayna, F. Sainz, M. Privat), Barcelona, Círculo de Lectores, 2007; cfr. también Wilson, E., *El castillo de Axel* (trad. L. Maristany), Barcelona, Versal, 1989; Trione, A., *Valéry. Metodo e critica del fare poetico*, Napoli, Guida, 1983; id., *Estetica e Novecento*, Roma-Bari, Laterza, 1996; AA.VV., Paul *Valéry e l'estetica della poiesis*, Palermo, Aesthetica («Preprint», 23), 1989.

[51] Eichenbaum, B., «La teoría del *método formal*», *op. cit.*, p. 48.

Este concepto de forma global no excluye una relación con la realidad y con la historia: con todo lo que se incluye en el significado del término ruso *byt*, traducido generalmente como «costumbre». Llegado a este punto, el formalismo ruso debía, obviamente, chocar con la estética marxista: por ejemplo, Trotsky, en su *Literatura y revolución* (1924) les dirigió ásperas críticas no exentas, sin embargo, de un fondo de aprecio[52]. Otro de los personajes clave del formalismo ruso, Jury Tinianov, respondió en 1927 con un ensayo muy representativo, *Sobre la evolución literaria*, en el que utiliza el concepto de «serie», esto es, de sistema homogéneo, y encara el concepto de género literario[53]. La serie literaria se transforma siguiendo leyes por completo autónomas, pero no puede ser analizada de modo exclusivamente inmanente: debe ser puesta en relación con las series lingüísticas, sociales, culturales, políticas, privilegiando las limítrofes y abandonando el concepto académico de influencia, poco útil también para entender el funcionamiento de los géneros. De todo ello surge una idea de la literatura como un sistema fluctuante, en el que las transformaciones derivan de los cambios totales en las relaciones entre centro y periferia, y de las deformaciones producidas por la irrupción de nuevas formas; un cuadro que retomarán muchos teóricos de la literatura, desde Lotman a Wellek[54].

Los formalistas rusos se ocuparon sobre todo de los procesos expresivos, técnicas narrativas, problemas relacionados con el ritmo y la métrica, con una atención hacia la «fabricación» de la obra en la que resuena el eco de otra de

---

[52] Trotsky, L., *Literatura y revolución* (1924), Buenos Aires, Yunque, 1974.
[53] Tinianov, J., «Sobre la evolución literaria» (1927), en Todorov (ed.), *Teoría de la literatura de los formalistas rusos, op. cit.*, pp. 89-101.
[54] Lotman, J., *La estructura del texto artístico* (1970) (trad. V. Imbert), Madrid, Istmo, 1988; Wellek, R., *Discriminations. Further Concepts of Criticism*, New Haven, Yale University Press, 1970.

las Vanguardias artísticas, el Constructivismo. Pero formularon también una estética propia, sobre todo gracias a un concepto clave que tendrá una fortísima repercusión a lo largo del siglo XX: el extrañamiento. A los ojos científicos de Jakobson este término sonará incluso, en 1965, como «vago y desconcertante»[55]; quizá, efectivamente, su importancia haya sido sobredimensionada hasta hacer de él incluso la cifra de la creatividad artística, pero es una noción que aún hoy tiene mucho que decirnos. Por extrañamiento (*ostranenie*) los formalistas entendían un procedimiento gracias al cual los objetos de una representación artística no pueden ser reconocidos mecánicamente, sino que gozan de una visión inédita, como si hubieran sido vistos por vez primera. Es un medio para suspender el automatismo de la percepción cotidiana y pasar a asumir, en cambio, la perspectiva de un extraño, de un extranjero, capaz de desnudar y desmitificar la realidad, sin darla nunca por descontado: esa distancia tan valorada también por la historiografía y la antropología[56]. No es por azar que, al menos desde Baudelaire en adelante, la figura del artista se haya identificado con la del extranjero y que hoy se hable de un «extranjero interior» como parte de nuestra dinámica psíquica en relación con el otro. Pero leamos la famosa definición que de ella diera Viktor Shklovsky, ejemplificándola después con una serie de fragmentos de Tolstoy (en *Guerra y paz*, el teatro de la ópera se describe a través de los ojos de Natasha, quien lo contempla por vez primera):

[55] Jakobson, R., «Hacia una ciencia del arte poético», en Todorov (ed.), *Teoría de la literatura de los formalistas rusos, op. cit.*, p. 8.
[56] Cfr. Ginzburg, C., «Extrañamiento. Prehistoria de un procedimiento literario», en id., *Ojazos de Madera. Nueve reflexiones sobre la distancia* (trad. A. Ibáñez), Barcelona, Península, 2000, pp. 15-39, que recorre una fascinante genealogía, desde Marco Aurelio a Montaigne y Voltaire, y pone de relieve sus diferencias con la técnica más impresionista de Proust.

La finalidad del arte es dar una sensación del objeto como visión y no como reconocimiento; los procedimientos del arte son el de la singularización de los objetos, y el que consiste en oscurecer la forma, en aumentar la dificultad y la duración de la percepción. El acto de percepción es un arte en sí y debe ser prolongado. *El arte es un medio de experimentar el devenir del objeto: lo que ya está «realizado» no interesa para el arte*[57].

La inspiración directa de estas ideas podemos encontrarla en la *Filosofía del arte* (1909) de Broder Christiansen, pensador que ya había hablado de una cualidad diferenciadora propia de la percepción artística; pero se acusa claramente en ellas también la presencia de Bergson, quien valoraba el acceso directo a los estados interiores y a la duración de la percepción; se trata del mismo Bergson a quien, por otra parte, uno de los grandes protagonistas del Estructuralismo, Lévi-Strauss, considerará tan ajeno, ya que entendía el lenguaje como un obstáculo que esconde el libre devenir de la conciencia[58]. En la estética contemporánea, sobre todo después de la conocida como revolución visual, la idea de extrañamiento puede encontrar aún su lugar, desde el momento en que de una fotografía, de una novela, de una película se exalta su capacidad para ofrecernos una visión inédita y dinámica incluso de la más manida de las realidades, haciéndonos penetrar en la alteridad de los objetos representados. Lo que hoy ya no puede mantenerse es su carácter definitorio: Sklovsky no se limita a considerar el extrañamiento como un procedimiento mediante el que puede describirse un evento o un objeto con los

---

[57] Shklovski, V., «El arte como artificio», en Todorov (ed.), *Teoría de la literatura de los formalistas rusos, op. cit.*, p. 60.
[58] Cfr. Fokkema, D. W., y Kunne-Ibsch, E., *Teorías de la literatura del siglo XX* (1977) (trad. G. Domínguez), Madrid, Cátedra, 1988, pp. 15-25, que subrayan también las relaciones (indirectas) con la fenomenología de Husserl y con las teoría de Saussure y de Gustav Špet.

ojos de un personaje ajeno (lo cual constituiría un caso muy significativo pero también muy circunscrito), sino que nos hace entender más en general todas las técnicas que obscurecen la expresión directa como enigmas y eufemismos eróticos (ya Aristóteles llamaba *xenikon*, «ajeno, exótico» a un efecto retórico semejante[59]). El extrañamiento corre, por tanto, el riesgo de convertirse en sinónimo de figuración retórica: de esa metaforicidad que precisamente sus odiados simbolistas habían situado como criterio-guía de la estética. Tal y como objetaremos posteriormente a la teoría estructuralista y semiótica, el desvío de una (con frecuencia hipotética) norma –concepto denunciado en su tiempo también por Croce[60]– no puede usarse como criterio para definir la literariedad, ya que, al margen de la variabilidad de este concepto según el contexto cultural, se trata de un fenómeno presente en todas las formas de comunicación, empezando por el propio lenguaje cotidiano, que no puede de ningún modo reducirse al automatismo de la percepción. Por el contrario, el disfrute artístico puede ser también automático y mecánico cuando se relaciona con productos convencionales. Será mejor, por tanto, hablar de una función estética que puede manifestarse en todos los ámbitos más o menos institucionales: una visión cuantitativa del arte, no diferencial.

Esta será la postura de uno de los más interesantes continuadores del Formalismo ruso: Jan Mukarovsky. Con el inicio de la dictadura stalinista, que apagó por completo el impulso utópico de la revolución y de las Vanguardias, concluyó la actividad teórica de los formalistas, quienes pasaron a dedicarse a la escritura creativa o se trasladaron a Praga, donde estaba en activo su importante Círculo Lingüístico, que contribuyó

---

[59] *Poética*, XXII, 1458b; *Retórica*, III, 2 1404b.
[60] Como siempre, en nombre de la unicidad de la expresión artística: si una metáfora no tiene éxito no se la puede considerar desviación de una forma propia, porque se convierte, a su vez, en propia.

al nacimiento del estructuralismo checoslovaco. Partiendo de la constatación de que es imposible establecer de una vez por todas qué es el arte y qué no lo es, y que entre el mundo de lo estético y de lo que no lo es el límite es débil, Mukarovsky elabora una teoría que pone de relieve el carácter potencial y dinámico de los hechos artísticos, y la naturaleza social de tres conceptos clave: función, norma y valor[61]. La función es una energía capaz de crear el valor estético, sobre todo concentrando la atención en el signo. A diferencia de lo que sucede en el mundo ajeno al arte, el valor no consiste en la adecuación a la norma, que con frecuencia se ve deformada y transformada por nuevos grupos de espectadores, por nuevos contextos sociales y culturales. Aun criticando la hipertrofia de la función estética producida por el Decadentismo, Mukarovsky cita *El crítico como artista* de Wilde (un fragmento sobre la importancia del observador que coopera en la creación) para apoyar su propia tesis de que el objeto estético se realiza sólo en la conciencia de quien lo percibe[62]; la obra de arte no es sino un signo que asume significación sólo en el momento en que es percibido por los demás. De este modo se llega a valorar la pluralidad de las interpretaciones y el papel activo del espectador, anticipando de este modo las ideas de la Estética de la Recepción.

El Estructuralismo ha sido un movimiento con un amplísimo radio de alcance (una actividad más que otra cosa, escribió Barthes[63]), que ha penetrado en la lingüística, la filosofía, la antropología, el psicoanálisis, y que ha influido también en la producción de artistas concretos (Mondrian, Boulez), confundiéndose frecuentemente con la semiótica,

---

[61] Cfr. Mukařovský, J., *Il significato dell'estetica* (1966), Torino, Einaudi, 1973.
[62] *Ibídem*, p. 59.
[63] Barthes, R., «La actividad estructuralista» (1963), *Ensayos críticos* (trad. C. Pujol), Barcelona, Seix-Barral, 2002.

ciencia que estudia el funcionamiento de los signos verbales y no verbales[64]. En el ámbito de la crítica literaria se ha visto vinculado claramente al proyecto formalista de fundar una ciencia que tuviera como objeto no la literatura, sino la literariedad, es decir, la serie de propiedades lógicas gracias a las cuales puede un texto identificarse como literario. Hoy podemos decir sin temor a error que el proyecto fracasó, ya fuera porque se basaba en una concepción demasiado rígida de ciencia exacta, superada incluso en el propio ámbito científico, ya fuera porque, partiendo de un corpus limitado de obras (esencialmente de los siglos XIX y XX) extrapolaba una idea de literatura demasiado abstracta (muy lejana, por ejemplo, de la medieval), que olvidaba por completo las transformaciones sufridas a causa de la influencia de diferentes públicos y diferentes contextos culturales[65]. No es por casualidad que la gran marea estructuralista, activa sobre todo en la Francia de los sesenta, fuera suplantada por las investigaciones sobre la figura del lector y por los *Cultural Studies*.

Obviamente, no se puede firmar tan fácilmente la sentencia de muerte de un movimiento tan complejo y diversificado, que en algunas de sus versiones no eliminó la dimensión histórica y social y que, sobre todo, suministró una riquísima instrumentación para el análisis de los textos literarios todavía útil. Recorrer su historia sería aquí realmente imposible[66] y, en definitiva, tendría más que ver con la teoría de la literatura que con la estética literaria. Nos limitaremos, por tanto, a hacer una breve referencia a dos figuras muy distintas entre sí, pero que en cierto modo han

---

[64] Todavía conserva su validez la perspectiva general que ofrece Wahl, F. (1968) (ed.), *¿Qué es el estructuralismo?*, Buenos Aires, Losada, 1973.

[65] En Italia, las críticas en este sentido han venido de Di Girolamo, C., *Teoría crítica de la literatura* (trad. A. Pérez), Barcelona, Crítica, 2001; Brioschi, F., *La mappa dell'impero* (1983), Milano, Il Saggiatore, 2006.

[66] Es tan amplia como desigual la que ofrece Dosse, F., *Historia del estructuralismo* (trad. M. Linares), Madrid, Akal, 2004.

logrado sobrevivir a la crisis de la crítica semiológica y estructuralista[67].

Protagonista absoluto de la semiótica soviética y en concreto de la Escuela de Tartu (en Estonia), Yuri Lotman define el texto artístico como un «sistema de modelización secundario», por tanto, un lenguaje autónomo que se superpone al nivel primario de la lengua natural y que se diferencia de ella por una tendencia a semantizar todo elemento formal (aquí su fuente es el signo icónico de Peirce, ligado con su objeto gracias a una relación de similitud), además de por su rigurosa delimitación y concentración; «belleza e información» es su eficaz eslogan estético, que pone el acento en la coherencia del sistema[68]. Hasta aquí no estaríamos sino en el cerrado aristotelismo de la poética estructuralista; pero Lotman afronta las dificultades de la interpretación transformando el relativismo histórico de los formalistas en un más radical relativismo cultural: ya que el emisor y el receptor de un texto difícilmente comparten apenas los mismos códigos, la traducción sólo puede ser un proceso aproximativo y en continua transformación. Con un interés bien temprano por los más variados fenómenos culturales, del folclore a la moda, de la literatura al cine, Lotman llega de este modo al concepto de *semiosfera*, nacido para contrastar con el atomismo de la semiótica precedente y concebido a imagen de la *biosfera* de la investigación biológica; se trata del *continuum* semiótico que hace posible la comunicación y la vida social, caracterizado por su irregularidad y por los conflictos entre centro y periferia, y delimitado por fronteras porosas e híbridas[69]. De este modo, la investiga-

---

[67] Otros, como Todorov, han acabado dedicándose a otras especialidades (sobre todo historia y antropología) o, como Genette, han ampliado su teoría hacia una estética general. *Vid.* las reflexiones de Segre, C., *Notizie dalla crisi. Dove va la critica letteraria*, Torino, Einaudi, 1993.

[68] Lotman, J., *La estructura del texto artístico, op. cit.*

[69] Lotman, J., *La semiosfera* (trad. D. Navarro), Madrid, Cátedra, 1996.

ción de Lotman se mezcla con el interés de las teorías contemporáneas por los temas del espacio y del diálogo entre culturas.

En tanto figura clave de la corriente estructuralista y semiótica, Roland Barthes ha conseguido llegar a ser un firme punto de referencia también para el postestructuralismo, gracias a una serie de características que a algunos pueden parecer defectos: escasa sistematicidad y escaso rigor, exposición aforística y fragmentaria. En realidad, es precisamente en su extraordinaria escritura (que llega a su culmen en los *Fragmentos de un discurso amoroso*) donde radica su fuerza, que nos recuerda esa compenetración entre crítica y creatividad de la que partimos con los formalistas rusos[70]. Si se compara la lectura que del soneto *Les chats* de Baudelaire hacen Jakobson y Lévi-Strauss, ejemplo paradigmático de un estructuralismo que buscaba la fidelidad absoluta al texto y a la realización de todas sus potencialidades, con el ensayo de Barthes sobre Racine, que parte, por el contrario, de la imposibilidad de ser fieles al objeto, se percibe la diferencia entre un cientifismo riguroso y una lectura que confirma las metamorfosis del texto en el tiempo[71]. La investigación holística que alcanza en Barthes los fenómenos culturales más variados (moda, teatro, cine, fotografía, periodismo) y su idea de la omnipresencia de la textualidad defendida en *S/Z*[72], nos ofre-

---

[70] Cfr. Lombardo, P., *The Three Paradoxes of Roland Barthes*, Athens, University of Giorgia Press, 1989; Girimonti Greco, G., «L'ultimo Barthes fra *Science du sujet* e *imitation* proustiana», *Ermeneutica letteraria*, 1, 2005, pp. 83-98.

[71] Jakobson, R.; Lévi-Strauss, C., «*Les chats* de Charles Baudelaire», en Vidal-Beneyto, J. (ed.), *Posibilidades y límites del análisis estructural*, Madrid, Editora Nacional, 1981, pp. 143-62; y las críticas de Fokkema y Kunne-Ibsch, *Teorías de la literatura del siglo XX, op. cit.*, pp. 69-91; Barthes, R., «El hombre raciniano», prólogo a Racine, J., *Teatro*, Madrid, Alfaguara, 1983.

[72] Barthes, R., *S/Z* (1970) (trad. N. Rosa), Madrid, Siglo XXI, 2001.

cen hoy un modelo de crítica en absoluto purista, tendente a hacerse eco de todas las contaminaciones y metamorfosis que la literatura sufre en su relación con las innumerables prácticas discursivas.

La estética de Freud: censura, identificación, lo siniestro

Nadie podría negar hoy las revolucionarias consecuencias que el psicoanálisis ha tenido en todos los campos, aunque esté desde hace tiempo en crisis y haya sido objeto de críticas radicales a sus fundamentos. La fecha de 1900, tradicionalmente adscrita a *La interpretación de los sueños* de Sigmund Freud –aparecido en realidad un año antes–, tiene el fuerte valor simbólico de un cambio histórico que, desde luego, no se produjo sólo a causa del psicoanálisis, y que transformó radicalmente el universo estético haciendo inviable, paradójicamente, ese tipo de arte que Freud, clasicista impenitente, más amaba. En el vasto corpus que forma la obra freudiana la literatura juega un papel periférico, pero totalmente consistente: a menudo se ve citada como un valioso aliado que había intuido, en forma de figuras, una serie de dinámicas complejas, que habrían de ser descritas y explicadas muy poco tiempo después por la ciencia, se convierte pronto en objeto de estudio, aunque Freud declarara abiertamente su diletantismo y expresara en una de sus últimas obras una especie de capitulación frente al misterio del artista, en particular ante un escritor que mantiene un considerable paralelismo con sus temas: Dostoyevsky[73]. En el primer ensayo que dedica por completo a un texto literario, *El delirio y los sueños en la «Gradiva» de Wilhem Jensen* (1906), Freud elige una narración de no muy alto nivel literario, como él mismo admite, y de un

---

[73] Freud, S., «Dostoievsky y el parricidio» (1927), en *Obras completas*, T. III, *op. cit.*, pp. 3000 y ss.

escritor totalmente olvidado, para someterla a una operación de reescritura: una paráfrasis en forma de recapitulación que reorienta el sentido de su interpretación, y en la que se dejan ver perfectamente unas propias y extraordinarias dotes de narrador, que se harán más evidentes sobre todo en *Casos clínicos*. Salta ya a la vista el defecto principal que caracteriza la aplicación del psicoanálisis a la literatura: el tratamiento de los personajes como si fueran personas reales a las que debe someterse a terapia analítica; mientras el otro defecto, estrechamente relacionado, la tendencia biográfica de psicoanalizar al autor a través de sus obras (típica del primer gran ensayo de la escuela freudiana, el de Marie Bonaparte sobre Edgar Allan Poe[74]), aparece en algunas cartas sobre Jensen, y se hará más claro en *Un recuerdo infantil de Leonardo da Vinci* (1910). No obstante, ya entre las líneas de este ensayo sin duda fascinante, que suple por completo en nuestra memoria el relato que sirve de punto de partida, se deja ver una estética desarrollada después en *El poeta y la fantasía* (1909), y que será ampliada posteriormente en las diversas fases del pensamiento freudiano[75].

La estética freudiana no consiste en absoluto en una liberación de las pulsiones inconscientes y reprimidas, como una fácil vulgarización puede con frecuencia habernos hecho creer. Además, el gran descubrimiento de Freud no es el inconsciente, que era una noción presente en la cultura científica y filosófica europea ya desde hacía siglos, y que había sido particularmente valorada por el Romanticismo alemán, del cual Freud era heredero directo (también la voluntad, centro del pensamiento schopenhaueriano estaba relacionada estre-

---

[74] Bonaparte, M., *Edgard Allan Poe. Studio psicoanalitico*, Roma, Newton Compton, 1976.
[75] Para un detallado análisis sobre la génesis de la estética freudiana a través del ensayo sobre *Gradiva* y su genial instrumentalización, *vid.* Russo, L., *La nascita dell'estetica di Freud*, Bologna, Il Mulino, 1983.

chamente con ella). El verdadero descubrimiento de Freud es la idea de que el inconsciente tiene su propio lenguaje, su propia lógica, y puede ser objeto de interpretación a pesar de la aparente absurdidad de sus manifestaciones. En *El poeta y la fantasía* Freud plantea un paralelismo entre la creación artística y las fantasías que gozamos despiertos, forma de expresión directa y preterintencional de los deseos que en la adolescencia sustituye al juego; pero pronto aclara que la narración directa de estas fantasías no tiene ningún interés estético: por el contrario, el arte consiste precisamente en saber velar, deformar, esconder, y en crear un placer preliminar con el que atraer al público. De las reuniones de la Sociedad Psicoanalítica, sobre las que ha llamado la atención Mario Lavagetto en su extraordinaria investigación sobre el texto freudiano, se deduce que hay una relación inversamente proporcional entre la calidad estética y la emergencia directa del inconsciente[76]. Los artistas de poco nivel se limitan a sacar a la luz sus propias fantasías primarias, mientras los grandes saben deformarlas, travestirlas, enmascararlas, para poderlas así comunicar a través de una institución social como es la literatura. Y es que la censura no es sólo una instancia que reprime, como podríamos haber llegado a creer dada su afinidad con la institución política del mismo nombre: es un proceso que permite el paso de los contenidos a través de las diversas áreas de la psique. El arte se sitúa así en una amplia esfera que va desde la expresión mecánica del deseo, considerada ruda y poco interesante, al exceso de control y de deformación, que inhibiría por completo el placer estético. Como podemos ver, estamos bien lejos del registro inmediato de las fantasías inconscientes que

---

[76] Cfr. Lavagetto, M., *Freud, la letteratura e altro,* Torino, Einaudi, 2001, p. 257, que informa de una sesión del 22 de diciembre de 1909; id. (ed.), *Palinsesti freudiani: arte letteratura e linguaggio nei Verbali della Socità Psicoanalitica di Vienna 1906-1918,* Torino, Bollati Boringhieri, 1998.

los surrealistas auspiciaban proponiendo la técnica de la escritura automática, inspirándose justamente en Freud, quien mostró siempre, en cambio, muy poca sintonía con vanguardia alguna.

La estética freudiana de la censura no se refiere sólo a la estructuración del texto, en la que el trabajo artístico requiere a la mente, con las debidas diferencias, un trabajo onírico, el cual se explica mediante una compleja retórica (el desplazamiento, la condensación, la negación). Hace referencia también a su producción y recepción, y de aquí a las figuras especulares del autor y lector. Para el primero resulta fundamental el concepto de reparación: la escritura nace como reelaboración de un estado más o menos traumático (malestar, frustración, angustia, tedio), al que depura de los elementos demasiado personales y hace comunicable (lo universaliza)[77].

Desde este punto de vista resultan muy útiles las reflexiones de Freud en *Duelo y melancolía* (1915), que encaran un tema asociado desde siempre a la creatividad artística, y que después serán desarrolladas por una genial continuadora de su pensamiento, Melanie Klein: asumir la pérdida de una persona amada comporta, de hecho, un proceso de asimilación del objeto perdido (identificándose con él) que tiene mucho en común con los procedimientos de creación artística. Llegamos de este modo al otro concepto clave, que alude sobre todo al lector: la identificación. Más que un concepto individual, se trata de todo un campo semántico, que contiene muchas modalidades y concreciones, activas y pasivas, centrífugas y centrípetas: proyección, introyección, imitación, ensimismamiento, simpatía, empatía (esta última ya desarrollada, como hemos apuntado, por la estética positivista de Lipps). La identificación explica sobre todo el éxito del arte y de la literatura en todas las épocas y en todas las culturas: al

---

[77] Cfr. Ferrari, S., *Scrittura come riparazione. Saggio su letteratura e psicoanalisi*, Roma-Bari, Laterza, 1994, en especial, caps. I-IV.

ofrecer la posibilidad de asumir las identidades más dispares y más alejadas de nosotros mismos, y de experimentar con placer incluso las experiencias más extremas y dolorosas (la misma muerte, como confesaba Kafka; y ya Aristóteles afirmaba que hasta la visión de un cadáver puede sobre un escenario resultar placentera), el disfrute estético se corresponde plenamente con esa exigencia de una pluralidad de vidas que caracteriza la psique humana. Se trata de un deseo sin límites de querer ser todo y todos, de experimentar y contener dentro de sí cualquier cosa: es esa salida del universo de la que nos habla Freud en *Personajes psicopáticos en el escenario* (1905).

Por otra parte, la construcción del yo se concreta en una serie continua de identificaciones: en esto el artista no hace sino llevar hasta el extremo un rasgo común a la vida psíquica de todos, que se alimenta de proyecciones de partes del *se* hacia el exterior, y, de modo especular, de asimilaciones de lo *otro* en nosotros. Al volver a recorrer el camino del artista hasta el momento de la creación y al reconocer sus fantasías primarias, la persona que disfruta de una obra de arte vive en el fondo una experiencia de liberación y de alienación: un matiz sobre el que ha insistido el pensamiento postfreudiano de Lacan, quien, con su famosa teoría de las fases del espejo, ha puesto en evidencia el carácter imaginario y, por tanto, siempre alienante del yo. Aquí se ve mejor su contribución de este último a la estética, más que en la conocida afirmación de que el inconsciente es lenguaje, en la que resuena la dimensión formalista del Estructuralismo[78].

Por tanto, al proporcionar una serie infinita de identificaciones posibles, la literatura desarrolla una función prima-

---

[78] Lacan, J., «El estadio del espejo como formación de la función del yo» (1949), *Escritos* I (trad. T. Segovia), Siglo XXI, México, 1981, p. 11; y Ferraris, M., «Lacan e la *svolta lingüística* dell'estetica psicoanalitica», en Rossati, A. (ed.), *Estetica e psicoanalisi,* Torino, Centro Scientifico Torinese, 1985, pp. 41-6.

ria de satisfacción del deseo; pero también en este caso, como sucede con la expresión de las fantasías inconscientes, no hace falta plantear ecuaciones mecánicas y reducir la estética freudiana a una apología de la inmediatez emotiva, cuando lo que se propone, en cambio, es un modelo expresivo de gran intensidad. Como sostiene Octave Mannoni, la identificación, siendo inconsciente, resulta clara sólo cuando se acaba, sólo en el momento en que le sucede la desidentificación[79]. El arte se mueve precisamente en este espacio de oscilación entre empatía y distancia, entre pérdida del sí y vuelta al orden. La experiencia de lo cómico, a la que Freud prestó una gran atención, demuestra la inmensa gradación de la identificación: la agresividad y el sentido de superioridad en relación con los personajes objeto de burla esconden, mediante la denegación, un sustrato latente de identificación (el «no soy yo» reprime un «soy yo»).

Los diversos tipos de identificación dan cuenta también de las respectivas dinámicas de los géneros literarios: el teatro es sin duda aquel en el que la identificación es, por su propio estatuto, plena y sólida, gracias a la identidad entre tiempo de la historia y tiempo de la representación y también a la presencia física de los actores (elementos equilibrados mediante diferentes técnicas de distanciamiento). No es casualidad que el psicoanálisis tenga su inicio con el descubrimiento del complejo de Edipo y se refuerce después con la lectura de una obra maestra de la dramaturgia antigua, el *Edipo rey*, de Sófocles, que, a su vez, será interpretado precisamente gracias a su feliz recepción[80]. En cambio, la idea de identificación como incorporación infinita de la alteridad y del mundo exterior puede ayudarnos a entender géneros muy diversos, no narra-

---

[79] Mannoni, O., «La disidentificazione» (1978), en id., *Il difetto della lingua*, Parma, Pratiche, 1988, p. 17.
[80] Cfr. Paduano, G., *Lunga storia di «Edipo re». Freud, Sofocle e il teatro occidentale*, Torino, Einaudi, 1994; id., *Edipo*, Roma, Carocci, 2008.

tivos, como la poesía lírica, y en particular la aspiración panteísta de poetas románticos como Shelley y Whitman. Siguiendo esta pista, y radicalizándola, Leo Bersani ha llegado a definir una estética del masoquismo, para la que la literatura no expresa deseos reprimidos, sino que da forma a una fragmentación del sí, a esa autoanulación inmensa que constituye la auténtica naturaleza ontológica de la sexualidad (muy lejana, por tanto, de la objetual)[81].

Ya los primeros teóricos de inspiración freudiana, como Ernst Kris[82], habían apuntado que la contribución de Freud a la estética no debe buscarse tanto en sus lecturas, en sus interpretaciones de textos literarios y obras de arte en general, sino en su ensayo *El chiste y su relación con el inconsciente* (1901), en el que el padre del psicoanálisis se mide con el lenguaje y con la retórica. A diferencia del sueño y del lapsus, estrictamente privados y no comunicativos, el *Witz* es una emergencia del inconsciente que, como la literatura, está destinada a la comunicación abierta y lo más eficaz posible: se trata, en el fondo, de una forma de literatura menor, generalmente oral y performativa. Partiendo de este texto, Francesco Orlando ha elaborado una teoría freudiana de la literatura que se beneficia de los resultados de la Neorretórica semiológica a la hora de identificar las distintas situaciones en las que los textos suscitan en sus destinatarios una «vuelta de lo reprimido», tanto en lo referente a la forma como en lo que afecta al contenido[83]. En cuanto tiende a una sistematicidad totalizadora, a una clausura estructuralista, el

---

[81] Bersani, L., *The Freudian Body. Psychoanalisis and Art*, New York, Columbia University Press, 1986; sobre el valor estético del masoquismo, a partir de los textos de von Masoch y de sus descripciones de objetos, retratos, estatuas, cfr. Deleuze, G., *Il freddo e il crudele* (1978), Milano, ES, 1991.
[82] Kris, E., *Ricerche psicoanalitiche sull'arte*, Torino, Einaudi, 1967.
[83] Orlando, F., *Per una teoria freudiana della letteratura* (1972), Torino, Einaudi, 1992.

de Orlando tiene el mérito de ser un modelo vacío, no predeterminado, que demuestra la productividad de las categorías freudianas, sobre todo la formación de un compromiso: una manifestación semiótica unitaria que funde instancias contradictorias y que es, por tanto, particularmente apropiado para dar voz a la polisemia del discurso literario. El autor llega así a una visión cuantitativa de la literariedad (no lejana del último Croce, del que ya hemos hablado) que, si se lleva a sus consecuencias más extremas, permitiría un diálogo con las prácticas multiformes de lo Postmoderno y con el desvanecimiento de los límites entre alta y baja cultura[84]. En cualquier caso, el alcance de la aplicación del psicoanálisis a la literatura se hace cada vez más amplio, llegando más allá de los acostumbrados temas morales y de conducta, permeando el ámbito de lo reprimido racionalmente (lo «superado») y, por tanto, de lo sobrenatural (en este sentido, resulta fundamental la contribución de Matte Blanco, quien ha reformulado en clave lógico-matemática el pensamiento freudiano)[85], algo de lo que Freud ya se había ocupado en su ensayo más bello dedicado a la literatura, *Lo siniestro*.

Partiendo de la ambivalencia del tan intraducible término *Unheimlich**, Freud identifica en lo siniestro el retorno de las creencias infantiles superadas con la madurez racional. Es un fenómeno que se presenta con frecuencia también en la vida cotidiana (por ejemplo, la repetición inexplicable de

---

[84] Orlando no se ha ocupado de textos no canónicos y paraliterarios, y además su visión difiere de las teorías postmodernas porque considera el grado de figuración como algo calculable de una vez para siempre, como algo no variable según los contextos de recepción; para una aplicación de su modelo a otros ámbitos, cfr. Ghelli, F., *Letteratura e pubblicità*, Roma, Carocci, 2002.

[85] Orlando, F., *Illuminismo e retorica freudiana* (1982), Torino, Einaudi, 1997.

* Es igualmente posible la traducción del término alemán como «lo perturbador, lo inquietante...» (N. del T.).

un mismo número en un mismo día puede interpretarse como signo de mala suerte), pero que caracteriza con gran intensidad el mundo de lo literario: su carácter regresivo, su tendencia a transfigurar las angustias primarias. Analizando un clásico de la literatura narrativa fantástica, *El hombre de la arena*, Freud esboza una serie de temas inquietantes, como la animación de lo inanimado, lo doble (objeto de un estudio antropológico de su alumno Otto Rank que se remonta a algunos años atrás[86]), la repetición obsesiva, el retorno de un difunto o el enterramiento de alguien aún vivo, convirtiendo así lo siniestro en una de las grandes categorías estéticas del siglo XX (en ciertos aspectos, paralela a lo sublime), categoría que hoy goza de innumerables ejemplos sobre todo en el cine, en las artes visuales, en la obsesión del imaginario contemporáneo por los cuerpos híbridos y mutantes (los *cyborg*). Desde otro punto de vista, el psicoanálisis siempre ha aportado una contribución sólida a la crítica temática, que ha vivido en las últimas décadas un claro renacimiento. Puede notarse tanto en las investigaciones sobre el imaginario y las fantasías obsesivas de autores concretos, como, aún más, en el interés por el simbolismo de los mitos, en los que el pensamiento freudiano se encuentra con una ciencia en varios respectos distante, la antropología. En este ámbito no podemos olvidar al ex-alumno de Freud, Gustav Jung, quien con la noción de arquetipo dio un fuerte impulso a los estudios temáticos, inspirando, entre otras, la teoría de los géneros de Northrop Frye[87]. Si, por un lado, los estudios culturales han empezado a atacar recientemente las pretensiones universalistas del psicoanálisis, que habría generalizado la neurosis de una cultura concreta (la vienesa y

---

[86] Rank, O., *Il doppio* (1914), Milano, SugarCo, 1979; cfr. también Fusillo, M., *L'altro e lo stesso. Teoria e storia del doppio*, Firenze, La Nuova Italia, 1998.

[87] Frye, N., *Anatomía de la crítica* (1957), Caracas, Monte Ávila, 2001.

burguesa de comienzos del siglo XX), por otro, el modelo freudiano, que, en todo caso, se ha visto enormemente transformado por las escuelas posteriores, puede ofrecer todavía infinitas sugerencias a quien pretenda explicar la difusión de los temas, mitos y géneros literarios a través de épocas y culturas diferentes.

Teorías de la novela y el cuento

Con origen en la época postclásica, en las provincias asiáticas del Imperio Romano, la novela ha sido durante siglos un género marginal y menor, ausente de los tratados de poética y de retórica, y frecuentemente censurado por su peligrosidad moral, debida al exceso de identificación que podría causar sobre todo en el público femenino. Con el giro histórico producido en el siglo XVIII, que contempló el nacimiento de la estética como disciplina autónoma (y el nacimiento también de un nuevo tipo de novela realista, *novel*[88]), la situación cambia radicalmente, para llegar finalmente al papel esencial que la novela reviste hoy en la cultura contemporánea, casi sinónimo de literatura *tout court* (al menos para el gran público), objeto e incluso vehículo de una reflexión filosófica intensa. El estrecho vínculo entre estética y novela, a menudo en relación triangular con el concepto de realismo[89], se inicia con el *Elogio de Richardson* de

---

[88] Hoy se tiende a relativizar la novedad de la categoría de *novel* y a probar la continuidad entre novela antigua y novela moderna. Cfr. Doody, M., *The True History of the Novel*, New Brunswick, Rutgers University Press, 1996, que discute el clásico ensayo de Watt, I., *Le origini del romanzo borghese. Studi su Richardson, Fielding e Defoe* (1957), Milano, Bompiani, 1994; cfr. también Pavel, T., *Representar la existencia. El pensamiento de la novela* (trad. D. Roas), Barcelona, Crítica, 2005.
[89] Cfr. Givone, S., *La biblioteca de Leibniz. Filosofia e romanzo*, Torino, Einaudi, 2005; Bertoni, F., *Realismo e letteratura. Una storia possibile*,

Diderot, un homenaje por parte del ilustrado francés inventor de la crítica de arte a la nueva novela sentimental inglesa. Hemos visto cómo este género literario se convierte para el Romanticismo en una categoría central, capaz de reescribir la historia literaria y de construir un nuevo canon. Una posición hegemónica que continúa hasta el siglo XX, cuando la experimentación modernista y la contaminación con el ensayo acaban por enriquecer aún más su relevancia estética.

Precisamente en los años en los que los grandes novelistas del Modernismo (Proust, Joyce, Kafka, Musil) trabajaban todavía en sus obras maestras, un joven filósofo húngaro, destinado a convertirse en figura importante del pensamiento contemporáneo, situaba a la novela en el centro de su propia reflexión filosófica. Publicada en una revista en 1916, la *Teoría de la novela* de Georg Lukács pertenece claramente a la forma del ensayo: no es un tratado sistemático, como su título podría dar a entender, sino una reflexión abierta e *in progress*, enriquecida por un estilo a veces lírico y oscuro. El punto de partida es la definición hegeliana de la novela como epopeya burguesa: en la vasta arquitectura de la *Estética* de Hegel, la novela no podía sino ocupar un puesto limitado, como forma no originaria, el correspondiente degradado de las más antiguas narraciones[90]. El ensayo de Lukács se abre, no por azar, con una evocación nostálgica de la Grecia antigua, en cuanto universo armónico que no conocía la disonancia entre el yo y el mundo, y en el que la vida estaba dotada de un sentido inmediato. La novela moderna es, en cambio, «la epopeya de un tiempo donde la totalidad exten-

---

Torino, Einaudi, 2007; Montani, P., *Estetica ed ermeneutica. Senso, contingenza, verità*, Roma-Bari, Laterza, 1996, parte III: «C'è altro da raccontare?»

[90] Hegel, G. W. F., *Estética*, T. 5 (1836-8) (trad. A. Llanos), Buenos Aires, Siglo XXI, *vid.* p. 129.

siva de la vida no está ya dada de una manera inmediata, de un tiempo para el cual la inmanencia del sentido de la vida se ha vuelto problema, pero que, no obstante, no ha dejado de apuntar a la totalidad»[91]. Con esta célebre definición Lukács retoma y desarrolla las reflexiones que ya había esbozado en obras precedentes, sobre todo en su ensayo *El alma y las formas* (otro ejemplo de crítica creativa), en el que afronta el problema de la relación entre arte y vida en la cultura burguesa, caracterizada por una existencia no auténtica y dominada por las convenciones. Como la filosofía, tampoco el arte puede dejar de tomar nota de la pérdida de su sentido, y debe contraponerles un saber no sistemático, construido a base de interrogaciones continuas y de una búsqueda difícil: rasgos que caracterizan tanto el ensayo como la novela. Pero la no sistematicidad no significa en absoluto anarquía: muy al contrario, sólo gracias a una absolutización de la forma la literatura podrá reencontrar lo universal en lo particular, el sentido en el no-sentido; por ello Lukács no es devoto de la poética de lo infinito de los románticos, así como no le es cara la ausencia de forma de la novelas de Sterne, extensibles hasta el infinito, predilectas de los formalistas rusos, o el nihilismo extremo de las Vanguardias, versión actualizada de la pan-poética (por el mismo motivo contrapone la pintura de superficie de los impresionistas a la urgencia existencial de Gauguin). Son todas experiencias que hacen que se pierda la tensión entre la vida y el arte, o bien subordinando la una al otro, o bien favoreciendo en exceso el caos de la existencia empírica: así, Lukács prefiere la placidez artesanal de Theodor Storm al esteticismo supremo de Flaubert.

Si en *El alma y las formas* la labilidad de lo real podía ser rescatada por el carácter absoluto de la forma, y en particular

---

[91] Lukács, G., *Teoría de la novela* (1916) (trad. J. J. Sebreli), Barcelona, Edhasa, 1971, p. 59.

por la tragedia en cuanto experiencia del límite, en la *Teoría de la novela* sólo queda la posibilidad de una búsqueda continua, en la conciencia clara, sin embargo, de que la totalidad orgánica de la épica (tanto antigua como medieval, tanto de Homero como de Dante) se ha perdido ya para siempre. La novela sólo puede aspirar a ello, procediendo por fragmentos y mostrando de este modo «las grietas y los abismos» del mundo moderno. Será precisamente esta conciencia lo que haga que en la novela moderna aumente la presencia de un elemento reflexivo y subjetivo (fundamentalmente irónico), y haga de ella una forma abierta. Mientras Lukács escribía estas observaciones, Marcel Proust estaba aún en plena redacción de la *Recherche,* la cual propondrá un tipo totalmente nuevo de hibridación entre narración y reflexión teórica; y Robert Musil aún no había publicado *El hombre sin atributos,* el ejemplo más radical de esa contaminación entre novela y ensayo que será una constante de todo el siglo XX y aún más allá, desde el *Doktor Faustus* de Thomas Mann a los frescos maximalistas de la Postmodernidad (DeLillo, Wallace). En tanto forma por excelencia siempre en proceso, la novela tiene no por azar como protagonistas a buscadores: a partir de *Don Quijote,* prototipo de una de las dos formas principales, el idealismo abstracto, el cual se sitúa junto a la desilusión, tipología que culmina con *La educación sentimental* de Flaubert. Tras haber dado valor a la representación novelesca del tiempo y haber constatado la imposibilidad de la síntesis entre los dos tipos intentada por Goethe y Tolstoy, el ensayo se cierra inesperadamente con una exaltación de Dostoyevsky, a quien se le confía una forma futura que sepa secundar el no sentido en la vida, y no en la obra: una clausura en la que se siente el clima de utopía mesiánica del que nace la *Teoría de la novela*[92].

---

[92] *Vid.* también sus escritos publicados póstumamente: Lukács, G., *Dostoyevski* (trad. J. Alcoriza, A. Lastra), Murcia, Diego Marín, 2000; cfr.

Tras su conversión al marxismo, la novela quedará en el centro de la reflexión estética de Lukács, que elegirá el subgénero histórico para desarrollar posteriormente su tesis de la armonía entre subjetivo y objetivo, exaltando en esta ocasión la épica de Tolstoy más que la atormentada tragedia de Dostoyesky; una visión clasicista que lo mantendrá alejado cada vez más de la producción contemporánea, y que culminará en la idea, fundamento de su monumental *Estética* (1963), de que la tarea del arte es la «desfetichización» o desalienación[93].

En cualquier caso, la novela permanecerá como objetivo principal de la estética marxista y sociológica, ya que se trata de un género particularmente adecuado para reflejar las dinámicas del contexto social. Esta noción de reflejo es compleja: no implica sólo una dependencia mecánica del arte como superestructura de la estructura económica y social, que constituiría el armazón básico de lo real. También el marxismo más ortodoxo concede al arte una función crítica, libre de la división del trabajo: de hecho, Lukács habla de reflejo antropomorfizador del arte, distinto del desantropomorfizador de la ciencia, porque es capaz de comunicar la plenitud del ser y de expresar una función ejemplarizante[94]. Estamos, en cualquier caso, ante una estética aún fuertemente mimética y aristotélica, que exalta el Realismo clásico y se cierra a la comprensión de la revolución expresiva del Modernismo, algo que

---

Di Giacomo, G., *Estetica e letteratura. Il grande romanzo tra Ottocento e Novecento*, Roma-Bari, Laterza, 1999, parte I, caps. II y IV; una perspectiva general en Rochlitz, R., *Le jeune Lukács. Théorie de la forme et philosophie de l'historie*, Paris, Payot, 1983; Pareyson, L., *Dostoievski. Filosofía, novela y experiencia religiosa* (1976) (trad. C. Giménez), Madrid, Encuentro, 2008.

[93] Lukács, G., *Estética* (1963) (trad. M. Sacristán), Barcelona, Grijalbo, 1982, T. I, cap. IX.

[94] Cfr. «Rispecchiamento», en Carchia y D'Angelo (eds.), *Dizionario di estetica, op. cit.*; Schlenstedt, D. (ed.), *Literarische Wiederspigelung. Geschichte und theoretische Dimension eines Problems*, Berlin, Dietz, 1981.

no sucederá a uno de los continuadores del pensamiento lukacsiano, Lucien Goldmann. Conjugando en su sociología de la novela marxismo y estructuralismo, Goldmann explica todas las experimentaciones formales partiendo de su homología con los cambios sociales[95]. A pesar de todo, en esta perspectiva queda siempre un tono excesivamente determinista, que es superado en otras revisiones del pensamiento marxista más interesadas en las potencialidades utópicas del arte: en su capacidad de desenmascarar la ideología dominante (esa falsa conciencia tan importante en las tesis de Marx) sobre todo a través de lo no dicho, en los pliegues de un subtexto que espera ser sacado a la luz por el crítico (así sucede en las teorías de Louis Althusser y de Frederic Jameson[96]).

Vittorio Strada ha apuntado que sobre Lukács y sobre Bachtin se podría escribir una biografía paralela, al estilo de las de Plutarco: el primero fue una figura prestigiosa del marxismo oficial, del que el segundo fue una víctima ilustre, sometido al silencio y obligado a una larga clandestinidad[97]. Ambos situaron la novela en el centro de sus reflexiones críticas, con puntos en común (sobre todo el acento sobre su carácter abierto, dinámico y procesual), y con grandes divergencias, sobre todo por lo que hace referencia a la relación con el otro macrogénero narrativo, la épica: mientras para Lukács ésta representa, como hemos visto, la totalidad orgánica originaria a la que la novela sólo puede aspirar, para Bachtin es, al contrario, una forma estética, cristalizada en un pasado absoluto, encerrada, por tanto, en el monólogo de la voz del autor, allí donde la novela se abre a la confrontación dialógica entre más voces y puntos de vista. En ambos casos

---

[95] Goldman, L., *Per una sociologia del romanzo* (1964), Milano, Bompiani, 1981.
[96] *Vid.* sobre todo Jameson, F., *Marxismo e forma. Teorie dialettiche dela letteratura nel XX secolo* (1972), Napoli, Liguori, 1975.
[97] Strada, V., «Introduzione all'edizione italiana» de Bachtin, M., *Tolstoj*, Bologna, Il Mulino, 1986, p. 21: «vidas intelectuales divergentes».

los dos géneros están demasiado absolutizados, creando una clara dicotomía que alude a todas las dicotomías sobre las que se ha construido la cultura occidental y que han sido anuladas por el pensamiento contemporáneo: oralidad/escritura, público/privado, masculino/femenino[98]. Después de haber comenzado su actividad en los años de dominio en Rusia del Formalismo, en un círculo «kantiano» de músicos, artistas y filósofos, de quienes surgieron obras de atribución incierta (aunque probablemente bachtiniana) sobre Freud y sobre lingüística, Bachtin inicia su reflexión teórica con un ensayo sobre Dostoyevsky (1929), que durante varias décadas permanecerá como su única obra publicada, y en la que se perfila ya de manera clara la totalidad de su modelo teórico[99]. Un modelo que quiere diferenciarse radicalmente tanto del formalismo como del ideologismo (y del idealismo), propugnando la naturaleza indisociable de forma y contenido y pretendiendo fundar una nueva ciencia, la translingüística, que tendría como objeto el enunciado, la unidad básica de la comunicación, intrínsecamente expresivo y dialógico. Llegamos así al núcleo fuerte del pensamiento bachtiniano: el concepto de diálogo, que va mucho más allá del intercambio de ocurrencias, hasta el punto de que un monólogo puede ser dialógico si contiene alusiones a otros textos y enunciados, y un escritor puede clasificarse, en cambio, como monológico: es el caso de Tolstoy y su célebre contraposición a Dostoyevsky. Por diálogo Bachtin entiende fundamentalmente esa dimensión esencial de la literatura que Julia Kristeva, tras su estela, rebautizará como «intertextualidad»[100]: el continuo intercam-

---

[98] Cfr. Fusillo, M., «Fra epica e romanzo», en Moretti, F. (ed.), *Il romanzo*. II: *Le forme*, Torino, Einaudi, 2002, pp. 5-35.
[99] Bachtin, M., *Dostoevskij. Poetica e stilistica* (1929), Torino, Einaudi, 1968.
[100] Kristeva, J., *Semiótica* (1969) (trad. J. Martín), Madrid, Fundamentos, 1981; puede encontrarse una ágil síntesis en Polacco, M., *L'intertertextualità*, Roma-Bari, Laterza, 1997.

bio entre textos, hecho de alusiones, motivos comunes, reformulaciones, plagios, deformaciones, parodias, hasta llegar a la idea postmoderna de la escritura como mosaico de citas. Hay, en cualquier caso, y entre otras muchas, otra acepción del término: la yuxtaposición de puntos de vista diferentes, que en ningún caso superpone una visión dominante por parte del autor. En este sentido Dostoyevsky es el escritor dialógico por excelencia. La literatura se convierte así en una forma privilegiada de exploración de la alteridad: una comprensión de la realidad distinta de la explicación científica (según una visión de las ciencias humanas que se inspira en el pensamiento alemán, sobre todo en Wilhelm Dilthey y en Wilhem von Humboldt).

En la estética de Bachtin el aspecto social y cultural desempeña un papel dominante, en total detrimento de lo individual (estamos, por tanto, en las antípodas del pensamiento de Croce), lo cual explica su enorme éxito en la actual época postestructuralista: de hecho se ha hablado de revolución bachtiniana, y se le ha definido como el máximo teórico de la literatura del siglo XX[101]. De aquí proviene también su interés por la cuestión de los géneros literarios, en cuanto instituciones sociales que orientan las prácticas de la escritura. Y es en particular la novela el género más valorado, en cuanto forma absolutamente apropiada para expresar esa polifonía de puntos de vista sobre el mundo que está en el núcleo más valioso de la experiencia literaria. En realidad, en Bachtin, sobre todo en su obra más famosa, *Teoría y estética de la novela*, ésta se convierte en mucho más que un simple género, como ya sucedía con las novelas alemanas, de las que el teó-

---

[101] Ponzio, A., *La revolución Bachtiniana: el pensamiento de Bachtin y la ideología contemporánea* (trad. M. Arriaga), Madrid, Cátedra, 1998; Todorov, T., *Michail Bachtin. Il principio dialogico* (1981), Torino, Einaudi, 1990, p. 3, que ofrece también una buena síntesis del pensamiento bachtiniano.

rico ruso toma más de una idea. Así, Bachtin distingue claramente dos tradiciones en la novela europea a partir de sus antiguos comienzos: una estática y monológica, otra dinámica y dialógica, hacia la cual dirige, obviamente, sus preferencias, y de la cual se vuelven a repasar todos sus antecedentes[102]. De ella nace una estética de lo bajo, lo corpóreo, lo grotesco, lo obsceno, fuertemente ligada a la cultura popular y a la dimensión antropológica de esa fiesta que subvierte las jerarquías (el carnaval), y a la sátira menipea (género huidizo al que es mejor considerar como una línea cultural de larga historia); una estética de la contaminación estilística que tiene sus momentos más reveladores en las obras de Aristófanes, Petronio, Rabelais, Cervantes y Sterne. Obviamente, en el pensamiento de Bachtin hay una tendencia excesiva a la generalización, que valora las constantes y olvida quizá demasiado las variantes históricas, pero no hay duda alguna de que su modelo teórico ha desempeñado y desempeña aún hoy un papel extraordinariamente relevante en la estética literaria.

La época estructuralista dio lugar a una intensa reflexión teórica sobre el cuento, que a su vez ha dado vida a una disciplina autónoma, la narratología, también dividida claramente entre el estudio de la historia narrada (los motivos, las funciones), y el estudio del cuento y de sus dinámicas retóricas. La primera corriente, que se inspira en la *Morfología del cuento ruso* de Vladimir Propp, resulta más adecuada de cara al estudio de los mitos y del folclore, ya que encaja los textos literarios en estructuras lógicas extraídas de sus síntesis; la segunda ha enriquecido extraordinariamente el instrumental para la lectura de la narración[103]. Sin embargo, cabe recordar

---

[102] Bachtin, M., *Teoría y estética de la novela* (1975) (trad. H. Kriukova, V. Cazcarra), Madrid, Taurus, 1991, en especial pp. 449-86.
[103] La obra que mejor representa este método de análisis es Genette, G., *Figuras III* (1972) (trad. C. Manzano), Barcelona, Lumen, 1989.

que muchos de los conceptos con los que trabaja provienen de la reflexión teórica de un gran novelista, Henry James. Al preparar la edición completa de sus obras, la New York Collective Edition, James escribió extraordinarios prefacios que desvelan los mecanismos de su laboratorio creativo, y en particular del concepto que se encuentra en la base de su narrativa: el punto de vista[104]. Concepto inicialmente técnico (el ángulo de perspectiva desde el que se narra la acción, que puede ser el de un único personaje durante toda la obra, o de diferentes personajes que se alternan o el del autor: en definitiva, el *quién ve*, que se distingue del *quién habla*), pero que asume variadas acepciones durante el siglo (perceptiva, normativa, cultural, ideológica), y se instituye, sin duda, como categoría estética desde el momento en que James defiende una visión delimitada, mediada, oblicua, nunca panorámica y omnisciente. En el prefacio a *Retrato de una dama*, James condensa su teoría de la novela en una espléndida metáfora: una casa con infinitas ventanas, fisuras, grietas, heridas, desde las que observar la escena de la vida adoptando la óptica de figuras individuales, cada una con una visión diferente y autónoma. Y es que la visión es para James un sentido totalmente ambivalente, capaz de una agudeza infinita que puede fácilmente acabar en la ceguera. Tal y como demuestran las correcciones hechas a sus propias novelas ya publicadas, todas ellas tendentes a la sustitución metafórica, y casi a crear un hipernarrador (así lo sugiere Donata Meneghelli[105]) responsable

---

[104] James, H. *Le prefazioni* (1907-9), ed. de A. Lombardo, Roma, Coper, 2004; sobre el concepto de punto de vista cfr. Uspenkij, B., *A Poetics of Composition. The Structure of the Artistic Text and Typology of a Compositional Form* (1970), Berkeley, University of California Press, 1973; Pugliatti, P., *Lo sguardo nel racconto. Teoria e prassi del punto di vista*, Bologna, Zanicchelli, 1985; Meneghelli, D. (ed.), *Teorie del punto di vista*, Firenze, La Nuova Italia, 1998.

[105] Meneghelli, D., *Una forma che include tutto. Henry James e la teoria del romanzo*, Bologna, Il Mulino, 1997, p. 317.

de una suerte de versión deconstruida de la catedral de Balzac, la de James es una estética de la mediación, de la densidad, del obstáculo, no muy lejana del extrañamiento de los formalistas rusos y, sobre todo, de la estética de la censura que Freud concebía en esos mismos años.

La utopía de lo negativo, la estética del montaje: Adorno, Benjamin, Bloch

A partir de los años veinte la Escuela de Frankfurt se convirtió en un auténtico laboratorio filosófico, sociológico y estético de gran productividad, que sabía conjugar un marxismo heterodoxo con otras influencias del más diverso género, afrontando con ello el desafío de una industria cultural cada vez en mayor expansión. Frente a la naciente sociedad de masas, que celebra la división del trabajo y relega al arte a la marginalidad del entretenimiento, los filósofos vinculados al Instituto de Ciencias Sociales (empujados después al exilio por la llegada del Nazismo) reaccionaron valorando la función crítica y antiutilitarista del arte, su capacidad de exhibir pruebas negativas contra la ideología dominante. Sus posturas individuales son obviamente muy diferentes entre sí, y se extienden desde el rechazo excesivamente apocalíptico frente a las nuevas tecnologías al interés moderado por los lenguajes de los *mass media* (fotografía, radio, televisión, publicidad)[106]. Si en las obras de Herbert Marcuse podemos advertir una gran fe en las posibilidades del arte para encauzar las utopías sociales, dando expresión a un retorno catártico de lo reprimido, en los escritos del filósofo más célebre y reputado del grupo (sobre todo por lo que afecta a la literatura y a la mú-

---

[106] Para una introducción y una discusión crítica, cfr. Muzzioli, F., *Le teorie della critica letteraria*, Roma, La Nuova Italia Scientifica, 1995, pár. 4.5.

sica), Theodor Wiesengrund Adorno, será la componente negativa la que resulte más acentuada.

Para Adorno el arte es revolucionario, pero por razones opuestas a las defendidas por su rival Lukács: es decir, no porque refleje fielmente las fuerzas auténticamente abiertas a la acción social, sino porque, al contrario, opone resistencia a todo tipo de praxis. En su obra-*summa* final, la *Teoría estética*, que, aun incompleta y desordenada, se publica en 1969, Adorno subraya en numerosas ocasiones el carácter ambivalente del arte, que es un hecho social, pero, al mismo tiempo, fenómeno autónomo y, por tal razón, esencialmente fetichista. Se trata de un fetichismo distinto a ese otro propio de las mercancías denunciado por Marx, pues queda desvinculado de los valores de uso. Es precisamente la inutilidad la fuerza más auténtica del arte. Y es que, por un lado, Adorno sigue a Marx a la hora de considerar que la estética pura del arte por el arte esconde el origen material del objeto mismo a través de la falsa conciencia de la ideología (fruto de ese pecado original que para los marxistas es la división entre trabajo manual y trabajo intelectual); por otro, considera que este desenmascaramiento es insuficiente. Más bien, será centrándose precisamente en ese carácter de fetiche como el arte podrá responder a la sociedad capitalista: puede huir de sus mecanismos productivos (estamos, de nuevo, en las antípodas de esa misión «desfetichizadora» auspiciada por Lukács). Desde luego, no puede hacerlo mostrando su propio absoluto incontaminado, pues caería en el peligro de convertirse en vacía y consoladora; por el contrario, debe mostrar toda su naturaleza disonante, negativa, procesual, abierta, sin esconder el precario límite que la separa de la barbarie a la que desea combatir y del mal gusto del que desea distanciarse. Comentando el íncipit de la *Recherche* de Proust, que consigue un efecto de encantamiento extraordinario al negar precisamente el tradicional encanto del narrador omnisciente, Adorno deja bien clara la esencia tan peculiar de utopía negativa propia del arte: «La experiencia estética lo es de algo que el espíritu no podría extraer ni del mundo ni de sí mismo, es la posibilidad prometida por la imposibilidad. El arte es promesa de felicidad, pero promesa quebrada»[107]. Frente a una industria cultural cada vez más poderosa, el arte, según Adorno, debe seguir el extremismo de las Vanguardias: no en vano, el autor contemporáneo más apreciado por él, y a quien debía ir dedicada la *Teoría estética,* Samuel Beckett, encarna el punto de no retorno del nihilismo y de lo negativo, hasta llegar al punto cero del lenguaje; un límite en el que se percibe, no por casualidad, esa «constelación animal-loco-payaso»[108] a través de la cual el arte recupera su relación con la prehistoria bestial. Pero es precisamente esta tendencia a la identificación del arte con la Vanguardia, con esa búsqueda extrema iniciada por Baudelaire, Manet y el *Tristán,* lo que hace hoy, en una época que ha visto el final de la separación entre arte alto y géneros bajos, del modelo adorniano algo ciertamente distante.

El siglo XX ha sido el siglo de las obras incompletas, empezando precisamente por su escritor –quizá– más grande y sin duda más radical: Franz Kafka. Un carácter incompleto que nace de la insatisfacción ante las formas cerradas: de un carácter que es intrínsecamente interminable. Entre los proyectos más significativos que han quedado sin acabar figuran sin duda *Los «passages» de París* de Walter Benjamin, filósofo y escritor que mantuvo un diálogo intenso con la Escuela de Frankfurt aun sin pertenecer a ella. El libro, del cual nos han quedado el esquema general y una serie numerosa de fragmentos, habría debido construirse como un montaje de citas y de imágenes, del cual nacería por intuición, como por destellos, la teoría implícita al mismo. Como las técnicas parale-

---

[107] Adorno, T. W., *Teoría estética* (trad. F. Riaza), Madrid, Taurus, 1990, p. 181.
[108] *Ibídem,* p. 161.

las del *collage*, tan usado por Picasso y los cubistas (y posteriormente por todo el arte visual del siglo XX), y del bricolaje, utilizado como metáfora del trabajo antropológico por Lévi-Strauss en su *El pensamiento salvaje*, el montaje es un concepto clave de la estética literaria moderna que deriva obviamente del cine y de su narración construida a base de cortes y «retales»; no es de extrañar que uno de los grandes libros del siglo XX haya sido precisamente *El montaje* de Eisenstein, rico en paralelismos con las técnicas de la narración literaria (sobre todo con la gran novela realista de Dickens). Como sostiene también Adorno en su *Teoría estética*, la estética del montaje se corresponde plenamente, gracias a su modo de proceder fragmentario, con la difícil relación entre unidad y multiplicidad que caracteriza el hacer artístico. En el caso de Benjamin se corresponde igualmente con su filosofía de la historia, que procede mediante fracturas y discontinuidades, y con su método micrológico, que detecta los cambios históricos en las huellas materiales de lo vivido y de lo cotidiano[109].

El objeto de los *Passages* es, efectivamente, la revolución histórica que acaece con la modernidad industrial tal y como se exhibe en la metrópolis capital del siglo XIX, París, y en particular a través de esos espacios nuevos de exposición de mercancías que son los pasajes, las galerías. Para el itinerario benjaminiano la figura inspiradora no podría ser otra que la del gran poeta de esta revolución, Charles Baudelaire, autor asimismo de una serie de ensayos de crítica de arte que reflejan una innovadora estética de la mirada. Para ser capaz de atravesar la contradicción poliédrica de la metrópolis moderna y de encontrar en ella lo sublime y lo maravilloso, la mirada del poeta debe ser como la mirada ebria de un chiquillo que ve y conoce por vez primera los colo-

---

[109] Cfr. Benvenuti, *La cenere lieve del vissuto. Il concetto di critica in Walter Benjamin*, Roma, Bulzoni, 1994.

res (aquí tenemos de nuevo el extrañamiento); como la mirada prensil del dandi, al mismo tiempo distante y partícipe de los mecanismos efímeros de la moda; como la mirada voluble del *flâneur*, el vagabundo que recorre sin destino concreto las calles de la gran urbe, abandonándose al múltiple bombardeo perceptivo y a los encuentros casuales, absorbiendo imágenes y signos de ese depósito de imágenes y signos que es la ciudad moderna[110]. En las manos de Benjamin, la *flânerie* se convierte en un modelo de análisis muy fecundo, que permite recuperar la fantasmagoría mítica escondida bajo las imágenes de la metrópolis (sus elementos subterráneos) e indagar toda la compleja relación fetichista con los objetos y con la mercadería: ese «*sex appeal* de lo inorgánico»[111] que se ha revelado como una categoría muy útil para comprender la estética y la sexualidad contemporáneas.

La noción de *flâneur* ha adquirido un enriquecimiento vertiginoso, llegando hasta las ciencias sociales, el cine, la geocrítica, la filosofía, y evidenciándose particularmente adecuada para la exploración crítica de los espacios fragmentarios y «líquidos» de lo postmoderno, incluidos los virtuales (la *cyberflânerie*); la actitud, primero, de Baudelaire y, después, de Benjamin oscila intencionadamente entre inmersión y dis-

---

[110] Baudelaire, C., «El pintor de la vida moderna» (1863), en *Salones y otros escritos sobre arte* (trad. C. Santos), Madrid, Machado Libros, 1997; resultan también muy interesantes las bellas páginas de G. Simmel sobre la intensificación de la vida nerviosa en la ciudad moderna: *La metropoli e la vita dello spirito* (1903), Jedlowski, P. (ed.), Roma, Armando, 2004.

[111] Cfr. Benjamin, W., «París capital del siglo XIX», en *Libro de los pasajes* (trad. L. F. Castañeda), Madrid, Akal, 2005, p. 42; y el célebre libro de M. Perniola, *El sex appeal de lo inorgánico* (1994) (trad. M. Merlino), Trama, Madrid, 1998; sobre el fetichismo en Benjamin como imagen dialéctica, cfr. Desideri, F., «Teologia del inferno. Walter Benjamin e il feticismo moderno», en Mistura, S. (ed.), *Figure del feticismo*, Torino, Einaudi, 2001, pp. 174-224.

tancia, entre empatía y reflexión[112]. También la propia estructura multimediática (casi hipertextual) de los *Passages*, que une palabras e imágenes y contamina temas literarios y temas sociales, se halla en perfecta consonancia con la poética de la hibridación postmoderna (aunque se inspire en la alegoría medieval): ciertamente no es casualidad que Benjamin se haya convertido en una de las figuras clave de la crítica postestructuralista, y en particular de los *visual studies*[113]. En realidad, su pensamiento era profunda y voluntariamente contradictorio: por un lado, su componente mesiánica y mística lo aboca a una nostalgia de los orígenes, como resulta evidente en su ensayo sobre la traducción, permeado por el anhelo de una Lengua única y primordial, o en aquel otro sobre el narrador de Leskov, que pretende reclamar los orígenes orales y fabulistas de la narración[114]; por otro, su interés por las innovaciones tecnológicas, con posturas menos apocalípticas que las de su amigo Adorno, le permite anticipar muchas temáticas que después encontraron su plenitud en la segunda mitad del siglo (Benjamin se suicida en 1940 para escapar de la Gestapo; Adorno muere en 1969, un año después de las revueltas estudiantiles). En su ensayo más famoso, *La obra de arte en la época de su reproducibilidad técnica*, afronta

[112] Para una aplicación sociológica, cfr. Nuvolati, G., *Lo sguardo vagabondo. Il flâneur e la città da Baudelaire ai posmoderni*, Bologna, Il Mulino, 2006; para una discusión literaria, relacionada con el tema de la contaminación, cfr. Colombi, M., «Walter Benjamin fra contaminazione e redenzione. Riflesione su *flânerie* e marxismo nel *Passagenwerk*», en Zanotti, P. (ed.), *Contaminazioni. Quaderni di Synapsis* IV, Firenze, Le Monnier, 2006, pp. 173-86.
[113] Cfr. Buck-Morss, S., *The Dialectics of Seeing. Walter Benjamin and the Arcade Project*, Cambridge (Mass.)-London, MIT Press, 1989, con una excelente colección de fotografías.
[114] Benjamin, W., «La tarea del traductor» (1923) (trad. H. P. Murena), en M. A. Vega (ed.), *Textos clásicos de la tradución*, Madrid, Cátedra, 1994; y «El narrador» (1936), en Benjamin, W., *Para una crítica de la violencia y otros ensayos* (trad. R. Blatt), Madrid, Taurus, 1994.

la pérdida del aura, o sea, de esos rasgos de autenticidad, unidad y autoridad que provenían de los orígenes sagrados del arte, y que se habrían perdido como consecuencia de las nuevas técnicas de reproducción mecánica, fotografía y cine sobre todo, que acercaron la obra de arte a la masa, creando un disfrute táctil y desatento, un fenómeno que, en cualquier caso, Benjamin considera en último extremo como positivo, a pesar de cierta ambigüedad (y es que estaría también en el origen de la estetización fascista de la política y de la politización comunista del arte)[115]. Hoy, por el contrario, reconocemos que una proyección en la sala oscura de un cine puede gozar de todos los rasgos propios del aura, como contraposición a la visión en el ordenador o en el teléfono móvil; pero no hay duda de que la entrada en crisis de la relación entre original y copia constituye todavía uno de los grandes temas de la estética y del pensamiento contemporáneos.

Muy cercano a la Escuela de Frankfurt y a Benjamin, Ernst Bloch elaboró un pensamiento en el que la utopía desempeña un papel preponderante, con resultados menos apocalípticos que los de las tesis adornianas, y con una interesante reivindicación del arte de consumo y de masas. En su obra más extensa y ambiciosa, *El principio esperanza* (1959) –un texto heterogéneo y deliberadamente caótico construido a base de pensamientos brillantes, que le costó no pocos problemas con el régimen comunista de Alemania Oriental (que abandonó en 1961)–, Bloch valora todas las formas de potencialidad, identificando en el deseo, en el sueño y en el hambre de futuro el motor de una historia que sólo así conseguirá encontrar un sentido propio; los sueños individuales de lo «aún-no-consciente», las utopías de todo género, el cine y el teatro con sus representaciones poliédricas, el arte de consumo, la arquitectura y la música como calcos cósmicos, los

---

[115] Id., «La obra de arte en la época de su reproducibilidad técnica», en *Obras*, Libro I, vol. 2 (trad. A. Brotons), Madrid, Abada, 2008.

mitos de la superación de todo límite (Ulises, Fausto, Don Juan) trazan una «ontología del no-aún» que no ofrece perspectivas de redención y esperanza, pero que constituye, en todo caso, un antídoto a la angustia del nihilismo y a toda dependencia de la idea del fin de la historia[116].

---

[116] Cfr. Bodei, R., «Ombre sulla speranza», introd. a Bloch, E., *Il principio speranza* (1959), Milano, Garzanti, 2005 (hay traducción española de *El principio esperanza* de E. Bloch, a cargo de F. Serra y F. González Vicen, en ed. Trotta, Madrid, 2004).

III

Más allá de la modernidad

El lector creativo: Fenomenología, Hermenéutica, Estética de la Recepción

En la escena de la crítica literaria aparece a comienzos de los años setenta una nueva figura que desafía las certezas cientifistas del Estructuralismo: el lector. No se trata de que la crítica precedente no se hubiera ocupado de los complejos mecanismos envueltos en la lectura: ya en la escuela neoaristotélica de Chicago, de Wayne Booth, se llega al concepto de un lector implícito en el texto que reconstruye la imagen mental del autor y sigue sus vicisitudes y opiniones, no sin una cierta distancia escéptica e irónica[1]; la crítica semiológica desarrolla posteriormente la idea de que el destinatario es una función interna del texto, mientras la narratología pone de relieve la figura del narratario, el receptor de una historia cuya representación orienta el disfrute del lector virtual[2]. La difi-

---

[1] Booth, W., *La retorica della narrativa* (1961), Firenze, la Nuona Italia, 1996, parte I, caps. V y VI y sobre todo la conclusión añadida en la edición de 1983, pp. 447-50.

[2] Cfr. Prince, G., *Narratologia* (1984), Parma, Pratiche, 1984; Genette, G., *Nuevo discurso del relato* (trad. M. L. R. Tapia), Madrid, Cátedra, 1998.

cultad de cualquier teoría de la lectura radica precisamente en esta virtualidad de la relación entre autor y público: un diálogo *in absentia,* en el cual el primero no puede prever nada acerca del segundo, que entra en contacto con la obra, frecuentemente, a una gran distancia de tiempo y de espacio. En cualquier caso si, por una parte, algunos pensadores relevantes de la cultura estructuralista han hablado de una libertad controlada del lector (sobre todo Eco y Barthes), ha sido sólo con la Escuela de Constanza y con la Estética de la Recepción como se ha llegado a entender al lector como coautor del texto, a definir una creatividad que las teorías sucesivas amplificarán posteriormente[3].

En este cambio teórico contamos con importantes precedentes y presupuestos filosóficos: sobre todo la Fenomenología, que valoró los conceptos de intención y conciencia. El texto deja de ser para siempre una entidad cerrada lista para ser decodificada; existe y asume un sentido sólo en cuanto es objeto de un acto de lectura, que implica siempre el encuentro de dos intenciones: la del autor y la del lector. Este encuentro puede entenderse de modos muy distintos: para un escritor y filósofo como Sartre, esa relación es de libre elección y colaboración, mientras para las ideas más nihilistas de Blanchot es un conflicto; Georges Poulet, el autor más relevante de la escuela fenomenológica de Ginebra, lo considera en cambio como un proceso de alienación doble y simétrico: así como el autor ha inculcado y vaciado en la obra su propia identidad contingente, así el lector debe desdoblarse y asumir otro yo durante la lectura para construir juntos, a través de una lucha y una danza, pues es inevitablemente inestable, un área común[4].

---

[3] Puede encontrarse una magnífica panorámica crítica en Bertoni, F., *Il testo a quattro mani. Per una teoria della lettura*, Firenze, La Nuova Italia, 1996.

[4] Sartre, J.-P., *Che cos'è la letteratura?* (1947), Milano, Net, 2004; Blanchot, M., *El espacio literario* (1955) (trad. V. Palat, J. Jinkis), Barcelona,

La otra gran aportación filosófica a la teoría de la lectura es la Hermenéutica, es decir, esa filosofía de la interpretación que se convierte en rama autónoma en la misma época crucial, en pleno siglo XVIII, en que se hace autónoma también la estética. Los dos puntos de vista se mezclan acertadamente en el pensamiento de Dilthey, figura clave del Historicismo alemán decimonónico que funda las ciencias del espíritu y concibe la comprensión de una obra de arte como una intensa experiencia vivida (*Erlebnis*), a través de la cual se llega a otra experiencia que se encuentra en su origen y además amplía el universo humano. Fundamentalmente, fue después, con la revolución existencialista, como la Hermenéutica llegó al siglo XX: sobre todo la filosofía de Heidegger, quien ve en la comprensión la capacidad básica del «ser-ahí» humano, y considera la obra de arte no como un ente, sino como un evento que escenifica el conflicto entre ocultación y desvelamiento de la verdad; todo su pensamiento será cada vez más una escucha y un abandono al lenguaje poético (sobre todo ese tan denso de Hölderlin) como forma más próxima al origen[5]. A partir de estos fundamentos, Gadamer fundará una hermenéutica que ve en la obra de arte la capacidad de convertir un contenido de verdad en una forma, y de crear una fusión de horizontes entre el autor y sus lectores; de este modo asume un papel pleno el pre-juicio: la actitud, la cultura, la predisposición que cada intérprete pone en acción, ya que cada interpretación es histórica y destinada a la finitud, y ya que la vida de una obra de arte está en la historia de sus

---

Paidós, 2004; Poulet, G., *La conciencia crítica* (trad. L. Vázquez), Madrid, Machado Libros, 1999.
[5] Cfr. Heidegger, M., «El origen de la obra de arte» (1935-6), en id., *Caminos del bosque* (trad. H. Cortés y A. Leyte), Madrid, Alianza, 2001; id., *Aclaraciones a la poesía de Hölderlin* (trad. H. Cortés y A. Leyte), Madrid, Alianza, 2009; Vozza, M. (ed.), *Perché i poeti e non i romanzieri*, Milano, Ananke, 2006; Bottiroli, G., *Che cos'è la teoria della letteratura. Fondamenti e problemi*, Torino, Einaudi, 2006, cap. VI.

efectos, no en un sentido originario totalmente ilusorio[6]. Esta corriente de la hermenéutica negativa se ha convertido en dominante en la cultura del siglo XX; aunque también se ha desarrollado en paralelo otra hermenéutica más tradicional y filológica que reivindica como tarea principal de la interpretación el reconstruir las intenciones del autor. El representante más prestigioso de esta tendencia, Erich Hirsch, resuelve el problema de la difusión de cualquier forma de arte en públicos muy alejados de los originarios estableciendo una diferencia entre significado y significancia: el primero es del autor, objetivo e inalterable; la segunda deriva, en cambio, de la aplicación a diversas situaciones históricas y a diferentes sistemas de valores[7]. Este aspecto, el de la descontextualización, que parecía inexplicable ya a Marx, ha sido fuertemente valorado por Benjamin, con su teoría de la madurez póstuma de la palabra poética. El debate entre intencionalistas y anti-intencionalistas, enriquecido por las aportaciones de la Filosofía Analítica, continúa estando muy vivo hoy día[8].

Hans Robert Jauss, protagonista de la Escuela de Constanza junto a Wolfgang Iser, irrumpe en 1967 en la escena de la teoría de la literatura con un gesto declaradamente provocativo: replantea la historia de la literatura en una nueva clave, contraponiéndose al esencialismo de los métodos formalistas y marxistas; una historia concreta y dinámica de todas las lecturas que han suscitado las obras literarias enten-

---

[6] Gadamer, H. G., *Verdad y método* (1960) (trad. A. Agud, R. de Agapito), Salamanca, Sígueme, 1984.

[7] Hirsch, E. D., *Teoria dell'interpretazione e critica letteraria* (1962), Bologna, Il Mulino, 1972.

[8] Cfr. Benjamin, W., «La tarea del traductor», *op. cit.;* y sobre la cuestión teórica, Bessiére, J. (ed.), *Littérature et théorie. Intentionnalité, décontextualisation, communication*, Paris, Champion, 1998, en particular Schaeffer, J.-M., «Littérature et intentionnalité», pp. 11-40, que distingue entre una «intención en acción» y el proyecto del autor.

didas como partituras musicales que han de reinterpretarse libremente⁹. La Estética de la Recepción se presenta, de hecho, como una estética de la eficacia: la lectura no es un proceso lineal, que va de un autor activo a un lector pasivo, sino un evento histórico en el que entran en juego las expectativas, convenciones y predisposiciones del público. Es el *horizonte de expectativas* lo que una obra puede confirmar o transgredir (en primera instancia Jauss identificó en estas dos actitudes la diferencia entre la literatura baja y la alta, para abandonar posteriormente esta posición, demasiado vinculada a la idea romántica de originalidad). Estamos, por tanto, más allá de la fusión de horizontes auspiciada por Gadamer, quien también inspiró esta noción: la recepción es una actividad múltiple, en la que el lector debe mediar entre el universo originario de la obra y el propio vivido; debe hacer que los procesos hermenéuticos cooperen: la primera percepción estética (comprensión), la relectura global y retroactiva (interpretación) y la lectura histórica (aplicación). En los tres casos se trata de acciones en las que coexisten la experiencia estética primaria y la reflexión crítica secundaria: la participación empática y la distancia del personaje, como en las dinámicas del juego.

En su ensayo más sistemático, *Experiencia estética y hermenéutica literaria,* Jauss delinea una teoría que pretende dar cuenta históricamente del aspecto productivo, receptivo y comunicativo de la experiencia estética: *poiesis, aisthesis* y *katharsis*[10]. Es importante subrayar cómo se retoma un concepto aristotélico fundamental, del cual ya hemos hablado, la catarsis: en efecto, la Escuela de Constanza da valor a la fun-

---

[9] Jauss, H. R., *La historia de la literatura como provocación* (1967) (trad. J. Costa, J. L. Gil), Barcelona, Península, 2000.
[10] Jauss, H. R., *Experiencia estética y hermenéutica literaria. I: Teoría e historia de la experiencia estética* (1982) (trad. J. Siles, J. H. Palacios), Madrid, Taurus, 1992.

ción comunicativa de la literatura, a su valor liberador, contraponiéndolo al ascetismo de las tesis de Adorno y a la autorreferencialidad del Formalismo. En los mismos años en que Roland Barthes exaltaba el placer del texto, como una alegre Babel, plural y fragmentaria, en la que el sujeto se perdía en una reescritura infinita, Jauss escribe por su cuenta una *Apología de la experiencia estética* (1972) en la que el placer juega un papel fundamental, más allá del carácter negativo de la *jouissance* barthesiana: un placer que no es puro disfrute hedonista, sino que permanece siempre en equilibrio, conteniendo siempre también el elemento de la distancia crítica[11]. A tal propósito, Jauss trae a colación una feliz cita de Goethe: «Hay tres tipos de lectores: el que disfruta con juicio; el que sin disfrutar enjuicia, y otro, que enjuicia disfrutando y disfruta enjuiciando; éste es el que de verdad reproduce una obra de arte convirtiéndola en algo nuevo»[12].

Ya el propio título es signo de la vuelta de un concepto fundamental que hemos visto anteriormente en la hermenéutica de Dilthey; también el pragmatista americano John Dewey había defendido que la experiencia estética no está separada de la experiencia de lo real (como sí sostiene otra línea teórica): es sólo su intensificación[13]. El disfrute de una obra de arte se convierte en experiencia plena sobre todo gracias a un mecanismo fundamental, que ya ha aparecido varias veces a lo largo de nuestro recorrido teórico, y que Adorno y Brecht habían considerado vulgar y demasiado li-

---

[11] Jauss, H. R., *Apología de la experiencia estética* (1972) (trad. D. Innenarity), Barcelona, Paidós, 2002; Barthes, R., *El placer del texto y lección inaugural* (1973) (trad. J. M. Marinas, N. Rosa, O. Terán), Madrid, Siglo XXI, 2007.
[12] Carta del 3 de junio de 1819 a J. F. Rochlitz, citada en Jauss, *Experiencia estética y hermenéutica literaria, op. cit.*, p. 78.
[13] Cfr. Dewey, J., *El arte como experiencia* (1934) (trad. J. Claramonte), Barcelona, Paidós, 2008; Griffero, T., «Esperienza estetica/esperienzia vissuta», en Carchia y D'Angelo (eds.), *Dizionario di estética, op. cit.*

gado al consumo cultural: la identificación. Por el contrario, Jauss hace de ella un auténtico motor de la catarsis, al tiempo que elabora una tipología de la misma que abarca todos los géneros y todos los patrones de actitud emotiva: identificación asociativa (ante el juego y la fiesta), admirativa (por el héroe ideal), simpatética (por el héroe cotidiano), catártica (por el héroe que sufre) e irónica (por el antihéroe).

Si la investigación de Jauss está orientada hacia las dinámicas de los lectores históricos, la reflexión de la otra figura relevante de la Escuela de Constanza (un grupo muy productivo, como lo demuestran las publicaciones de *Poetik und Hermeneutik*), Wolfgang Iser, se concentra en los mecanismos de la lectura como respuesta estética a la llamada de las obras. Precedido por *El lector implícito,* el ensayo-compendio *El acto de la lectura* parte de una idea del texto literario como cosmos polisémico, que ninguna interpretación podrá agotar[14]; justamente porque autor y lector no tienen un marco común de referencia, se crean unos espacios en blanco (concepto muy cercano a los «puntos de indeterminación» de los que hablaba un teórico de raigambre fenomenológica, Roman Ingarden[15]) que estimulan la creatividad de quien lee. La literatura es, por tanto, un proceso interactivo en el que se entrecruzan múltiples perspectivas (autor, personajes, lector ficticio) a través de un juego continuo entre trasfondo y primer plano, entre tema y horizonte; un proceso guiado siempre por el texto, al tiempo que el lector reestructura lo que está leyendo a través de miradas hacia adelante y hacia atrás, para reconfigurar así su mundo interior. Precisamente en esta regulación automática de la subjetividad se hacen evidentes las convergencias entre el modelo de Iser y ese otro modelo, el más conocido de

---

[14] Iser, W., *El acto de leer* (1976) (trad. J. Gimbernat, M. Barbeito), Madrid, Taurus, 1987.
[15] Ingarden, R., *Fenomenologia dell'opera letteraria* (1931), Genova, Silva, 1968.

la teoría semiótica de la lectura, el de Umberto Eco, quien, a pesar de todo, y no obstante el extraordinario éxito de su *Obra abierta*, convertido pronto en una auténtica categoría estética, ha venido sosteniendo siempre la necesidad de un límite en la interpretación[16]. Como hemos apuntado anteriormente, la vasta teoría de la lectura que entra en escena tras la Estética de la Recepción, influenciada con frecuencia por la Deconstrucción (de la que estamos a punto de hablar), ha ido enfatizando cada vez más el papel del lector, hasta hacer desaparecer por completo ese otro simétrico del texto. Sin embargo, se ha intentado de diversos modos evitar el riesgo de un solipsismo exagerado, proponiendo distintas teorías con las que hacer de la lectura algo legítimo y creíble por los demás. La aportación del psicoanálisis ha sido muy fructífera, al reinterpretar la recepción y disfrute de la obra a la luz de las fantasías inconscientes envueltas en el juego (sobre todo en la teoría de Norman Holland), y ha otorgado un nuevo estatuto central al yo del lector, que queda despersonalizado y atomizado, por el contrario, en las teorías semiológicas y deconstructivas, o en el Neopragmatismo de Stanley Fish, quien ha elaborado el interesante concepto de «comunidad interpretativa» como última instancia creadora del texto[17]. Puesto que se pueden dosificar de manera diversa subjetivismo y objetivismo, intencionalidad y alienación, debe quedarnos como dato incuestionable que la literatura es siempre objeto de una delicada transacción entre el autor y sus públicos: un juego entre muchos en el que el momento estético final reside, como siempre, en el ojo de quien mira.

[16] Eco, U., *Obra abierta* (1962) (trad. R. Verdagué), Barcelona, Ariel, 1990; id., *Lector in fabula* (1979) (trad. R. Pochtar), Barcelona, Lumen, 1999.
[17] Holland, N., *La dinamica della risposta letteraria* (1968), Bologna, Il Mulino, 1986; Fish, S., *C'è un testo in questa classe? L'interpretazione nella critica letteraria e nell'insegnamento* (1980), Torino, Einaudi, 1987.

Los límites se desvanecen: la Deconstrucción

La Deconstrucción es sobre todo una estrategia filosófica que se propone desmontar el *logocentrismo* de la cultura occidental: es decir, su situar en el centro tanto a la palabra y la razón (las dos acepciones principales del término griego *logos*) como a sus correlatos (conciencia, verdad, lógica), para buscar así un significado estable y originario. El desmontaje procede en primer lugar valorando todo lo que era considerado marginal, en una suerte de nuevo manierismo, y volviendo a plantearse críticamente las jerarquías que ha edificado la metafísica: oralidad/escritura, público/privado, significado/significante, masculino/femenino, original/copia, palabra/imagen, etcétera. Se trata en todos los casos de dicotomías en las que el primer término goza de plenitud positiva y originaria; mientras el segundo queda siempre como algo secundario y subordinado. Aunque el verdadero fin no será simplemente poner del revés las jerarquías y crear un nuevo rango de valores positivos; al contrario: se trata de fintarlas, dislocarlas, ponerlas bajo una nueva perspectiva. La Deconstrucción no pretende salir del ámbito de la tradición del pensamiento occidental, y en particular de la vena cultural lingüística y semiótica de la que proviene (entre las páginas más famosas de Derrida, jefe de filas de esta escuela, figuran los comentarios dedicados a Saussure): sólo pretende repensarla críticamente[18]. El efecto es sin duda desestabilizador (se ha dicho, con una metáfora muy perspicaz, que es como cortar a trozos el árbol sobre el que se está sentado[19]): no sin fundamento, a muchos les ha parecido (sobre todo a los filósofos analíticos, con una matriz cultural tan diversa)

---

[18] Puede encontrarse una síntesis muy útil de los arduos textos deconstruccionistas y de la crítica a la que dan origen en Culler, J., *Sobre la deconstrucción* (1982) (trad. L. Cremades), Madrid, Cátedra, 1984.
[19] *Ibídem*, p. 139.

una forma letal de irracionalismo y de renuncia a las fuerzas humanistas e ilustradas del pensamiento; en cualquier caso, el intento no es totalmente destructivo (como no lo es, en el fondo, ni siquiera la conocida como teoría de la destrucción de William Spanos)[20].

No nos interesa aquí tanto realizar una evaluación filosófica de la Deconstrucción como mostrar el enorme eco que ha tenido en la estética y en la teoría de la literatura (sobre todo en los departamentos de las universidades norteamericanas), no sólo porque representa una reacción al proyecto estructuralista de fundar una ciencia de la literatura (como también la Estética de la Recepción), sino, sobre todo, porque propugna la eliminación de las barreras entre filosofía y literatura (posición defendida también por el pensador pragmatista Richard Rorty[21]), entre metalenguaje y lenguaje, crítica y literatura. La idea de partida es que no puede describirse un lenguaje desde fuera: hay que hacerlo necesariamente desde su interior. La lectura crítica de un texto no consiste, por tanto, en descifrar un sentido preexistente, y tampoco en la identificación de un tópico que conferiría unidad a la obra: más bien, es precisamente la idea de un todo unitario, de una legibilidad, la que se ve violentamente atacada en nombre de una poética de lo heterogéneo y lo polisémico. Como afirma Barbara Johnson, en la lectura deconstructiva lo que se destruye no es el texto, sino la pretensión de una interpretación

---

[20] Sobre esta tesis heideggeriana, que defiende la historicidad radical de toda interpretación, cfr. Ferraris, M., *La svolta testuale. Il decostruzionismo in Derrida, Lyotard, gli «Yale Critics»*, Milano, Unicopli, 1986.

[21] El pensamiento de Rorty, definido con frecuencia como posfilosofía, ha valorado el uso de la metáfora contra toda voluntad hegemónica y fundacionista de la filosofía kantiana. Cfr. sobre todo su *La filosofía y el espejo de la naturaleza* (1979) (trad. J. F. Zulaica), Madrid, Cátedra, 1989; resulta muy similar la postura de S. Cavell, *En busca de lo ordinario. Líneas de escepticismo y romanticismo* (1979) (trad. D. Ribes), Madrid, Cátedra, 2002.

unívoca, de su clausura definitiva[22]. Esto no significa llegar a una arbitrariedad absoluta de la interpretación, como sí puede que haya sucedido en ciertas obras de algunos de sus seguidores demasiado simplificadoras. En una famosa cita de su *La escritura y la diferencia*, Derrida escribe que hay dos tipos de interpretación: la que busca el origen y pretende descifrar una verdad más allá del juego del mundo, y la que, por el contrario, pretende secundar ese juego para llegar al otro lado del humanismo. También es cierto que, como añade después, no es necesario elegir: más bien es preferible buscar un territorio común[23].

Donde mejor queda ejemplificada y visualizada la visión derridiana de la estética literaria, según la cual el texto «es una máquina con múltiples cabezas lectoras que registran otros textos»[24], es en *Glas*: una obra sin comienzo y sin final, en la que aparecen a la izquierda fragmentos comentados de la *Filosofía del derecho* de Hegel y a la derecha otros tantos de la obra de Jean Genet, contraponiendo así ley y transgresión, propiedad y hurto, ortodoxia y heterodoxia, familia tradicional y homosexualidad, y evidenciando saltos e injertos[25]. A los ojos de un historiador de la crítica literaria de la categoría de René Wellek se trata de un intento fallido: ni buena filosofía, ni literatura, ni tampoco crítica literaria[26]. Su significado reside, por el contrario, precisamente en la hibridación

---

[22] Johnson, B., *The Critical Difference. Essays in the Contemporary Rhetoric of Reading*, Baltimore, John Hopkins University Press, 1980.
[23] Derrida, J., *La escritura y la diferencia* (1967) (trad. P. Peñalver), Barcelona, Anthropos, 1989, p. 401.
[24] Derrida, J., «Sobre-vivir», en AA. VV., *Deconstrucción y crítica* (trad. M. Ventura), Madrid, Siglo XXI, 2010, p. 108.
[25] *Vid.* la reciente edición italiana con texto en italiano y francés, Derrida, J., *Glas* (1974), Milano, Bompiani, 2006.
[26] Wellek, R., «Destroying Literary Studies», en Patai, D.; Corral, W. H. (eds.), *Theory's Empire. An Anthology of Dissent*, New York, Columbia University Press, 2005.

de estos géneros y en ese echar abajo las barreras, con la convicción de que todo texto es como una prótesis, un suplemento de otros textos, una amalgama de discursos disonantes. Estamos frente a la idea de una escritura penetrante y generalizada, anterior al *logos*: una diseminación de trazos que escapan del marco de la obra para cubrir todos los aspectos de lo mundano (esa textualidad de lo real sintetizada por la célebre fórmula «no hay nada fuera del texto»).

Sobre la base de estos presupuestos, la crítica deconstructiva ha practicado una lectura en estrecha cercanía (*close reading*) de las obras literarias, que tiende a poner en evidencia las irregularidades, las incoherencias, las incongruencias. Se nos abre un panorama muy variado, no de una escuela unificada: dentro del grupo de los Yale Critics (que toma su nombre de la universidad en la que las tesis de Derrida han alcanzado mayor eco y difusión), Geoffrey Hartman parte de la idea de un hiato entre lenguaje y realidad: una herida irreparable (como la de Anfortas en *Parsifal*) que la literatura tiende a exacerbar y a suavizar al mismo tiempo. Ante tal situación la crítica no puede ser sino una hermenéutica negativa, que someta al filtro de la duda y de la parodia todas las tentativas de encerrar el arte en sistemas totalizadores, para concentrarse, por el contrario, sobre la infinita variación de los lectores históricos[27]. La lectura, o mejor, la *deslectura* (*misreading*), es concepto recurrente en las obras de Harold Bloom: la literatura procede mediante rupturas edípicas, mediante lecturas que deforman inevitablemente las obras de sus predecesores y padres, único modo, por otra parte, de sustraerse a través de distintas estrategias retóricas (desde la de-

---

[27] Hartman, G., *Saving the Text. Literature, Derrida, Philosophy*, Baltimore, John Hopkins University Press, 1982; vid. también id., *Cicatrici dello spirito. La lotta contro l'inautenticità* (2004), Verona, Ombre corte, 2006; id., *La critica nel deserto* (1982), Fortunati, V.; Franci, G. (eds.), Modena, Mucchi, 1991.

monización a la introyección) a la angustia de la influencia y al sentimiento de haber llegado con retraso[28]. Tanto poetas como público son lectores capaces y activos, que tergiversan inevitablemente los textos para poderse apropiar de ellos y hacerlos revivir: estamos muy lejos de la idea derridiana de una textualidad difusa y omnipresente, y estamos cerca, en cambio, de la defensa neorromántica de los grandes escritores creativos y transgresores de la cultura occidental (*in primis* Shakespeare), que Bloom realiza frente a los ataques del Postestructuralismo[29]. No es por casualidad que tanto Bloom como Hartman se hayan definido como «cuasi» deconstructivistas, dejando a Paul de Man (junto a Joseph Hillis Miller) el papel de intérprete hasta sus últimas consecuencias del proyecto de la Deconstrucción, a pesar de su notable autonomía respecto a Derrida. Para Paul de Man, el texto, como también todo acto crítico, se autodeconstruye solo, sin la intervención externa de la literatura filosófica, ya que entre significado literal y significado metafórico se crea una tensión irresoluble. Toda obra, sobre todo si está caracterizada por un *pathos* profundo (Proust, Rilke), contiene un conjunto de figuras, de representaciones, y contiene asimismo su respectiva deconstrucción, provocando así una serie de narraciones de segundo grado (las alegorías de la lectura) que reproducen la historia infinita de su ilegibilidad[30].

Si se comparan con los modelos formalistas, las teorías de la recepción y la deconstrucción hacen de la lectura, por

---

[28] Bloom escoge una serie de seis conceptos clásicos: *clinamen* (malentendido), *tessera* (antítesis), *kenosis* (discontinuidad), *demonización* (contrasublimación), *askesis* (solipsismo), *apophrades* (introyección); cfr. Bloom, H., *L'angoscia dell'influenza. Una teoria della poesia* (1973), Milano, Feltrinelli, 1983.
[29] Bloom, H., *El canon occidental. La escuela y los libros de todas las épocas* (1994) (trad. D. Alou), Barcelona, Anagrama, 1997.
[30] De Man, P., *Alegorías de la lectura* (1979) (trad. E. Lynch), Barcelona, Lumen, 1990.

tanto, una práctica mucho más inestable y fluida, cuyas reglas han de negociarse cada vez y están sujetas a transformaciones históricas radicales. Todo ello prepara el terreno a la reutilización voluntariamente tendenciosa de la crítica postestructuralista (de la que nos ocuparemos ahora), y favorece una estética de lo desorganizado y lo fragmentario.

Postmodernismo, Postestructuralismo, «Posthuman»

Sin duda el título de este último apartado da la sensación de una dificultad a la hora de categorizar nuestra contemporaneidad, dificultad mal disimulada con el prolífico uso de términos con el prefijo *post-*, siempre un poco ambiguo y ambivalente. Es necesario sobre todo distinguir entre la idea de una nueva época, que tiene su inicio con la modernización radical de los años cincuenta, y la idea de un nuevo estilo, que privilegia la intertextualidad, la contaminación entre lo alto y lo bajo, el eclecticismo (para la primera debería usarse el término *Postmoderno* y reservar para la segunda *Postmodernismo*). No es ciertamente fácil periodizar el presente, pero tampoco hay duda de que en los años sesenta y, posteriormente, en los ochenta del siglo que acaba de terminar las condiciones materiales de la existencia han cambiado radicalmente, y ha tomado forma un tardo-capitalismo caracterizado por la internacionalización de los mecanismos productivos. Exageraba, sin duda, el pensamiento apocalíptico de Pasolini cuando defendía que la década de los sesenta había transformado el mundo más que lo habían hecho los dos milenios precedentes, destruyendo la secular cultura campesina[31]; pero la fractura his-

---

[31] Es la tesis que sustenta Pasolini, P. P., *Escritos corsarios* (trad. S. Manteiga), La Coruña, Positivas, 1993; también en id., *Saggi sulla politica e sulla società*, Siti, W.; De Laude, S. (eds.), con ensayo introductorio de P. Bellocchio, Milano, Mondadori, 1999.

tórica es innegable, por mucho que no se haya visto marcada por crueles revoluciones. Hoy, después del atentado contra las Torres Gemelas, símbolo mediático que ha dado inicio al nuevo milenio, ha tenido lugar una especie de carrera con el fin de abjurar del diagnóstico postmoderno, como si de pronto hubieran vuelto los sucesos, los conflictos, la historia, y hubieran desaparecido los juegos, las ficciones, las actuaciones; pero no parece que esta reflexión haya realmente dado lugar a nuevos modelos interpretativos, sino a metáforas muy similares (la liquidez de la que habla Bauman), o a conceptos muy vagos, como el de novela global[32].

En realidad, la sentencia de que lo postmoderno sancionaba el fin de la historia era sólo una fórmula fácil. Los que se estaban verdaderamente apagando eran los modelos teleológicos (las que llamamos grandes narraciones, *in primis* el marxismo): la idea de que la historia se dirige siempre e inexorablemente hacia un fin último. Lo que aquí nos interesa y urge subrayar es que esta transformación histórica ha cambiado radicalmente también el estatus del arte y de la literatura: no es por azar que la Postmodernidad haya sido etiquetada como «antiestética»[33]. En una época en la que no sólo la cultura se ha convertido en mercancía, sino que también la mercancía se ha convertido en cultura, en la que todas las prácticas de nuestra vida cotidiana se han estetizado y cultu-

---

[32] Bauman, Z., *Modernità liquida* (2000), Roma-Bari, Laterza, 2002; el libro de Calabrese, S., www.letteratura.global, *Il romanzo dopo il postmoderno*, Torino, Einaudi, 2005, identifica la categoría de la novela global tomando a autores muy poco homogéneos (elección, en todo caso, consciente y declarada), y sobre todo basándose en una cronología incorrecta y en una definición de lo postmoderno infundada (que de hecho se confunde con el Modernismo).

[33] Foster, H. (ed.), *The Anti-Aesthetic. Essays on Postmodern Culture*, Seattle, Bay Press, 1983: se habrían superado definitivamente la idea de la estética como una disciplina autónoma, desinteresada, capaz de producir una totalidad simbólica; la idea de gusto subjetivo, amenazada por la cultura de masas y, por último, la idea de un valor subversivo del arte.

rizado, en la que, finalmente, todo el mundo se ha visto humanizado y unificado por la idea de mercado (la harto conocida «globalización»), dejan de tener sentido los dictámenes estéticos del Modernismo: el rechazo de la vida burguesa y de la tecnificación, que privarían al arte de toda su antigua sacralidad; la búsqueda espasmódica de lo nuevo mediante los gestos de ruptura y los *shocks* de las vanguardias, que corresponden a una idea de progreso del arte hoy definitivamente muerta (en lo postmoderno todo es presente y el tiempo tiende a espacializarse). Toda una serie de grandes oposiciones del pasado parecen, por tanto, esfumarse: la existente entre esencia y apariencia, proveniente de la dialéctica marxista (ligada, por tanto, a los conceptos de superestructura y de ideología); la existente entre latente y manifiesto, de origen freudiano; la existente entre autenticidad e inautenticidad, de raíz existencialista (vinculada al concepto de alienación); y, finalmente, la existente entre significante y significado, que ha animado las corrientes semióticas y estructuralistas. A un crítico marxista, como Eagleton, este triunfo de lo superficial puede parecerle una última ilusión, que vuelve a agitar la idea utópica y socialista de la transformación del mundo[34]; pero otro pensador, también marxista, Frederic Jameson, particularmente receptivo al arte contemporáneo gracias a su onnívora curiosidad, ha demostrado, en cambio, cómo también en la fragmentación postmoderna hay espacio para la dimensión de la utopía, y cómo en el laberinto del imaginario contemporáneo, cada vez más polimórfico, se puede, si no encontrar una dirección, al menos ejercitar una función crítica, elaborando mapas cognitivos[35].

[34] Eagleton, T., *Le illusioni del postmodernismo* (1996), Roma, Editori Riuniti, 1998.
[35] Jameson, F., *El posmodernismo o la lógica cultural del capitalismo avanzado*, op. cit.

En el ámbito de la crítica literaria la época postmoderna ha asistido al desarrollo de una nutrida serie de tendencias, reunidas bajo la etiqueta de «Postestructuralismo» a causa de haber marginado el proyecto de definir científicamente lo específico literario, lo cual coincide con frecuencia con el rechazo de la dimensión estética *tout court,* sustituida por la dimensión cultural. Refiriéndose a la tradición británica y marxista de los *Cultural Studies* y al pensamiento de Michael Foucault (sobre todo a su genealogía de las ideas de locura y de sexualidad), esta crítica tan impregnada de sentido político ha vuelto a usar los textos literarios como medios privilegiados con los que elaborar una identidad (étnica, cultural, sexual), concebida en todo caso como construcción social y nunca como esencia inmutable. La crítica feminista, la crítica gay y lésbica, la crítica postcolonial, la crítica afroamericana, cada una con sus propias especificidades, de las que aquí no podemos ocuparnos, han superado de este modo una primera actitud de reivindicación de la diferencia, para llegar, en cambio, a una visión híbrida y performativa de la identidad, hasta el radicalismo de los *Queer Studies,* que propugnan la indiferenciación, el travestismo, la superación de todo binarismo[36]. Esta riquísima producción ha tenido y tiene una innegable función positiva: ha ampliado enormemente el ámbito de la teoría de la literatura, incluyendo todas las formas de cultura popular, oponiéndose al canon occidental y mostrando lo tupido que se ha hecho el tejido de discursos sociales con los que la literatura interactúa (es el ámbito en que se mueve el Neohistoricismo). Su base teórica se explica como reacción al Formalismo estructuralista: con demasiada frecuencia la literatura se ha visto reducida en nuestros días a

---

[36] Puede encontrarse una buena panorámica en Izzo, D. (ed.), *Teoria della letteratura. Prospettive dagli Stati Uniti*, Roma, La Nuova Italia, 1996. También resulta muy útil Cometa, M., *Dizionario degli studi culturali*, Coglitore, R.; Mazzara, F. (eds.), Roma, Meltemi, 2004.

puro documento cultural, lo cual provoca hoy comprensibles reacciones, del mismo modo que es igualmente comprensible el rechazo de un lenguaje excesivamente jergal[37]. Parece por ello interesante la actual recuperación de una atención hacia la estética por parte de los estudios culturales, que siempre la habían considerado un enmascaramiento elitista de las formas materiales de producción: una ideología, en definitiva[38].

La Postmodernidad es una época en la que la literatura ha perdido toda su centralidad en el conocido como sistema de las artes. Si su estilo nace en el mundo de la arquitectura (Venturi, Johnson, Stark, Gehry), como reacción al racionalismo moderno de Le Corbusier y Mies van der Rohe, es sobre todo el arte del cine el que marca más profundamente el imaginario contemporáneo, y aún más el vídeo: nueva forma de hibridación de lenguajes, versión postmoderna de la obra de arte total de Wagner y de las vanguardias históricas. No es por casualidad que del cine (en cuanto creador de realidad y productor de pensamiento, y no simple objeto de teorización) se hayan ocupado diversos filósofos muy cercanos a la sensibilidad postmoderna: desde Gilles Deleuze, con su escritura nómada y vitalista, a Slavoj Žižek, con sus paradójicos pastiches, sin olvidar al ya mencionado Jameson o al originalísimo filósofo analítico Stanley Cavell[39].

---

[37] Una reacción muy bien sintetizada en Patai y Corral (eds.), *Theory's Empire, op. cit.*
[38] Cfr. Elliott, E.; Freitas Caton, L., y Rhyne, J. (eds.), *Aesthetics in a Multicultural Age*, Oxford, Oxford University Press, 2002, y lo defendido en el prólogo.
[39] Deleuze, G., *La imagen-movimiento. Estudios sobre cine 1* (1983) (trad. I. Agoff), Barcelona, Paidós, 2003; id., *La imagen-tiempo. Estudios sobre cine 2* (1984) (trad. I. Agoff), Barcelona, Paidós, 2007; Žižek, S., *Dello sguardo e altri oggetti. Cinema e psicoanalisi*, Udine, Campanotto, 2004; Jameson, F., *Firme del visible. Hitchcock, Kubrick, Antonioni* (1990), Roma, Donzelli, 2003; Cavell, S., *La búsqueda de la felicidad. La comedia de enredo matrimonial en Hollywood* (1981) (trad. E. Iriarte), Barcelona, Paidós, 2008. Para una síntesis, cfr. Pezzella, M., *Estetica del cinema*, Bologna, Il Mulino, 1996.

Ello no significa que no se pueda identificar una estética literaria postmoderna, que se expresa sobre todo en el género siempre más hegemónico, la novela, y que gira en torno a ciertos núcleos temáticos, acertadamente subrayados por Remo Ceserani: a) un sujeto «debilitado, descentrado, multiplicado y fragmentado», reproducido fundamentalmente en su realidad corpórea, fragmentado a su vez en una serie de partes, de órganos y de dobles: en un simulacro de sí mismo que puede transmigrar a los universos ficticios de una película y de una novela; b) una temporalidad totalmente anulada en el presente, que recupera el pasado en un museo de fotografías y retazos, a través de un historicismo omnívoro y libidinoso, y a través de actos nostálgicos (como las películas sobre los años treinta); c) un fetichismo y una acumulación grandiosa de mercancías, que ha fagocitado por completo las imágenes de la naturaleza, y que presenta como reacción una obsesión igualmente desmedida por los residuos, los desechos, las ruinas[40]. Son temas que pueden encontrarse, con dosis y orientaciones diferentes, en la narrativa de Pynchon, DeLillo, Doctorow, Tournier, Eco, Tabuccchi y de tantos otros, aunque, como siempre, la periodización puede resultar problemática también en el interior de este giro: personalmente no me siento inclinado a llamar, como se hace generalmente, postmoderno al *Noveau roman*, con sus textos puramente descriptivos, pues me parece definible, más que como otra cosa, como producto último de la vanguardia modernista, el lugar de llegada (y de no retorno) de una experimentación sobre los límites de la expresión, como *Silencio* de John Cage, el arte conceptual, el nihilismo de Beckett, no por casualidad tan amado por Adorno (muy distinto es el caso del segundo Robbe-Grillet). El plano estético y el plano social (el con-

---

[40] Ceserani, R., *Raccontare il postmoderno*, Torino, Bollati Boringhieri, 1997, pp. 140-5.

cepto de «serie» del que hablaban los formalistas rusos) no proceden jamás al unísono, al igual que las revoluciones no acontecen nunca de golpe, sino en diversas fases: cuando comenzaba la modernización salvaje de Occidente, a finales de los cincuenta, florecían aún movimientos típicamente modernistas, como en pintura el expresionismo abstracto, pero también escribía ya Pynchon, y hacía sus primeros escarceos el *Pop Art;* del mismo modo, a finales de los años sesenta, Derrida emprendía su proyecto de la Deconstrucción mientras la cultura semiótica se encontraba en su apogeo.

De la concepción moderna del cuerpo (y en general de las mutaciones tecnológicas fruto de la ingeniería genética, de la endoscopia, de la prostética, de la robótica, de las nanotecnologías, del *bio-computing*) ha nacido un enésimo *post-*, deliberadamente paradójico: lo *Posthuman*. También en este caso se verifica una mezcla de arte y filosofía, en particular epistemología y bioética. Abandonando la concepción secular que veía en el hombre una imperfección biológica, compensada por sus creaciones culturales, el Posthumanismo propone un nuevo modelo de humanidad como sistema abierto, plural, que se alimenta de un continuo mestizaje con la alteridad no humana, *in primis* con la animal: inspirándose en la zooantropología, la etología y en todas las ciencias posteriores a Darwin que han puesto en evidencia la concepción autónoma y autárquica de la humanidad, el Posthumanismo ha puesto del revés la idea común de que la cultura humana representa un alejamiento de la alteridad animal, y de que la contaminación con la animalidad suponga un retorno a nuestros orígenes ancestrales; al contrario, mediante la cultura, el hombre se dirige hacia lo animal, adquiere sus características etiológicas, performativas, cognitivas. Los animales alimentan, por tanto, el imaginario humano a través de una infinidad de modelos explicativos y de posibilidades existenciales que crean una «teriosfera» e inducen al hombre a la «zoomímesis» y a la «zoopoiesis», como sostiene Roberto Marchesini[41].

En lo *posthuman* la literatura no ocupa tampoco un lugar preponderante; al haberse difundido sobre todo en las artes visuales (a partir de la exposición itinerante *Post-Human* de Jeffrey Deitch de 1993) y especialmente en el videoarte (Matthew Barney y su ciclo *Cremaster*) la anarquía de la hibridación que lo caracteriza, en particular al celebrar la fusión entre hombre y máquina, debe mucho al concepto de *cyborg* y a la narrativa *cyberpunk* de William Gibson; así como la exaltación de una energía proteiforme toma ideas del surrealismo y del teatro de la crueldad de Artaud.

«Cuando la cuenta que presenta el nominalismo empieza a hacerse demasiado alta, ¿a quién llamamos para pagarla si no es al viejo pero siempre servicial realismo?» Así escribe Daniele Giglioli en la valiosa conclusión que aporta a la primera edición italiana completa del *Postmodernismo* de Jameson[42]. Muchos de los críticos que sentencian el fin de lo postmoderno hacen referencia a esta categoría, huidiza y delicada como pocas, para designar las obras contemporáneas que afrontan temáticas atrevidas dentro de nuestra historia reciente, como *Underwold* de DeLillo o la *Pastoral americana* de Philip Roth[43]. En realidad, las dos categorías no deben ser consideradas a la fuerza incompatibles: de realismo postmoderno se ha hablado ya a propósito del magnífico libro de fotografías de Walter Evans y James Agee de 1941 *Elogiemos*

---

[41] Marchesini, R., *Post-Human. Verso nuovi modelli di esistenza*, Torino, Bollati Boringhieri, 2002.
[42] Giglioli, D., «Postfazione» a Jameson, F., *Postmodernismo, ovvero la logica culturale del tardo capitalismo*, Roma, Fazi, 2007.
[43] Cfr. Luperini, R., *La fine del postmoderno*, Napoli, Guida, 2005; id., *L'incontro e il caso. Narrazioni moderne e destino dell'uomo occidentale*, Roma-Bari, Laterza, 2007; sobre el concepto de realismo, *vid.* Bertoni, F., *Realismo e letteratura. Una storia possibile*, Torino, Einaudi, 2007, que concluye su recorrido con Underworld.

ahora a hombres famosos, por su inédita combinación de documento social y pastiche lingüístico[44]. No hay duda de que la narrativa reciente esboza un retorno al realismo balzaquiano, mientras que la novela maximalista (sobre todo David Foster Wallace) afronta formas y temas cada vez más complejos. Hay que decidir si se trata de una nueva estética o simplemente de una nueva corriente dentro de nuestro imaginario cada vez más escandaloso. Pero es un signo positivo: a pesar de sus reiteradas crisis, la literatura sabe aún responder a los desafíos imposibles de un mundo en continua y rapidísima metamorfosis.

---

[44] Reed, T. V., «Unimagined Existence and the Fiction of the Real: Postmodernist Realism in *Let Us Now Praise Famous Men*», *Representations,* 24, 1988, pp. 156-76; Agee, J.; Evans, W., *Elogiemos ahora a hombres famosos: tres familias de arrendatarios* (1941) (trad. P. Geralt), Barcelona, Círculo de Lectores, 1994.

Segunda parte

Teoría en práctica

IV

Territorios, instituciones, efectos. La estética implícita de los escritores

Muerte y transfiguración del autor

Comenzamos este capítulo con un fragmento muy conocido, cercano al final de una grandiosa arquitectura inacabada:

> [...] un ser que sólo aparecía cuando, por una de esas identidades entre el presente y el pasado, podía encontrarse en el único medio donde pudiera vivir, gozar de la esencia de las cosas, es decir, fuera del tiempo. Esto explicaba que mis inquietudes sobre mi muerte hubieran cesado en el momento en que reconocí inconscientemente el sabor de la pequeña magdalena, porque en aquel momento el ser que yo había sido era un ser extratemporal, despreocupado por tanto de las vicisitudes del futuro. Aquel ser no había venido nunca a mí, no se había manifestado jamás sino fuera de la acción, del goce inmediato, cada vez que el milagro de una analogía me había hecho evadirme del presente. Sólo él tenía el poder de hacerme recobrar los días antiguos, el tiempo perdido, ante lo cual los esfuerzos de mi memoria y de mi inteligencia fracasaban siempre[1].

[1] Proust, M., *En busca del tiempo perdido; 7. El tiempo recobrado* (1927) (trad. C. Bergés), Madrid, Alianza, 1981, p. 218.

En la poética de Marcel Proust, la escritura, como cualquier otra forma de creación artística, no es fruto de ese yo que reside en la parte superficial del autor, diluido en el universo mundano, sino de otro yo más escondido y profundo, que emerge sólo en raros instantes de éxtasis e intuición pura, capaces de suspender la implacable sucesión del tiempo objetivo. En esta distinción entre un yo de superficie y otro profundo que Proust formula en *Contra Sainte-Beuve,* como oposición al afán biográfico de este gran crítico de la generación precedente, puede percibirse un aire de semejanza con la puesta en evidencia de la idea cartesiana de sujeto que Freud estaba llevando a cabo por aquellos mismos años, aunque entre los dos no existiera contacto directo alguno[2]. Toda la estética modernista, más o menos influenciada por el psicoanálisis, no hace otra cosa que agotar hasta el infinito la célebre frase de Rimbaud, *Je est un autre,* «yo es otro» (célebre también, y con toda justicia, por su extrema radicalidad), constatando la fragmentación de un yo escindido en roles, requerimientos y pulsiones, y deconstruyendo la correspondencia que el siglo diecinueve había creado entre vida y obras (ya Nietzsche afirmaba: «Una cosa soy yo; otra cosa son mis escritos»; su estética fisiológica se basaba en la ocultación del yo en la obra)[3].

El rechazo proustiano y modernista del «biografismo» ha sido entendido con frecuencia en paralelo con una fórmula

---

[2] Proust, M., *Contra Sainte Beuve* (1954) (trad. J. Albiñana), Barcelona, Tusquets, 2005; sobre Proust y Freud, cfr. Rivière, J., *Proust e Freud* (1927), Parma, Pratiche, 1985, y Lavagetto, M., *Freud, la letteratura e l'altro,* Torino, Einaudi, 2001, pp. 100-3; Bongiovanni Bertini, M., *Proust e la teoria del romanzo,* Torino, Bollati Boringhieri, 1996; sobre la *Recherche* como historia del aprendizaje de la escritura a través de la interpretación de múltiples signos, *vid.* Deleuze, G., *Proust y los signos* (trad. F. Monge), Barcelona, Anagrama, 1995.

[3] Nietzsche, F., *Ecce Homo: cómo se llega a ser lo que se es* (1908) (trad. A. S. Pascual), Madrid, Alianza, 1997, p. 63.

crítica de gran éxito, que se remonta a un escrito de Roland Barthes de 1968, *La muerte del autor*, a menudo asociado al ensayo *¿Qué es un autor?* de Foucault, publicado el año siguiente[4]. Tomando como fundamento estas ideas, la crítica estructuralista arrinconó la figura del autor «real» o empírico, interesándose sólo por su aparición en el texto en tanto función implícita, ideología, imagen mental; en particular, la narratología, partiendo de la noción de *implied autor* (literalmente «autor implicado») del neoaristotélico Wayne Booth, afronta extensamente la cuestión de los autores y lectores implícitos en el texto, eliminando de la práctica crítica a los sujetos reales[5]. En realidad la visión proustiana del arte es algo diferente: Proust contrapone dos niveles de subjetividad, privilegiando el inconsciente, más auténtico[6]. Por otra parte, debemos señalar que entre los dos filósofos las posturas divergen: Foucault propone considerar la función autor desde un punto de vista histórico, en cuanto práctica que atribuye coherencia y proyecto a una serie de textos, subrayando cómo ha nacido y se ha desarrollado en épocas concretas; Barthes piensa, en cambio, en un modelo de literatura en la que el sujeto se anula en una escritura impersonal. Desde luego, no es la primera vez que la teoría literaria entiende la creatividad como un proceso de desapego: ya lo hemos apuntado en el tercer capítulo a propósito de la fenomenología de Georges Poulet, quien extendía esa facultad, simétricamente, a la lectura. Igualmente, Maurice Blanchot concibe la escritura como sacrificio del sí, como renuncia

---

[4] Barthes, R., «La muerte del autor» (1968), *El susurro del lenguaje* (trad. C. Fdez. Medrano), Paidós, Barcelona, 2009; Foucault, M., «Che cos'e un autore?» (1969), en *Scritti letterari*, Milano, Feltrinelli, 1971.
[5] Booth, W., *Retorica della narrativa, op. cit.*
[6] Cfr. Leuillot, B., «Proust contre Sainte-Beuve ou Saint Bouve a bon dos», Chevalier, A., «L'ascèse de l'auteur»; Díaz, J. L., «L'auteur vu d'en face», en Chamarat, G.; Goulet, A. (eds.), *L'auteur*, Colloque de Cersy-la-Salle, Caen, Presses Universitaires de Caen, 1996.

catártica a la propia individualidad para entrar en un mundo impersonal, la obra, una obra que, procediendo de tal manera, permitiría la recuperación de lo sagrado en una época de desenfrenado individualismo[7]. Similares posiciones pueden encontrarse en la Hermenéutica negativa y en la Deconstrucción. El siglo XX reacciona así a la estética romántica del genio[8], como sucede también en la escritura creativa: primero con los experimentos de las Vanguardias (la escritura automática de los surrealistas, el *collage*), y después con la poética de lo Postmoderno, en la cual, puesto que todo ha sido ya dicho, la tarea del autor se ha de limitar a proponer nuevos bricolajes de alusiones y citas.

Sea quien sea el que escriba, es indudable que la imagen que el escritor produce de sí en tanto autor es distinta a la real; y es igualmente incuestionable que la aproximación biográfica resulta, en general, bastante pobre de miras, tanto porque entre lo vivido y la obra se sitúan infinitas mediaciones y enmascaramientos, como porque la segunda tiende siempre a la transfiguración y la universalización, si no a la fagotización, del primero. Al igual que todas las fórmulas a tal efecto que usan el lema «la muerte de» (la tragedia, la novela, el arte, el hombre: fenómenos que, obviamente, no mueren, sino que se transforman continuamente), también el título barthesiano se ha convertido a pesar de todo en un *passepartout,* en una cómoda excusa para proteger a una crítica obsesivamente concentrada en los textos y en sus mecanismos, que desprecia como poco científica cualquier alusión a los procesos biográficos. No es casual que el Postestructuralismo haya reaccionado en los últimos años ante tal panorama mediante la

---

[7] Blanchot, M., *El espacio literario* (1955) (trad. V. Palant, J. Jinkins), Barcelona, Paidós, 2004.
[8] En cualquier caso, se trata de una noción compleja y de largo alcance: cfr. Russo, L. (ed.), *Il Genio. Storia d'una idea estetica*, Palermo, Aesthetica, 2008.

celebración del retorno del autor y criticando las tesis estructuralistas tomando como fundamento tesis filosóficas[9]; mientras, y en paralelo, la literatura ha producido un nutrido número de novelas y *films* biográficos (los *biopics*), autobiografías, *autofictions, biographical quests* y otras formas híbridas para un público cada vez más fascinado por lo vivido de los artistas. En realidad, el autor jamás había muerto; por el contrario: nunca como hoy había gozado de tan buena salud. Lo que más sorprende, como ha defendido Carla Benedetti en un ensayo dedicado a una «figura borrada», es el doble vínculo que la cultura contemporánea establece con esta noción[10]: se declara su muerte precisamente con el fin de exorcizar su fuerza tiránica, ya que en la modernidad, superado el sistema de géneros, es sobre todo el autor quien determina el estatuto artístico de una obra (de ello dan ejemplo los gestos provocativos de tanta vanguardia y arte conceptual, a partir del famoso urinario expuesto por Marcel Duchamp). Como ha sucedido también en la política de los autores de cine defendida por Bazin y los *Cahiers du cinéma,* el producto de autor se opone al producto de consumo, que es siempre de género[11]: una lógica que se ha extendido ya a todos los ámbitos de una cotidianidad cada vez más estetizada.

[9] Sobre el retorno del autor, cfr. Jannidis, F., *et al.* (eds.), *Rückkehr des Autors. Zur Erneuerung eines umstrittenen Begriffs*, Tübingen, Niemeyer, 1999 (con aplicaciones a diferentes y nuevos media); para un desmontaje sistemático de la noción de muerte del autor desde la perspectiva de la filosofía analítica, cfr. Lamarque, P., «The Death of the Author: An Analytical Autopsy», *British Journal of Aesthetics*, 30, 1990, pp. 319-33, posteriormente en Irwin, W. (ed.), *The Death and the Resurrection of the Author?,* Wesport-London, Greenwood Press, 2002, pp. 79-91; cfr. también Compagnon, A., *Il demone della teoria. Letteratura e senso comune* (1998), Torino, Einaudi, 2002, cap. II.
[10] Benedetti, C., *L'ombra lunga dell'autore. Indagini su una figura cancellata*, Milano, Feltrinelli, 1999.
[11] AA.VV., *La politica degli autori* I: *Le interviste*, Roma, Minimum fax, 2000, II: *I testi*, A. Lombardi (ed.), Roma, Minimum fax, 2003.

¿Pero cuándo se ha impuesto esta idea fuerte de autor que ha dado vida a toda una verdadera estética, el *autorialismo**? Foucault apunta como cambio de rumbo el nacimiento de las normas de propiedad intelectual, que comenzó a regular los derechos de reproducción de los textos y prever también la sanción penal por la transgresión de aquéllas: estamos en el paso del siglo XVIII al XIX, en la revolución histórica y cultural de la Ilustración. No hay duda de que el nacimiento de los derechos de autor subvirtió las ideas mismas de texto y de intertextualidad (citas, alusiones, plagio), pero, como siempre, la datación concreta de una fractura histórica –técnica con la que la Modernidad se autolegitima– amenaza con el peligro de ocultar las épocas precedentes en un *totum* indistinto, como si todo lo que hubiera acaecido antes del XVIII se moviera en el flujo de una tradición impersonal. Y, en efecto, desde la propia escuela foucaultiana se han producido ciertos reajustes que, por un lado, han recuperado fenómenos precedentes con origen en el Medioevo y el Barroco y, por otro, han mostrado cómo en la misma Ilustración el cambio fue bastante gradual: Diderot, por ejemplo, parece poco preocupado por la paternidad de sus obras, y en la *Encyclopédie* se verifica casi una disolución de la autoría a través de la práctica sistemática del plagio y del calco, si bien el plan total de la obra da signos de un claro proyecto de autor[12].

El Neohistoricismo americano nos proporciona una valiosa ayuda a través del concepto de *self-fashioning* («auto-configuración» de la identidad) que Stephen Greenblatt aplica a los inicios de la modernidad y al siglo XVI inglés

---

* El autor toma este término de Carla Benedetti, *L'ombra lunga dell'autore* (Milano, Feltrinelli, 1999), quien a su vez lo identifica con una tendencia o movimiento por el que en la obra literaria se enfatiza la presencia del autor (N. del T.).

[12] Jacques-Lefévre, N. (ed.), *Une histoire de la «fonction-auteur» est-elle possible?*, Saint-Étienne, Publications de l'Université de Saint-Étienne, 2001 (en particular el estudio de M. Leca-Tsiomis).

(Moro, Spencer, Wyatt, Marlowe)[13]. En una época de cambios radicales, en la que la mayor movilidad social coincide con su opuesto dialéctico, con el deseo de control por parte de la familia y del estado, los artistas, carentes de título aristocrático, sienten la necesidad de construirse una identidad a través de un proceso artificial, que expresa, y al mismo tiempo critica, los códigos de conducta de la vida social. Aun siendo una noción *ad hoc* para este contexto (el Neohistoricismo practica una crítica totalmente coyuntural), la de *self-fashioning* se ha revelado útil también para otras épocas y culturas como, por ejemplo, la Clasicidad latina, a propósito de las distintas máscaras públicas que Cicerón usa para construir su imagen, de la retórica de autor de Horacio, o de la poesía satírica, en la que el yo del poeta se enfrenta continuamente con la realidad social y los roles que la componen[14]. En definitiva, podemos decir que la historia del autorialismo no contempla sólo una única revolución, sino una serie de fases alternativas, de muertes y transfiguraciones, de silencios y prepotentes afirmaciones.

En los comienzos de la literatura occidental el autor como instancia autónoma simplemente no existe: incluso prescindiendo de la cuestión homérica, que nos llevaría a la categoría paralela del autor colectivo (tan querida por el Romanticismo), en los poemas de Homero el aedo es sólo un mediador de la palabra divina, que le llega directamente de las Musas; el pronombre personal que aparece en el proemio de la *Odisea* –gran novedad teniendo en cuenta la impersonalidad absoluta del prefacio de la *Ilíada* («canta, oh diosa...»)–

---

[13] Greenblath, S., *Renaissance Self-Fashioning. From More to Shakespeare*, Chicago-London, The University of Chicago, 1980.

[14] Oliensis, E., *Horace and the Rhetoric of Authority*, Cambridge, Cambridge University Press, 1998; Dugan, J., *Making a New Man: Ciceronian Self-Fashioning in the Rhetorical Works*, Oxford, Oxford University Press, 2005; Merli, E., «Identity and Irony: Martial and the Tradition of Roman Satire», en Nauta, R. (ed.), *Flavian Poetry*, Brill, Leiden, 2006, pp. 257-70.

ha sido entendido como signo embrionario de una subjetivización que se perpetuará posteriormente sobre todo en la poesía lírica[15]. En cualquier caso, en la Edad Clásica no está demasiado presente la idea fuerte de autor como estrategia para la producción y la clasificación de los textos, que se distinguían fundamentalmente gracias al sistema de géneros, a los clientes, y a la finalidad ritual y performativa. Las cosas cambian radicalmente con la Edad Helenística, gran cambio histórico en el mundo antiguo, que produce una literatura hiperculta, un taller de poetas que fueron al mismo tiempo filólogos y bibliotecarios y que clasificaron y sistematizaron toda la tradición precedente, discriminando cánones, géneros y autores con unas muy precisas técnicas de atribución. Es aquí cuando nace algo muy similar a esa función-autor foucaultiana que caracterizará la Edad Moderna. No es por azar que en la misma época se desarrolle el género de la biografía, que inventa la leyenda del artista diferente y marginal (así sucede con la *Vida de Eurípides* de Sátiro, construida probablemente a partir de un dato real, su escaso éxito de público). El poeta alejandrino que retoma la épica canónica, Apolonio Rodio, invoca a las Musas como su instrumento, poniendo del revés la relación que se encuentra en la base de los poemas de Homero y mostrando en sus *Argonaúticas* una presencia mucho más incisiva del yo del narrador, que comenta la acción, explicita la organización y expresa la dificultad de valorar la acción de su protagonista, Medea. También en la Edad Media volvemos a encontrar un cambio bastante similar de una primera fase dominada por completo por la tradición impersonal a otra fase ulterior en la que se perfilan con mayor claridad las estrategias de autor.

---

[15] Cfr. Svenbro, J., «La notion d'auteur en Gréce ancienne», en Chamarat y Goulet (eds.), *L'auteur, op. cit.*, que se detiene en el episodio de Tamiris, castigado por su presumir en exceso de sus capacidades, y después en Platón.

Estos breves apuntes históricos sirven sólo para hacernos comprender la complejidad de la historia de la idea de autor y cómo se concentra en ciertos períodos de gran fuerza, como la Edad Alejandrina o el Renacimiento. No hay duda, sin embargo, de que el autorialismo es un fenómeno estético propio de la Modernidad, relacionado con la lenta disolución del sistema prescriptivo de los géneros literarios, definitivamente marginado por la revolución romántica, y con la expansión del mercado editorial: se llega así a una época en la que se venden más los autores que los libros, ya que para el público la firma es sinónimo y garantía proléptica de obras futuras, de sagas y continuaciones. En efecto, el paso del XIX al XX, que contempla el florecimiento del Esteticismo y después del Modernismo, marca el triunfo del *self-fashioning*: recuperando en clave secular antiguas funciones sacras, los autores se presentan como sacerdotes, profetas, mártires, redentores, como sucede con el círculo neopagano de Stefan George en Munich, o en Italia con el poeta-vate D'Annunzio[16]. En la Inglaterra victoriana, testigo del desarrollo vertiginoso de la industria cultural, periodística y editorial, se multiplican las estrategias performativas con las que los autores modelan su propia identidad pública, crean su propio mito y casi convierten la figura del autor en espectáculo (como le sucede al periodista y novelista Arnold Bennett), que con frecuencia desafía o se burla de las tan rígidas convenciones sociales y sexuales, sobre todo en lo que se refiere al género. Es el caso de Vernon Lee, historiadora del arte, novelista y feminista, figura epatante por excelencia, que cultivaba su propia imagen pública con el uso provocativo del vestuario, del lesbianismo, del neopaganismo y la mitología mediterránea; o de Walter Pater, igualmente escindido entre sus estudios sobre el Renacimiento (un mito que precisamente en aquellos años se es-

---

[16] Detering, H. (ed.), *Autorschaft. Positionen und Revisionen*, Stuttgart-Weimar, Metzler, 2002 (particularmente el ensayo de F. Marx).

taba elaborando) y los cuentos-ensayo de sus *Retratos imaginarios*[17]. Por otra parte, esta es la época en la que comienza a fraguarse una identidad homosexual, gracias también al escándalo provocado por el proceso a Wilde y a la acción de varios escritores que forman grupos de compromiso y ocultación[18].

Precisamente en el momento en que la imagen pública del artista asume una importancia cada vez más grande, se consigue valorar en su justa medida la experiencia exquisitamente privada del escribir, y distinguir así entre un yo público y un yo privado. Tomemos como ejemplo a un autor que supo cultivar con un mimo extremo su identidad, sobre todo en cuanto americano trasplantado, establecido en Inglaterra, hasta el punto de configurar, en calidad de prologuista y crítico, su obra completa como un todo orgánico, aunque al mismo tiempo defendiera denodadamente una vida privada nutrida de innumerables ansias y obsesiones (sobre todo a causa de una homosexualidad poco reconocida): hablamos, cómo no, de Henry James. En su cuento *La vida privada* (1893), James retoma el antiguo tema del doble, tan apreciado por la narrativa fantástica del XIX, precisamente con el fin de hacer visible esta duplicidad radical propia de la condición de escritor. Y es que el narrador descubre que la gloria literaria que le acompaña durante unas vacaciones que pasa junto a un grupo de otros artistas y aristócratas presenta en realidad dos encarnaciones: existen un Clare Vawdrey (probablemente reflejo literario de Robert Browning), estelar y mundano, brillante en su conversación, y un Clare Vawdrey mucho

---

[17] Cfr. Demoor, M. (ed.), *Marketing the Author. Authorial Personae, Narrative Selves and Self-Fashioning, 1880-1930*, Houndmills-New York, Palgrave McMillan, 2004 (un importante volumen colectivo que reúne a Greenblatt y Butler), y Scotti, M., *Gotico mediterraneo*, Reggio Emilia, Diabasis, 2007, sobre todo el capítulo VIII.

[18] Cfr. Pustianaz, M., y Villa, L. (eds.), *Maschilità decadente. La lunga fin de siécle*, Bergamo, Bergamo University Press, 2004; Zanotti, P., *Gay: la identidad homosexual de Platón a Marlene Dietrich* (trad. N. Mtnez. Deaño), Madrid, Turner, 2007.

más fascinante aún, que escribe sus obras en la oscuridad, ensimismado, como lo confirma su amiga, la actriz que comparte esta visión del desdoblamiento (algo así como los dos Elstir que aparecen en la *Recherche* de Proust). Leamos el fragmento en el que el narrador vive esa experiencia perturbadora, culmen del primer capítulo:

> Ni se volvió ni me contestó, pero mi pregunta recibió una respuesta práctica e inmediata cuando se abrió la puerta del otro lado del pasillo. Un sirviente, con una vela, había salido de la habitación de enfrente, y con su luz fugaz reconocí definitivamente al hombre que, según creía yo, hacía un instante estaba abajo, conversando con Mrs. Adney. Su espalda estaba medio vuelta hacia mí y se inclinaba sobre la mesa en actitud de escribir, pero yo era consciente de que no me equivocaba acerca de su identidad.
> —Le ruego que me perdone; creí que estaba abajo —dije.
> Y como la persona no dio señales de oírme, añadí:
> —Si está ocupado no le molestaré.
> Retrocedí para salir, cerrando la puerta. Había estado en ese lugar, supongo, menos de un minuto. Tenía una sensación de perplejidad que, sin embargo, se profundizó infinitamente al instante siguiente. Me quedé ahí con la mano aún en el tirador de la puerta, sobrecogido por la impresión más extraña de mi vida. Vawdrey estaba sentado a su mesa, escribiendo, y era un lugar muy natural para que estuviera, pero, ¿por qué estaba escribiendo a oscuras y por qué no me había contestado? Durante unos segundos esperé a ver si oía el sonido de algún movimiento, a ver si salía de su abstracción —un acceso concebible en un gran escritor— y exclamaba: «Oh, querido amigo, ¿es usted?» Pero sólo oí la quietud, sentí sólo la penumbra luminosa de estrellas de la habitación, con la presencia imprevista allí encerrada[19].

---

[19] James, H., «La vida privada», en id., *La lección del maestro, La vida privada, La figura de la alfombra* (trad. M. Millar, A. Goldar), Barcelona, Orbis, 1987, pp. 130-1.

En esta aparición fulgurante e imprevista, empapada de una sutilísima ambigüedad entre lo real y lo fantástico, hay implícita toda una densa estética de la autoría: en ella volvemos a encontramos, sobre todo, con la distinción proustiana entre yo de superficie y yo de profundidad, de la cual hemos partido; en ella resuenan además los ecos de una concepción mucho más antigua, la de la inspiración artística como posesión (expuesta por Platón en *Ión*), y fundamentalmente la idea de la escritura como alienación y anulación del yo, que será después la manera más provechosa de entender la barthesiana muerte del autor. Lo doble visualiza, por tanto, de manera particularmente eficaz un mecanismo básico de la escritura: el autor se desdobla en varios yo y pide a su lector que haga lo mismo; un mecanismo que explica en parte la enorme difusión que ha alcanzado este tópico en tantas épocas, culturas y lenguajes.

¿Cómo se configura hoy la estética del autorialismo? En general, podemos decir que el siglo XX, además de declarar su muerte, ha elaborado diferentes estrategias para exorcizar la omnipotencia del autor: escritura impersonal, rasgos apócrifos, pseudónimos, hipertextos, autores dobles[20] o colectivos, como en Italia recientemente el grupo Luther Blissett, después transformado en Wu Ming o la Babette Factory (pero ya los naturalistas, que perseguían un estilo impersonal, habían fundado el grupo Médan, nombre del lugar de residencia de Zola[21]); también la invisibilidad mediática de ciertos escritores (Salinger, Pynchon, Elena Ferrante) no hace sino aumentar su poder de seducción: lo que el mundo literario actual parece no poder tolerar es la cancelación real del autor, el anonimato. Al mismo tiempo, el siglo XX ha llegado también a emplear con poste-

---

[20] Sobre esta difundida e interesante práctica, cfr. Lafon, M., y Peeters, B., *Nous et un autre. Enquête sur les duos d'écrivains*, Paris, Flammarion, 2006.

[21] Sobre el compromiso dinámico entre teoría y praxis en el naturalismo, léase Pellini, P., *In una casa di vetro. Generi e temi del naturalismo europeo*, Firenze, Le Monnier, 2004.

rioridad la variante megaliteraria del doble que hemos encontrado en James, con escritores que se desdoblan, como Stephen King y Philip Roth, para con ello dar forma a las obsesiones creadas por su propia y voluminosa figura pública (y en el caso de Roth por las distintas máscaras que ella comporta)[22]. En cambio, escritores postmodernos como Martin Amis (sobre todo en *La información*, en la que se puede constatar una vuelta del doble) han tematizado la mercantilización del autor contemporáneo, fagocitado por un mercado editorial a la búsqueda de un éxito seguro, y por una crítica demasiado tiránica, reducida a máquina publicitaria; en *Mao II*, Don DeLillo establece un paralelismo entre la pérdida de identidad del escritor occidental (a la que su obra intenta contraponerse de todos los modos posibles) y ciertos acontecimientos de masas y tragedias planetarias (un matrimonio colectivo, los funerales de Jomeini, la masacre de Tienanmen) creando un panorama denso en connotaciones apocalípticas[23].

«Las historias carecen de sentido si no logran absorber nuestro terror»[24]: todo *Mao II* está permeado por la simetría entre el novelista y el terrorista y por la idea de que, una vez que los autores han sido mercantilizados y la cantidad de informaciones y percepciones se ha multiplicado hasta el infinito, sólo los fabricantes de bombas son ya capaces de sacudir las conciencias. «Beckett fue el último escritor que realmente dio forma a nues-

---

[22] Fusillo, M., «Lo scrittore si sdoppia. Una variante metaletteraria del doppio», en Caltagirone, G., y Maxis, S. (eds.), *Italia magica. Letteratura fantastica e surreale dell'Ottocento e del Novecento*, Cagliari, AM&D, 2008.
[23] Cfr. Maczyńska, M., «Writing the Writer: The Questions of Authorship in the Novels of Martin Amis», y Clippinger, D., «*Only Halof Here*: Don DeLillo's Image of the Writer in the Age of mechanical Reproduction», en Meyer, M. J. (ed.), *Literature and the Writer*, Amsterdam-New York, Rodopi, 2004, pp. 191-208 y 135-54.
[24] DeLillo, D., *Mao II* (trad. G. Castelli), Barcelona, Seix Barral, 2008, p. 191; sobre el tema del terorista, cfr. Giglioli, D., *All'ordine del giorno è il terrore*, Milano, Bompiani, 2007.

tro modo de ver y de pensar. Después de él, la mayor parte de las obras tienen que ver con explosiones en vuelo y edificios demolidos. Tenemos ahí una nueva y trágica narrativa»[25]. El escritor protagonista de la novela, que se verá implicado en una historia de terrorismo, vive desde hace décadas encerrado entre los miles de folios de su última novela, incansablemente revisada y nunca publicada, con una separación drástica entre imagen pública y vida privada que nos recuerda al cuento de James. Las palabras con las que se explica a la fotógrafo que lo retrata para hacerlo salir de su aislamiento, de su bloqueo creativo, son una puesta del revés del autorialismo moderno (o su enésima radicalización hacia la impotencia y el silencio) y ofrecen una conclusión nihilista a este parágrafo, desmentida, en cualquier caso, por la exuberante producción de su autor.

> [...] Yo siempre me he visto a mí mismo en las frases. A medida que elaboro una frase, comienzo a reconocerme, palabra por palabra. El lenguaje de mis libros me ha modelado como hombre. Una frase que nos sale bien está dotada de fuerza moral. Revela la voluntad de vivir del escritor. Cuanto más profundamente me sumerjo en el proceso de lograr la perfección de las sílabas y el ritmo de la frase, más aprendo de mí mismo. He trabajado mucho y muy duramente en las frases de este libro, pero no lo bastante, dado que no me veo a mí mismo en su lenguaje. La imagen en movimiento ha desaparecido, el código de existencia que me animaba y me hacía confiar en el mundo[26].

El marco necesario: géneros y modos

En el momento de publicar *El hijo natural* en 1757, Diderot añade al mismo un marco narrativo y tres diálogos en los que se discuten la puesta en escena y las tan innovadoras no-

---

[25] DeLillo, D., *Mao II, op. cit.,* p. 213.
[26] DeLillo, D., *Mao II, op. cit.,* p. 71.

vedades del género propuesto (en principio con poco éxito). Gracias a la combinación de estética implícita y explícita y al desdoblamiento entre autor real y su doble, Dorval, los diálogos son particularmente eficaces a la hora de introducirnos en un cambio radical en la noción de género literario:

> YO: Sólo me queda una pregunta por hacerle. Es sobre el género de su obra. No es una tragedia, tampoco una comedia. ¿Qué es, pues, y qué nombre darle?
> DORVAL: El que guste. Pero, si quiere, mañana buscaremos juntos el que más le convenga.
> YO: ¿Y por qué no hoy?
> DORVAL: Tengo que dejarle. He hecho llamar a dos arrendatarios del contorno, y a lo mejor hace una hora que me estarán esperando en casa.
> [...]
> El día siguiente el cielo se encapotó. Una nube que presagiaba tormenta y que traía el trueno, se detuvo sobre la colina y la cubrió de tinieblas. A la distancia a la que estaba los relámpagos parecían encenderse y apagarse entre las tinieblas. Las copas de las encinas se agitaban. El ruido de los vientos se confundía con el murmullo de las aguas. El trueno se paseaba rugiendo entre los árboles. Mi imaginación, dominada por secretas asociaciones, me mostraba en medio de aquella escena oscura a Dorval tal como lo había visto la víspera en los arrebatos de su enstusiasmo, y creía oír su voz armoniosa elevarse por encima de los vientos y el trueno.
> [...]
> DORVAL: En todo objeto moral se distinguen un centro y dos extremos. Parece, pues, que al ser toda la acción dramática un objeto moral, debería haber un género medio y dos géneros extremos. Éstos los tenemos: son la comedia y la tragedia. Pero el hombre no está siempre en el dolor o en la alegría. Hay, pues, un punto que separa la distancia del género cómico al género trágico[27].

---

[27] Diderot, D., *El hijo natural. Conversaciones sobre «El hijo natural»* (trad. F. Lafarga), Madrid, ADE, 2008, pp. 167-8; sobre este fragmento

La interrupción del intercambio dialógico, remitido al día posterior (cuando comienza el tercer diálogo), provoca un suspense sobre la definición del género, mientras el paisaje violentamente sublime visualiza el impacto revolucionario de la invención de Dorval. Ciertamente, no era la primera vez en la historia de la dramaturgia en la que se buscaba una forma mixta entre tragedia y comedia: había habido tragicomedias, fuente de innumerables debates, y muy poco tiempo antes la comedia lacrimosa. Pero el drama del que habla y que practica Diderot no es un mero bastardo hijo del cruce de dos especies; no es un género mixto: es un antigénero, extraño a la lógica misma de lo trágico y lo cómico (Dorval destaca el género serio en tanto lejano a los dos extremos, que no pueden fusionarse, rechazando así lo tragicómico: «en rigor, una pieza [teatral] no se circunscribe nunca a un solo género»[28]). Estamos ante la reivindicación de una forma nueva de hacer teatro, que ya no se basa en un sistema rígido de expectativas según el cual asistir a una tragedia implica asistir a una luctuosa historia poblada de personajes aristocráticos, llena de pasiones anómalas e ilícitas, escrita en un estilo sublime; el nuevo teatro nace, por el contrario, del carácter imprevisible y polifónico de lo cotidiano (de modo similar Goldoni, en su *Teatro cómico*, reivindica la novedad de un teatro que «pesca en el maremágnum de la naturaleza»): de hecho, el autor presenta su novedad como reproducción directa de un caso real, pero el juego de marcos, representaciones y dobles desvela su literariedad, no reducible al demasiado amplio membrete de «realismo» (la *pièce* en sí, entre otras cosas, contiene golpes de efecto y *topoi* no muy verosímiles). El propio Diderot pro-

---

y sobre el género del drama en Europa, cfr. Schino, M., «Il dramma», en Boitani, P., y Fusillo, M. (eds.), *Letteratura europea. II: I generi*, Torino, Utet (en prensa). En general, cfr. Modica, M., *L'estetica di Diderot. Teorie delle arti e del linguaggio nell'età dell'Encyclopédie*, Roma, Pellicani, 1997.
[28] Diderot, D., *Conversaciones sobre «El hijo natural»*, op. cit., p. 169.

pone para ella otra etiqueta muy interesante: lo serio. Se trata de la categoría que Erich Auerbach, en su obra maestra de crítica estilística, *Mímesis,* aplica al nuevo realismo de la novela decimonónica, que supera la separación clara entre los estilos que había imperado durante siglos, aunque ya hubiese sido rota en tiempos por la propia narración bíblica, y representa lo cotidiano en una clave no cómica[29]. La otra gran novedad que nace en los mismos años que *El hijo natural,* y hacia la que Diderot muestra rápidamente un gran interés con *El elogio de Richardson,* es la novela burguesa, que marcará el triunfo del ideal, también estilístico, de la seriedad (en cuanto sentido de la medida, distancia emotiva, regularidad metódica). Ambos géneros son informes, y tienden por ello a fagocitar todos los demás (la mayor parte de la producción teatral sucesiva será considerada como drama: desde Ibsen a Pirandello) y a identificarse con la noción misma de literatura. Virginia Woolf escribirá que la novela es un género caníbal, que devora todas las demás formas literarias, mientras Bachtin basará, precisamente, su teoría en la tesis de la novela como enciclopedia de los géneros precedentes. Pero ya Balzac había expresado claramente este proyecto utópico de una apertura omnicomprensiva, confiándolo a la voz de uno de los personajes de *Las ilusiones perdidas,* el periodista Blondet, atrevido teórico de lo doble:

> Nuestra joven literatura procede mediante cuadros en los que se concentran todos los géneros, tales como la comedia y el drama; la descripción, los caracteres, el diálogo, aglutinados por los brillantes nudos de una intriga interesante. La novela, que exige el sentimiento, el estilo, la imagen, es la más grande creación moderna. Ha ocupado el lugar de la comedia, que con sus viejas leyes no resulta ya adecuada [...]

---

[29] Auerbarch, E., *Mímesis* (1948) (trad. I. Villanueva), Madrid, FCE, 1983; cfr. también Moretti, F. (ed.), «Il secolo serio», en id. (ed.), *Il romanzo, I: La cultura del romanzo*, Torino, Einaudi, 2001, pp. 689-725.

Por ello la novela es con mucho superior a la discusión fría y matemática, al seco análisis del siglo dieciocho. La novela, dirás en tono sentencioso, es una epopeya divertida[30].

Por tanto, en la gran revolución histórica que gira en torno a la Ilustración y la Revolución Industrial, y que contempla también el nacimiento de la estética, dos nuevos géneros literarios, el drama y la novela, revolucionarán un sistema milenario y sentarán las premisas para una tendencia a su disolución. Esquematizando mucho, y remitiéndonos al apartado precedente, podríamos decir que en esta época el autor sustituye al género en cuanto criterio estético discriminador: para el público del XVI, la *Gerusalemme Liberata* es sobre todo un poema épico, y sólo después una obra de Tasso (y esto sirve aún más para una *chanson de geste* medieval); para el lector del XX, *La montaña mágica* es esencialmente una obra maestra de Thomas Mann. Como todas las esquematizaciones, también ésta contiene gran parte de verdad, pero no da cuenta de muchas matizaciones y otras tantas excepciones; en definitiva, es más que otra cosa un punto de partida. De modo que volvamos un poco hacia atrás para ver cómo este sistema de géneros se formó para luego entrar en crisis.

En los inicios de la estética hay una obra que es también una discusión, si bien muy peculiar, sobre los géneros literarios; la poética de Aristóteles habla sobre todo de la superioridad de la tragedia: es casi una obra de crítica militante, que no muestra una gran sintonía con la literatura contemporánea y exalta una época ya acabada (con frecuencia las teorías de los géneros literarios se formulan cuando acaba un ciclo), pero al mismo tiempo es también un tratado no sistemático sobre los varios géneros posibles. Rápidamente se percibe una tensión que se mantendrá constante en la totalidad de las re-

---

[30] Balzac, H. de, *Las ilusiones perdidas* (trad. J. R. Monreal), Barcelona, Debolsillo, 2010, pp. 396-7.

flexiones sucesivas: la de englobar la totalidad infinita de los fenómenos literarios en una serie finita de categorías, en un sistema cerrado. Aristóteles lo hace recurriendo a un sistema cuatripartito, centrado en dos modalidades básicas (mimético o diegético: en términos actuales, dramático o narrativo) y dos tipologías de objetos representados (personajes superiores o inferiores a nosotros); se obtienen así tragedia, comedia, épica y parodia, con una clara preferencia por la primera pareja de géneros, basados en la mímesis de acciones, sin la intervención del narrador[31]. Si bien la última casilla, dejada casi vacía, parece anunciar la novela, como ya vimos en el primer capítulo, lo que más sorprende en el sistema aristotélico es la ausencia de la lírica, poco apreciada en cuanto carente de mímesis: será un problema para todos los clasicismos, sobre todo cuando este género contemple un desarrollo notable que lo transformará radicalmente[32].

Tras Aristóteles, en la Era Alejandrina, la codificación de los géneros literarios será más orgánica y sistemática, e incluirá también subgéneros y formas intermedias, al tiempo que en la praxis se insinuará cada vez más el gusto por la contaminación y la violación de las reglas: la fórmula con la que Enrico Rossi ha sintetizado la Edad Helenística, «leyes escritas pero no respetadas»[33], podría valer para muchas fases de la Modernidad, ya que la tensión entre normas y escrituras es un fenómeno muy difundido. Como se ha dicho en más ocasiones, cada obra tiende a trascender el género literario al cual se ha adscrito; pero esto no significa que estemos ante una noción inútil, al contrario: desempeña un papel importante en la producción y recepción de las obras; representa un modelo,

---

[31] Cfr. Genette, G., *Introduzione all'architesto* (1979), Parma, Pratiche, 1981, p. 14.
[32] *Vid.* a este respecto Mazzoni, G., *Sulla poesia moderna*, Bologna, Il Mulino, 2005.
[33] Rossi, L. E., «I generi letterari e le loro leggi scritte e non scritte nelle letteratura classiche», *Bulletin-Institut Classical Studies*, 18, 1971, pp. 69-94.

un esquema mental para el autor, y un horizonte de expectativas para el público, cuyas respuestas estéticas orienta. Lo importante es no entenderla como esencia inmutable, una especie biológica que ha de conocer su propio desarrollo, su decadencia y su contaminación, sino como una noción a mitad entre teoría e historia, como auspiciarán los románticos[34].

Sin embargo, no todo se ha de entender siempre como un conflicto entre norma y praxis: por ejemplo, la situación de los géneros en la Edad Media es mucho más fluida, menos basada en un canon cristalizado y más vinculada a poéticas inmanentes, de vez en cuando transformadas por la práctica y las expectativas del público[35]. Con el redescubrimiento humanístico de la Antigüedad Clásica y con el retorno de la *Poética* se crea un sistema más rígido: para los tratadistas el problema principal se convierte en cómo hacer entrar en el modelo aristotélico los géneros nuevos (tragicomedia, pastoral, lírica, novela), mientras para los artistas consiste en saber conquistar un espacio creativo. Leamos a continuación un fragmento obra del poeta que creará los mayores problemas a la teoría renacentista de los géneros literarios:

¿Qué no hará de un corazón sujeto
este traidor amor que tan mala guía,
pues que quitó del conde con efecto
la mucha fe que a su señor debía?
Sabio fue un tiempo, y lleno de respeto;

---

[34] Contra las visiones positivistas y esencialistas del género literario, cfr. Schaeffer, J.-M., *¿Qué es un género literario?* (1989) (trad. J. Bravo y N. Plaza), Madrid, Akal, 2006, y la discusión crítica de Bagni, P., *Genere*, Firenze, La Nuova Italia, 1997.

[35] Cfr. Jauss, H. R., *Alterità e modernità della letteratura medievale* (1997), Torino, Bollati Boringhieri, 1989, en particular, pp. 219-56, que subraya la influencia de la literatura medieval en la teoría contemporánea, sobre todo si se abandona la idea de que es sólo un primer escalón de una evolución sucesiva; la riqueza de los géneros medievales no puede encasillarse en la tríada épico-narrativo-lírico.

la Santa Iglesia defender solía;
agora, por amor vano y locura,
del tío, de sí y de Dios muy poco cura.
...
Mucho lo excuso, huelgo que he hallado
Tal compañero en un error tamaño:
Que así soy a mi bien flaco y cuitado,
Y fuerte y sano en el seguir mi daño.
Vestido va de negro, con cuidado,
Sin pensar en amigo, y de sí extraño;
Pasa por donde, de África y España,
La gente está en tiendas de campaña[36].

En el laberíntico poema de Ariosto, la locura y los celos de Orlando son elementos centrífugos: el héroe abandona sus obligaciones épicas dando vida a innumerables variantes novelescas, mientras el autor se aprovecha de ello para introducir elementos provenientes de otros géneros y de otros modelos, sobre todo líricos, como en esta cita, en la que la referencia de Ariosto al gran modelo de Petrarca es más que evidente (sobre todo por el oxímoron del tema de la complacencia en perseguir el mal de amor: «sano e gagliardo a seguitare il male»); además, la figura del narrador puede percibirse de una manera insólita en el género épico-caballeresco, sobre todo por su confesa identificación emotiva con la pasión amorosa de su personaje, confirmada en otros numerosos «proemios morales». En todo el *Orlando furioso* se advierte de manera consistente la estrategia del autor: su manipulación e interpretación paródica de la tradición precedente (a partir de Boyardo, del que escribe una continuación, pero de quien se distancia claramente) y de todo el sistema de géneros y de estilos[37]. Estamos, en el fondo, ante

---

[36] Ariosto, L., *Orlando furioso* (ed. C. Segre y M. Muñiz; trad. J. de Urrea), Madrid, Cátedra, 1985, IX, 1-2.
[37] Cfr. Zatti, S., *Il Furioso fra epos e romanzo*, Lucca, Pacini Fazzi, 2001; Bruscagli, R., *Studi cavallereschi*, Firenze, Società editrice fiorentina, 2003;

una de las primeras expresiones de esa libertad (la del autor) respecto al género, exigencia tan secundada en la literatura moderna; por otra parte, en la misma época, un pensador neoaristotélico, partidario de la infinitud del mundo (y, por tanto, también de la infinitud del mundo narrado y narrable), Giordano Bruno, sostenía la existencia de tantos géneros como poetas. En *Los heroicos furores* (I, 1) puede leerse: «La poesía no nace de las reglas, salvo en algún caso accidental, sino que las reglas derivan de la poesía y, por ello, tantos son los géneros y especies de verdaderas reglas cuantos son los géneros y especies de verdaderos poetas»[38].

La gran revolución tiene lugar poco después de la publicación del drama de Diderot que nos ha servido de punto de partida; y es que con el Romanticismo los géneros literarios pierden por completo su carácter normativo y se convierten en categorías estéticas transversales que sobrepasan los límites de las formas codificadas: lo épico, lo trágico, lo novelesco pueden encontrarse en todas partes, hecho que permite releer y reinterpretar el pasado y crear nuevos cánones. En el capítulo anterior hemos visto cómo Schlegel hacía que incluso la obra de Dante pudiera ser entendida como novela. Más o menos del mismo modo, hoy nos encontramos lo trágico en Dostoyevsky y lo épico en el cine de John Ford o en las novelas de DeLillo. En cualquier caso, la actitud radical de Schlegel pretende dotar al género literario de un nuevo dinamismo, capaz de formalizar la transformación continua y tumultuosa de la escritura literaria; otras figuras de la cultura decimonónica optaron, en cambio, por retomar y desarrollar esa constante de la teoría de los géneros de la que ya hemos hablado: la tendencia a englobar los infinitos posibles litera-

---

Sangirardi, L., *Ludovico Ariosto*, Firenze, Le Monnier, 2006; Ferroni, G., *Ariosto*, Roma, Salerno, 2008.

[38] Bruno, G., *Los heroicos furores* (1585) (trad. J. Raventós), Madrid, Tecnos, 1987, p. 32.

rios en un sistema cerrado, prevalentemente triádico. Así, el clasicismo de Goethe considera lo épico, lo lírico y lo dramático como tres géneros naturales, en el mismo sentido en que se habla de lenguas naturales; mientras el idealismo de Hegel construye sobre esta tríada ese complejo edificio histórico-estético que es su *Estética*. El pensamiento estético sucesivo establecerá una correspondencia entre los tres géneros mayores (mejor dicho, los tres modos, término más abstracto) y los tres tiempos verbales (con diferentes soluciones, pero atribuyendo siempre el pasado a la épica). Mucho antes que la trinidad cristiana y que la dialéctica, el modelo ternario ha desempeñado un papel antropológico fundamental en el pensamiento mítico y religioso, expresando siempre perfección, finitud, armonía, completitud[39]; y también en este caso ha tenido éxito. Pero la praxis literaria es mucho más accidentada, por lo que los esquemas, las plantillas, los cuadrantes dentro de los cuales se la quiere encerrar resultan siempre o demasiado genéricos o demasiado rígidos. Esto vale también para otros modelos teóricos ubicados en el siglo XX, como la *Anatomía de la crítica* de Northorp Frye, riquísima propuesta, mitad junghiana, mitad neoaristotélica, en la que se plantean cuatro modos (no géneros determinados históricamente): el mito, el *romance,* lo mimético alto y lo mimético bajo, correspondiendo a los diversos tipos de personajes (dioses y demonios, héroes, seres humanos) y los diferentes grados de verosimilitud[40]; o como el modelo de Paul Hernadi, que permite innumerables grados intermedios, pero que, en cualquier caso, acaba por crear un sistema cerrado[41]. Quizá sea

---

[39] *Vid.* el clásico Usener, H., *Triade. Saggio di numerologia mitologica* (1903), Napoli, Guida, 1993.
[40] Frye, N., *Anatomía de la crítica* (1957), *op. cit.;* su tesis está mejor articulada, y resulta fascinante por su riqueza crítica, no equiparable a sus resultados.
[41] Hernadi, P., *Beyond Genre. New Directions in Literary Classification,* Ithaca (N.Y.)-London, Cornell University Press, 1972, que traza un cua-

mejor centrarnos, con un espíritu más empírico, en cada uno de los modos y en sus respectivas transformaciones históricas, o en los sistemas de géneros de las distintas épocas, o quizá en los numerosos subgéneros que articulan de la mejor manera categorías que hoy han llegado a convertirse ya en galaxias de formas (la novela, el drama, el ensayo), renunciando a elaborar sistemas abstractos que deberían incluir, *à la* Borges, todas las posibilidades expresivas y que están, por ello mismo, destinados al fracaso.

Esta actitud tan cauta como empírica ante el concepto de género literario se ve reforzada si nos fijamos en la práctica de los propios autores. Tras la revolución del XVIII, cuando la lógica del autor tiende a ser sustituida por la del género, la insuficiencia de las categorizaciones aumenta progresivamente, al menos hasta la Postmodernidad. Con frecuencia los escritores modernos parecen dar la razón a Croce, quien, como hemos visto, proscribía al género del reino de la estética (aun sin dejar de reconocer su valor empírico, como ha demostrado uno de sus más importantes seguidores, Mario Fubini[42]); o aún más a Maurice Blanchot, quien sentencia para la Modernidad la disolución de los géneros y el triunfo del libro individual, que se interroga sobre la esencia de la literatura: entre libro y lector ya no habría intermediario alguno[43]. Pero, como apunta Todorov al ejemplificar su teoría en la figura de Hermann Bloch, Blanchot no puede evitar la evocación de ciertos géneros literarios (narrativos, discursivos) que se han visto y se ven hibridados o evitados, pero que, en cualquier caso, están siempre presentes y lo están de manera influyente; del mismo modo cabe recordar que a lo largo de su argumentación no

---

drado sobre la base de las parejas visión/acción, visión en acción/acción en visión.

[42] Fubini, M., «Genesi e storia dei generi letterari», en id., *Critica e poesia*, Roma, Bonacci, 1973, pp. 121-212.

[43] *Vid.* Blanchot, M., *El libro que vendrá* (1959) (trad. P. de Place), Caracas, Monte Ávila, p. 225.

puede renunciar a reconocer algunos géneros nuevos, como el diario o el libro profético[44]. Sin categorización no existe lenguaje, lógica, comunicación, y esto vale también para un mundo como el de la literatura, que tiende a subvertir (aunque no siempre y no necesariamente) los modelos expresivos dominantes. Sobre la actitud de rechazo al género sobrevuela aún el mito romántico, de tan lenta agonía, de la originalidad: los escritores rechazan su pertenencia a tal o cual corriente, considerada poco más que una invención de los críticos (por ejemplo, ningún minimalista americano se considera tal, empezando por el más conocido, Raymond Carver); del mismo modo no faltan novelistas contemporáneos que se obstinan en afirmar que no escriben novelas, como si la etiqueta pudiese envilecer su creatividad. Posiblemente sería mejor considerar los géneros como esquemas mentales que han de ser tenidos en cuenta durante la escritura o la lectura, para después ser trascendidos y transformados. O, usando una eficaz metáfora visual muy apreciada por la sociología, por la antropología y por diversos ámbitos de la teoría de la cultura: marcos que sirven para encuadrar el objeto, pero que deben ser después continuamente desplazados o reubicados[45]. A similares conclusiones llega la crítica postestructuralista que se ha dedicado a este asunto, proponiendo una sintomatología del género tras los pasos de Deleuze, o tras las reflexiones de Derrida sobre ese

---

[44] Todorov, T., *Teoría de los géneros literarios* (1978) (trad. M. A. Garrido), Madrid, Arco, 1988; resulta interesante subrayar que a través de las nociones de género y de discurso Todorov renuncia a la idea de literariedad como criterio unificador que había defendido en su fase estructuralista.
[45] Cfr. Simmel, G., «La cornice» (1902), en id., *Il volto e il ritratto. Saggi sull'arte*, Bologna, Il Mulino, 1985, y Bertoni, F., y Versari, M. (eds.), *La cornice. Struttura e funzioni nel testo letterario*, Bologna, Clueb, 2006; cfr. también Bottiroli, G., *Teoria dello stile*, Firenze, La Nuova Italia, 1997, cap. VI; Pinotti, A., *Estetica della pittura*, Bologna, Il Mulino, 2007, cap. XIII.

límite existente entre inclusión y exclusión en el que se sitúa toda obra literaria respecto al género que evoca[46].

Lo postmoderno contempla un firme retorno de los géneros: o bien porque rechaza la lógica de la autenticidad, para la cual el verdadero estilo sería inimitable (el autorialismo, cuyo culto hacia la frase que hemos leído en DeLillo no es sino un último eco), o bien porque disuelve la separación entre literatura alta y paraliteratura, recuperando todos los géneros más o menos «bajos» (policíaco, ciencia-ficción, cómic, rosa, *noir*, pornografía), en cualquier caso, y con frecuencia, reabsorbidos por la lógica de autor (hoy precisamente Dick y Lem se han convertido en clásicos, más allá de su pertenencia al género de la ciencia-ficción, en el que se han movido siempre). Se trata de una recuperación que a menudo opera sólo con citas o alusiones ensambladas en un confeso bricolaje. Por otra parte, lo postmoderno ha recuperado géneros caídos en desuso, como la novela histórica o incluso la épica, muerta desde hacía tiempo (reescrita en clave postcolonial por Walcott en su *Omeros*); o ha creado nuevos géneros literarios, basados en la contaminación entre lo real y lo ficticio, como la *faction,* o como la *autofiction,* en las que las características que identifican en general la autobiografía (identidad entre autor, narrador y personaje) se conjugan con una historia de ficción que puede ser una vida posible no vivida, una versión novelesca de la propia biografía, o un matiz de la misma escondido e inconsciente[47]. Acabada la época en

---

[46] Cfr. Dowd, G., «Genre Matters in Theory and Criticism», introducción a Dowd, G.; Stevenson, L., y Strong, J. (eds.), *Genre Matters: Essays in Theory and Criticism*, Bristol-Portland, Intellect, 2006, pp. 11-28.

[47] El concepto de *autofiction* ha sido definido por el escritor y crítico Serge Doubrovsky, a partir de su novela *Fils* (1977); en Italia se ha aplicado, por ejemplo, a las novelas de Walter Siti; para una orientación general, cfr. Viollet, C., y Jeannelle, J. L. (eds.), *Genèse et autofiction*, Louvain-la-Neuve, Academia-Bruylant, 2007, que incluye en las pp. 241-53 una amplia bibliografía.

la que conjuntos de normas o categorías ideales y filosóficas, los géneros renacen como trazados débiles e inestables para intentar dibujar el mapa de los discursos polimórficos del imaginario contemporáneo.

El texto como modelo de mundo

Entre las *Divagaciones* en prosa publicadas por Stéphane Mallarmé en 1897, un año antes de su muerte, se encuentran algunos artículos recogidos bajo el título *Sobre el libro,* donde puede leerse esta definición, como siempre elíptica y evocadora:

> El Libro (donde vive el espíritu) satisface, en caso de malentendido, una obligación (por cierta pureza lúdica) de sacudir lo grueso del momento. Impersonificado, el volumen, en la medida en la que uno se separa de él como autor, no reclama acercamiento del lector. Tal, sábetelo, entre los accesorios humanos, tiene lugar completamente solo: hecho, siendo. El sentido sepultado se mueve y dispone, en coro, unas hojas[48].

Para Mallarmé, el Libro es el lugar de llegada de una búsqueda de lo absoluto, de la pureza y la evanescencia, que atribuye a la poesía un valor fuertemente sagrado. Un programa estético sintetizado en un verso famoso que podemos leer en el homenaje al escritor americano descubierto y traducido por Baudelaire: «dar un sentido más puro a las palabras de la tribu» (*donner un sens plus pur aux mots de la tribu*, de *Le tombeau d'Edgar Allan Poe*, v. 6)[49]; es decir, buscar un lenguaje

---

[48] Mallarmé, S., *Fragmentos sobre el libro* (trad. J. Gregorio), Murcia, Colegio Oficial de Aparejadores y Arquitectos Técnicos, 2002, pp. 95-6.
[49] Id., *Poesía completa* (trad. P. Mañé), Barcelona, Edicions 92, 1995, p. 179.

que se separe de los automatismos de la comunicación ordinaria. El poeta encuentra su lugar bajo el signo de la hipérbole, figura retórica que marca el paso de lo natural a lo sobrenatural, que, como el libro, se revela más como una aspiración que como una realidad conquistada efectivamente. Así lo demuestra el comienzo de *Prosa,* poesía dedicada a Huysmans: «¡Hipérbole! De mi memoria/triunfalmente no sabes/elevarte, hoy logogrifo/en un libro de hierro vestido»[50].

La idea de texto literario que expresa la prosa poética de Mallarmé es, por tanto, la de un sistema cerrado y autosuficiente, impersonal hasta el punto de liberarse de su origen subjetivo (el autor) y no necesitar de un lector (de hecho, su poética preveía en su programa un público de iniciados). Estamos ante un ideal que tiende a englobar también otros lenguajes artísticos, expandiéndose hasta las dimensiones visual y musical, según una estética de la sinestesia que domina en todo el Simbolismo, tras el ejemplo de la obra de arte total de Wagner, a quien Mallarmé dedicó una composición, del mismo modo que le dedicó otra a un extraordinario pintor contemporáneo, Whistler. En su famosa obra acerca del poder del azar, *Una tirada de dados,* la idea metafísica del libro se materializa en las soluciones gráficas, en el juego entre blanco y negro, entre vacío y lleno; así como, también en *Sobre el libro,* se evoca la etimología de la textura: «Ese pliegue de lóbrego encaje, que retiene lo infinito, tejido por mil, cada uno según el hilo o prolongamiento (ignorado su secreto), reúne almocárabes distantes donde duerme un lujo por inventariar, estriga, nudo, follajes y presentar»[51].

Esta absolutización del texto es el punto final de un largo proceso a través del cual la literatura enfatiza sus propiedades específicas y se configura cada vez más como un mundo social autónomo: así lo ha subrayado el sociólogo Pierre Bour-

---

[50] *Ibíd.,* p. 141.
[51] Mallarmé, S., *Fragmentos sobre el libro, op. cit.,* p. 121.

dieu en su *Las reglas del arte*, identificando en Baudelaire y Flaubert las dos figuras principales de este cambio[52]; como es sabido, el primero fue un modelo para Mallarmé y para toda la poesía lírica subsiguiente, mientras el «libro sobre la nada» proyectado por el segundo, concentrado por completo en el estilo, también merece ser encuadrado con todo derecho en esta poética. En la segunda mitad del siglo XX, y a partir de esta poética, la teoría de la literatura ha extrapolado la idea misma de texto como estructura cerrada, coherente, hipermotivada, que guarda una relación sólo indirecta con el contexto externo, y que contiene en sí misma, en su densísima inmanencia, las funciones del autor y del lector. Desde luego, ha habido muy diversos precedentes en la historia de la estética de un modelo orgánico similar de textualidad: basta recordar a la *Poética* de Aristóteles, que auspiciaba una trama bien delimitada, con un comienzo, un núcleo y un final no casuales, sino motivados. Será con el Simbolismo cuando esta concepción organicista se vincule a la idea de un lenguaje poético nacido de la violación de las normas usuales y de una purificación de la lengua común. El error principal de la cultura estructuralista ha sido el de extender de manera impropia la idea de literatura nacida con la poesía simbolista y con Mallarmé, y hacerla coincidir *tout court* con la literariedad; por ello fue fácil para las escuelas críticas sucesivas descubrir formas de textualidad más abiertas y fluidas, contestando así las pretensiones cartesianas y universalistas del Estructuralismo. Sobre esto hablaremos dentro de bien poco. Antes debemos observar que la idea de una clausura, en la acepción fuerte del término (el de la palabra inglesa *closure*)[53], es decir, de un sentido de in-

---

[52] Bourdieu, P., *Las reglas del arte. Génesis y estructura del campo literario* (1992) (trad. T. Kauf), Barcelona, Anagrama, 2005.
[53] Cfr. Miller, D. A., *Narrative and Its Discontents. Problems of Closure in the Traditional Novel*, Princeton, Princeton University Press, 1981, y

tegridad experimentado al final de la obra, contribuye enormemente a hacer del texto literario un modelo de mundo en el cual el lector puede más o menos reflejarse, según su propia idiosincrasia, pero que en cualquier caso produce un efecto de coherencia contrapuesto al caos del flujo existencial; una sensatez frente al magma denso e insensato de lo real. Se trata de aspectos en los que han insistido la semiótica de Lotman y la semántica de los mundos posibles, como hemos visto en el capítulo primero, y que iluminan en gran modo, aunque no compartan sus presupuestos organicistas, los mecanismos gracias a los cuales leer literatura es siempre una experiencia de incalculable valor.

Pocas décadas después de Mallarmé, quien siempre vivió el Libro como una aspiración utópica, la literatura modernista ataca de manera radical la idea de texto como sistema autosuficiente y cualquier tipo de concepción aristotélica de clausura orgánica. Leamos ahora un fragmento proveniente de una forma híbrida, una novela-ensayo, y proveniente también de un *milieu* cultural riquísimo que, entre otras, fue germen de la figura del filósofo que más se ha interrogado en el siglo XX sobre las relaciones entre lenguaje y mundo, Ludwig Wittgenstein[54]:

> Como uno de aquellos pensamientos, aparentemente marginales y abstractos, que tan inmediata importancia alcanzaban a menudo en su vida, se le ocurrió que la ley de

---

Fowler, D., «Second Thoughts on Closure», en Roberts, D. H.; Dunn, F. M., y Fowler (eds.), *Classical Closures*, Princeton, Princeton University Press, 1997, pp. 3-22, que apunta cómo «abierto» y «cerrado» son polaridades siempre presentes en cada época y en todo texto, lo cual nos obliga a ser cauto con las generalizaciones (Occidente cerrado/Oriente abierto, texto escrito abierto/texto oral cerrado, clasicidad cerrada/modernismo abierto, etc.).

[54] Sobre esta constelación vienesa cfr. Gargani, A. G., *Freud, Wittgenstein, Musil*, Milano, Shakespeare & Co., 1982.

esta existencia a la que uno está apegado y en la que se sueña por pura simpleza a pesar de su sobrecarga, no es otra que la ley del orden narrativo, ese orden simple que consiste en poder decir: –«Al ocurrir esto sucedió aquello.» Lo que nos tranquiliza es la sucesión lisa y llana, la reproducción de la dominadora multiplicidad de la vida en una forma unidimensional, como diría un matemático, el aislamiento de todo aquello que ha sucedido en el tiempo y en el espacio siguiendo una ilación, el famoso «hilo de la historia» del que deriva también el hilo de la vida. ¡Feliz aquel que puede decir «cuando», «antes de», «después de»! Puede que le haya sucedido algo malo o se encuentre acosado de sinsabores: mientras consiga reproducir los acontecimientos en la sucesión de su desarrollo temporal se sentirá tan bien como si el sol le calentara el estómago. De esto se ha aprovechado artificiosamente la novela; el viajero puede cabalgar a través del campo bajo una lluvia torrencial, o sus pies crujir en la nieve a veinte grados bajo cero: el lector encontrará regalo en ello. Esto sería difícil de comprender si el eterno ardid de la poesía épica, con el que incluso las niñeras calman a sus pequeños, si este probadísimo «escorzo de la inteligencia», no perteneciera ya a la vida. Los hombres, en sus fundamentales relaciones consigo mismos son en su mayoría narradores. No aman la lírica, o sólo en algunos momentos; y cuando en el hilo de la vida se anuda alguna vez el «por qué» y el «para qué» aborrecen toda reflexión que los rebase; les gusta la sucesión bien ordenada de los hechos porque parece una necesidad; y gracias a que su vida les parece un «curso» se sienten amparados de alguna manera en el caos. Ulrich se dio cuenta entonces de que él había perdido el sentido de aquella época primitiva que la vida privada todavía conserva, aunque públicamente todo se ha vuelto inenarrable y ya no se sigue ningún «hilo» sino que se extiende a lo largo y ancho de una superficie infinitamente entretejida[55].

[55] Musil, R., *El hombre sin atributos* (1930-3) (trad. J. M. Sáenz), Barcelona, Seix Barral, 2007, vol. I, cap. 122, p. 662. Sobre el valor simbólico de este fragmento para la revolución de la novela del siglo XX, *vid.*

Como gran parte de los personajes del siglo que acaba de concluir, también Ulrich, protagonista de *El hombre sin atributos* de Musil, es un antihéroe que ha dejado de sentir la unidad de un yo ahora fragmentado y escindido, descompuesto en aquellos mismos años por el psicoanálisis. No es casualidad que este fragmento se sitúe inmediatamente después de un acto de memoria involuntaria en el que ha vuelto a ver las fotografías de su infancia sin conseguir reconocerse en ellas. También la tan profunda cita que hemos reproducido viene de repente, como un «pensamiento marginal y abstracto»: Ulrich reconoce la importancia que para la formación de la identidad tiene una narratividad poderosa, basada en nexos causales y temporales, aunque ponga en evidencia su poderoso carácter consolador; pero, sobre todo, entiende cómo esta «épica primitiva», en la que se evitan las marcas características de la reflexión y el ensayo (los «porque» y «para qué»), ya no puede proponerse en el universo de la metrópolis contemporánea, laberinto infinito, carente de ejes narrativos que regulen su caos. Es la misma metrópolis que ofrecía ya al *flâneur* de Baudelaire y de Benjamin un auténtico bombardeo de múltiples percepciones simultáneas, y que se convierte, pocos años antes de que Musil escribiera esas páginas, en objeto de la épica del lenguaje y del cuerpo de James Joyce.

La renuncia a un eje narrativo dominante se percibe claramente en la enorme novedad expresiva del *Ulysses,* que tiene un precedente reconocido en el simbolista wagneriano Dujardin: el flujo de la conciencia (pero no hay que olvidar la escena del suicidio en *Ana Karenina,* con la que Tolstoy se anticipa a Joyce, si bien ambos se mantienen dentro de la antigua tradición del monólogo interior, que se remonta a Apolonio de Rodas). Se trata, efectivamente, de una técnica que

---

Lavagetto, M., «Il romanzo oltre la fine del mondo», ensayo introductorio a Svevo, I., *Romanzi e «continuazioni»,* Palmieri, N., y Vittorini, F. (eds.), Milano, Mondadori, 2004, p. LXVII.

busca reproducir la multidimensionalidad de la vida mental, del pensamiento preconsciente: por ello se rompe en miles de líneas simultáneas, renunciando a cualquier forma de segmentación. No es casualidad que todos los flujos de conciencia presenten inicios y finales arbitrarios (el monólogo con el que concluye el *Ulysses,* el de Molly Bloom, comienza y acaba con un *Yes* que simboliza una abertura incondicionada al mundo): como si realmente no comenzaran ni acabaran nunca, sino que fueran sólo azarosos cortes en una corriente infinita[56]. A pesar de tantas innegables diferencias de ideología poética, una tendencia similar estaba ya en la base del teatro musical de Wagner, quien, eliminando las formas cerradas de la ópera italiana, copiaba el flujo de la existencia mediante la melodía infinita; también la arquitectura de la *Recherche* de Proust, que en su proyecto inicial no preveía divisiones, ni siquiera gráficas, entre las siete novelas, busca la misma mímesis.

En resumen, con la experimentación modernista, la idea de un texto cerrado y orgánico entra violentamente en crisis, después de haber sido ya puesta en evidencia por la estética romántica. En el primer capítulo nos encontramos con la bella definición de Lotman del texto literario como modelo finito de un mundo infinito: el Ulrich de Musil parece querer decirnos, en cambio, que cuanto más infinito, irregular, incontrolable se nos presente el mundo, más imposible re-

---

[56] Sobre el valor revolucionario de la *stream* joyceana, ligado a lo preconsciente (más que a lo inconsciente) y a la insignificancia de lo cotidiano, cfr. Moretti, F., *Opera mondo. Saggio sulla forma epica dal «Faust» a «Cent'anni di solitudine»*, Torino, Einaudi, 1994, pp. 157-69; sobre la diferencia entre monólogo interior, forma trágica y conflictiva, y el flujo, cfr. Fusillo, M., «Apollonius as Inventor of Interior Monologue», en Papanghelis, T., y Rengakos, A. (eds.), *A Companion to Apollonius Rhodius,* Leiden, Brill, 2001, pp. 127-46, e id., «The damned egotistical self: Virginia Woolf e il flusso di coscienza», en Villa, V. (ed.), *Ripensare Virginia Woolf. Tracce, percorsi, temi*, Napoli, Intercontinentalia, 2001, pp. 112-26.

sultará para el artista proporcionar un modelo finito del mismo. Las variedades de esta crisis son, obviamente, muy diversas: en la estética de Joyce, por ejemplo, puede entreverse aún un trasfondo naturalista, por su deseo de reproducir la vida interior de sus personajes; la actitud de Musil busca, en cambio, una mezcla indiscernible entre filosofía y narración muy rica en desarrollos posteriores; por no hablar de las Vanguardias y su búsqueda de una obra artística heterogénea que se convierta también en acción. En todo caso, el rechazo común a las formas orgánicas, y la tendencia paralela a adherirse al caos, explica también por qué muchas de las grandes obras del siglo XX han quedado incompletas, empezando por las novelas del, posiblemente, más grande escritor de esta época, Franz Kafka. Aunque sea resultado de vicisitudes biográficas y de problemas particulares, lo incompleto puede considerarse indudablemente como una cifra estética del siglo XX, que nace directamente de la percepción del carácter interminable de la escritura literaria (lo teleológico se sustituye por lo procesual), al menos hasta la Postmodernidad, en la que con frecuencia se vuelve a una completitud hipertrófica. Lo ha afirmado con su acostumbrado radicalismo otro gran escritor austríaco de la segunda mitad del siglo, Thomas Bernhard: «Al fin y al cabo, el mayor placer nos lo dan los fragmentos, lo mismo que en la vida, al fin y al cabo, sentimos el mayor placer si la consideramos como fragmento, y qué horrible nos resulta el todo y nos resulta, en el fondo, la perfección acabada»[57].

Por tanto, a pesar de su interés por la experimentación llevada a cabo en el pasado, la teoría estructuralista de la literatura ha modelado su concepto de texto a partir de las formas más cerradas y clásicas, fundamentalmente decimonónicas:

---

[57] Bernhard, T., *Maestros antiguos* (1985) (trad. M. Sáenz), Madrid, Alianza, 2008, p. 28; cfr. Pedretti, B., *La forma dell'incompiuto. Quaderno, abbozzo e frammento come opera del moderno*, Torino, Utet, 2007.

de la novela burguesa, por cuanto se refiere a la narratología; de la poesía simbolista, por lo que atañe a la neorretórica del lenguaje poético. Para las teorías postestructuralistas ha resultado fácil demostrar, a partir de la Estética de la Recepción, cómo en otras épocas el texto literario se ha configurado de modos muy diversos. Así se han vuelto a proponer fenómenos como la oralidad, en la que el texto, cuando existe, es sólo una huella de un evento performativo, donde también importa la perfección del cuerpo y de la voz y donde la poesía tiende a desvincularse de sus relaciones semánticas y retóricas[58]; y se han revalorizado épocas, como el alto Medioevo, en el que dominaba el disfrute auditivo y la textualidad tenía caracteres más fluidos. En este sentido puede resultar sintomática la obra maestra del género épico, la *Chanson de Roland*: un caso extremo de versiones diferentes, unidas a una pluralidad de autores anónimos, hasta ser considerada casi más un género que una sola obra.

Precisamente como reacción a la actitud fetichista del Surrealismo hacia el texto cerrado y autosuficiente, la crítica literaria contemporánea se está ocupando cada vez más de aquellos fenómenos en los que el texto se convierte, contrariamente, en una noción inevitablemente plural. Sobre todo el conocido como «antetexto»: todas esas fases preparatorias de la obra a las que se está dedicando desde hace tiempo la crítica genética francesa y antes se dedicó la variantista de Gianfranco Confini. Gérard Genette, protagonista de la crítica semiológica y de la narratología, siempre en su actitud distante respecto a los modelos excesivamente cerrados, se ha detenido en tales cuestiones en su *La obra de arte,* un ensayo de estética comparada inspirado en la filosofía analítica de Nelson Goodman, que propugna una concepción de la obra

---

[58] En este sentido resulta fundamental Zumthor, P., *La poesía y la voz en la civilización medieval* (trad. J. L. Sánchez Silva), Madrid, Abada, 2006; *vid.* también *infra*, cap. V.

de arte plural, dinámica e inestable. Para Genette, la famosa «última voluntad» del autor lo es sólo y únicamente desde un punto de vista cronológico, y nada puede hacernos suponer que sea definitiva, dado el carácter indefectiblemente procesual e infinito de la creación artística (aquí se deja oír al estudioso de Proust)[59]. Esta «inmanencia plural» del texto no se encuentra sólo en las obras literarias de las que existen diferentes redacciones (normalmente todas, si incluimos las fases preparatorias), sino con frecuencia también en las artes visuales que pertenecen al régimen autográfico, es decir, el que prevé como realización un objeto material concreto y único (la *Gioconda*), mientras que el régimen alográfico, propio de la literatura (y de la música), produce un objeto ideal, mental (*La cartuja de Parma*). Aparte de la arquitectura, arte secularmente híbrido, en equilibrio entre los dos regímenes, muchas de las experiencias artísticas contemporáneas prevén realizaciones plurales: el arte conceptual, el *land art,* o las instalaciones multimedia[60].

Volviendo a la literatura, cabe recordar al menos otros dos fenómenos, además del antetexto, que han existido siempre, aunque hayan comenzado a ser valorados sólo recientemente, y que confirman igualmente el estatuto plural de la literariedad: la traducción y la *performance*. En los últimos tiempos, la teoría de la traducción, que se remonta a Cicerón y a Quintiliano, se ha desarrollado enormemente, hasta convertirse en una disciplina autónoma que desempeña un papel importante en el comparativismo, dado que traducir significa sobre todo mediar entre culturas diferentes. La novedad principal de la traductología, sobre todo en la corriente conocida como

---

[59] Genette, G., *La obra del arte: inmanencia y trascendencia* (1994) (trad. C. Manzano), Barcelona, Lumen, 1997.

[60] Sobre estos conceptos, *vid.* Goodman, N., *Los lenguajes del arte* (1967) (trad. J. Cabanes), Barcelona, Seix Barral, 1974; y en general la antología de Kobau, P.; Matteucci, G., y Velotti, S. (eds.), *Estetica e filosofia analitica,* Bologna, Il Mulino, 2007.

Manipulation School, es dejar de considerar la traducción como una actividad ancilar para entenderla como un acto hermenéutico-creativo que tiene una vida autónoma en el sistema de destino[61]; el traductor es, por tanto, un artista que produce un texto nuevo tomando como base su propia cultura y su propia poética; un texto que no debe ser considerado como un pálido reflejo de un original cargado de significación plena, sino como una realización diferente del mismo. Entendida en este sentido, y superada, por tanto, la metafísica de lo originario que tanto obsesiona a la cultura occidental, la traducción pasa a ser un caso particularmente significativo (y difundidísimo) de texto plural: de «unidad transtextual», según reza la fórmula técnica de Genette[62]. Todo lo anterior es aún más válido para la *performance* y para la adaptación cinematográfica, prácticas en las que el texto literario es punto de partida, material de construcción para una nueva obra que utiliza otros lenguajes: visuales, gestuales, musicales. El texto, que fuera una vez tejido perfecto, acaba convirtiéndose en un «tejiendo», como resume Ferdinando Taviani[63].

Merece la pena detenerse por un instante en el uso del texto literario que se produce en las prácticas teatrales, ya que es un ámbito que los estudiosos de la estética y la literatura tienden con demasiada facilidad a ignorar. Hoy día, el prejuicio literariocéntrico que ve en la representación sólo una ilustración del texto parece finalmente superado (aunque yo, particularmente, no estaría tan seguro de ello…): en efecto,

---

[61] Cfr. Hermans, T. (ed.), *The Manipulation of Literature. Studies in Literary Translation*, New York, St. Martin Press, 1985; Bassnett-McGuire, S., *La traduzione. Teorie e prattica* (1980), Milano, Bompiani, 1993; y la síntesis de Bertazzoli, R., *La traduzione. Teorie e metodi*, Roma, Carocci, 2006.

[62] Genette, G., *La obra de arte, op. cit.*

[63] Taviani, F., «La letteratura nelle pratiche del teatro», en Boitani y Fusillo (eds.), *Letteratura europea, op. cit.*, vol. V: *Letteratura, altre arti, altri saperi* (en prensa).

la crítica postmoderna se ocupa desde hace tiempo, y sin descanso, de la *performance,* considerándola un arte autónomo. Sin embargo, sigue dominando una dicotomía entre texto e interpretación, entendida esta última sobre todo como visualización. Se minusvalora con demasiada frecuencia el saber artesanal de los actores, que reajustan los textos según exigencias y modos muy idiosincráticos. Durante siglos los actores han trascendido el concepto de texto cerrado y completo en dos direcciones: hacia abajo, desmembrando el guión en partes separadas e ignorando con frecuencia el resto, o incluso añadiendo a menudo improvisaciones a la hora de recitar su papel; y hacia arriba, reuniendo partes separadas, provenientes de otros textos, para construir su propio papel (podría decirse con una pequeña broma que eran deconstructivistas *ante litteram*). Desde luego, había exigencias prácticas y comerciales detrás de este continuo componer y descomponer, condicionantes que sin duda desconciertan al culto académico por el texto único; pero también hay exigencias expresivas relevantes: para el autor, el objetivo esencial no es interpretar, sino dar cuerpo a un personaje, es decir, descomponer la lógica secuencial del texto para añadirle unas pautas de comportamiento que le den profundidad, espacialidad, fisicidad[64]. Incluso un director que apostaba por una representación fiel de los clásicos, como Stanislavsky, animaba a sus actores a intentar interpretar sus papeles sin las palabras del autor, para hacer entrar el texto sólo en un segundo momento. En definitiva, mucho antes del teatro de director, de las vanguardias, de los grandes directores-creadores (Craig, Mejerchold, Grotowsky), la práctica escénica ha venido superando sistemáticamente la linealidad y la clausura del texto, dando con ello una prueba palmaria de que la literatura es un «discurso de

---

[64] A este respecto son muy importantes las reflexiones de Simmel, G., *Filosofia dell'attore* (1908), con comentario de M. Weber, Monceri, F. (ed.), Pisa, Ets, 1998.

reutilización» (Brioschi)[65], lo cual, ciertamente, no excluye la lectura clásica, pero abre la puerta a infinitas posibilidades combinatorias. Además de convertirse cada vez más en una noción orientada hacia lo plural, en nuestros días el texto (literario) aumenta notablemente su radio de alcance: se disemina, se difunde por todas partes. Si la estetización de lo cotidiano nos impulsa a leer como obras un número creciente de objetos, vestidos y otros fetiches, también puede decirse que la omnipresencia de la narratividad nos hace percibir como textuales y literarias experiencias vividas, crónicas periodísticas y otros fenómenos variados. En el primer capítulo hemos visto cómo este aspecto ha sido objeto de posiciones teóricas más o menos compartidas, de las que la teoría de Derrida sobre la textualidad de lo real, sintetizada por su famosa fórmula «no hay nada fuera del texto», es su culmen expresivo más radical. Ahora me gustaría concluir con una novela postmoderna en la que la estética de la diseminación textual es tratada en clave histórico-mítica, centrándose en la figura de un poeta antiguo que guarda numerosas semejanzas con las poéticas contemporáneas, Ovidio, a quien se remonta un tema de prolongado tratamiento hasta hoy, muy presente en la narrativa y en el cine: la metamorfosis. *El último mundo,* de Christoph Ransmayr (1988), se contamina de numerosos subgéneros de la novela: el policíaco, puesto que el protagonista, Cota, amigo del poeta latino enviado al exilio por Augusto, se dirige a Tomis, lugar recóndito y salvaje, para buscar su rastro, y al final resuelve el enigma; la novela de formación, ya que la búsqueda se vuelve también un itinerario interior; la novela de exilio, dado que este tema asume un valor simbólico de reflexión sobre el arte en regímenes totalitarios; y finalmente la novela histórica, pues la ambientación en la Roma antigua

---

[65] Brioschi, F., *La mappa dell'impero* (1983), Milano, Il Saggiatore, 2006.

coexiste con elementos modernos y contemporáneos[66]. La novela dramatiza los procedimientos de producción y recepción del texto, sobre todo a través de dos mitos de gran valor metaliterario: Eco y Aracne. El primero hace referencia a la circulación infinita de los textos; el segundo, en cambio, al acto mismo de tejer; Cota aprende de ellos que la obra de Ovidio se organizaba en libros dedicados a las diferentes formas de metamorfosis, extendiéndose por todos los reinos de lo real, desde las piedras a las nubes:

> El desterrado siempre terminaba sus relatos con una petrificación y a veces, horás después de que él abandonase la cueva y apagase su fuego, [Eco] creía reconocer ella en la áspera roca sobre la hoguera los rostros de aquellos infortunados cuyos destinos leía él en las llamas durante sus visitas..., narices de piedra, mejillas, frentes y labios de piedra, tristes ojos de piedra sobre las ollas y el resplandor del fuego. Nasón narraba de un modo aterrador y maravilloso, le señalaba los cantos rodados e incluso los guijos de arroyos secos y veía una edad en cada sedimento y una vida en cada guijarro[67].

Cota encuentra en el paisaje desolado e ilógico de Tomis infinitas huellas de la obra de Ovidio: historias proyectadas en la pantalla (y es que el elemento visual juega un papel fundamental, sobre todo en el episodio de los iconómanos) o vivencias personales, con una continua hibridación entre

---

[66] La crítica no llega a ponerse totalmente de acuerdo en la calificación de «novela postmoderna» para este texto, pues no confirmaría una irregularidad semántica completa y una desaparición del autor; cfr. Lajarrige, J. (ed.), *Lectures croisées de Cristoph Ransmayr: «Le dernier des mondes»*, Paris, Pia, 2003; Fusillo, M., «Postmodern Ovid (Ransmayr, Shakar)», en Schmeling, M., y Schmitz Emans, M. (eds.), *Ovid in Modernity*, Würzburg, Königshausen & Neumann (en prensa).

[67] Ransmayr, C., *El último mundo* (1988) (trad. P. Giralt), Barcelona, Seix Barral, 1989, p. 110.

biografía y narración, entre texto y mundo, entre obra y vida; al final de su búsqueda podemos leer un fragmento en el que, con una típica solución postmoderna, se funden los planos temporales, y el texto se presenta concreta y literalmente diseminado en una serie de restos, fragmentos, ruinas:

> En este silencio volvió desde la altura de las rocas a su corazón, a su aliento, a sus ojos. La torturante contradicción entre la razón de Roma y los hechos incomprensibles del Mar Negro desapareció. Los tiempos borraron sus nombres, se sobrepusieron, se penetraron mutuamente. Ahora el hijo epiléptico de una abacera podía petrificarse y permanecer entre cubas de hortalizas como una tosca escultura, los seres humanos podían convertirse en bestias o en cal y una flora tropical florecer en el hielo y desaparecer... Una vez tranquilizado, agarró la tela ondeante y leyó los fragmentos de aquel escrito garabateado con carbón, tierra armenis y yeso, cuyas huellas obliteradas encontraría también en todos los otros monumentos de piedra[68].

La aparición del Monte Olimpo al final de *El último mundo* visualiza la vitalidad inagotable del mito y de sus reescrituras. La diseminación del texto en el mundo no implica necesariamente una solución negativa, deconstructiva: aunque fragmentario, plural, no lineal, abierto al magma y al caos de la existencia real, el texto continúa ofreciéndonos mundos posibles, vidas imaginarias, universos utópicos, a los que el lector puede dar por su parte respuestas igualmente variadas e infinitas.

La respuesta del lector

Y ahora comenzamos, nunca mejor dicho, por el principio: por Homero.

---

[68] *Ibídem*, p. 171.

Tales cosas contaba aquel ínclito aedo y Ulises
consumíanse dejando ir el llanto por ambas mejillas.
Como llora la esposa estrechando en el suelo al esposo
que en la lucha cayó ante los muros a la vista del pueblo
por salvar de ruina a su patria y sus hijos; le mira
que se agita perdiendo el respiro con bascas de muerte
y abrazada con él grita y gime; la hueste contraria
le golpea por detrás con las lanzas los hombros y, al cabo,
se la lleva cautiva a vivir en miseria y en pena
con el rostro marchito de tanto dolor; así Ulises
de sus ojos dejaba caer un misérrimo llanto[69].

Los poemas de Homero contienen representaciones de los cantores y de sus actuaciones, que expresan una reflexión metaliteraria sobre la producción y la recepción de la poesía. Aquí sin embargo el caso es extraordinario y sorprendente: sin que ni el cantor ni ningún otro personaje de la corte de los feacios lo sepa, quien escucha es también el protagonista de lo narrado. Ulises pide escuchar la aventura del caballo de Troya, máxima demostración de heroísmo y obra, sobre todo, de una gran astucia intelectual; una vez escuchado el relato, estalla en un llanto desgarrador, que en el mundo de Homero es signo de plena emotividad, más allá de los estereotipos de índole sexual con los que se revestirá en la cultura posterior. Tal y como recientemente nos han explicado el psicoanálisis y la filosofía, la reconfiguración narrativa es la que da sentido a lo vivido, que de otro modo permanecería inconexo y fragmentado. En su *La vida del espíritu*, Hannah Arendt subraya que sólo en el momento en que escucha su propia aventura narrada por otros Ulises comprende verdaderamente quién y qué la ha llevado a cabo, como si viviéndola, absorto en la situación circunstancial, no hubiese podido comprenderla del

---

[69] Homero, *Odisea*, VIII, 521-31 (trad. J. M. Pabón), Madrid, Gredos, 1982, pp. 223-4.

todo[70]. Pero lo que más impresiona de este fragmento es la gran similitud con la que Homero visualiza el llanto, planteando, como siempre, una escena autónoma; los críticos han trazado un paralelismo entre la situación de la mujer y la del héroe (humillación presente/alegría pasada o futura), o lamentado que la asimilación de Ulises a sus víctimas, evocada poco antes, no haya sido explicitada[71]. Sin embargo, la grandeza del fragmento radica precisamente en esta alusión, plena de una estética implícita: el poder de la poesía es tal que Ulises se conmueve hasta identificarse con las mujeres víctimas de la guerra. En esta semejanza se haya contenida, en potencia, toda la reflexión moderna sobre la literatura como experiencia de la alteridad, como multiplicación de las identidades propias, a partir de la de género (como el escritor, también el lector debe ser andrógino, nos dirá Virginia Woolf).

La de Ulises en la corte de los feacios es una suerte de modélica escena de recepción, en cuanto representa una *performance* oral en un contexto de plena solidaridad entre poeta y público. La épica y la oralidad permanecerán durante largo tiempo en la cultura occidental como mitos de esa originalidad, a los que continuamente aspiran la literatura moderna, y sobre todo el correspondiente burgués de la épica, la novela. Ya en los antiguos orígenes de este género se pueden encontrar una mímesis de la oralidad y una representación de la respuesta emotiva de un público interno a la historia (los narratarios), que es también, como siempre, toda una declaración de teoría poética sobre las reacciones que se pretenden

---

[70] *Vid.* Arendt, H., *La vida del espíritu* (1978) (trad. C. Corral y F. Birulés), Barcelona, Paidós, 2007, pp. 153 y ss.; el tema es ampliamente desarrollado por Cavarero, A., *Tu che mi guardi, tu che mi racconti. Filosofia della narrazione*, Milano, Feltrinelli, 1997, en particular cap. II.

[71] *Vid.* el comentario a la cita en cuestión de Hainsworth, J. B. (ed.), Homero, *Odissea*, trad. it. G. A. Privitera, Milano, Mondadori-Fondazione Lorenzo Valla, 1982, vol. II.

suscitar en el público externo a la misma, el público real. En las novelas helenísticas es necesario que la trama sea replanteada de nuevo al final y en una situación pública (una asamblea, un simposio), frente a espectadores que reaccionen con extremo estupor y fuerte conmoción; se trata muy probablemente de un reflejo narrativo (una *mise en abyme*) del modo en el que habitualmente estas obras eran recibidas: la lectura pública; los fragmentos sirven, por tanto, sobre todo al propósito de recapitular la historia para quien disfrute de ella sólo de manera auditiva, pero exhiben también, sin duda, un obvio carácter metaliterario[72]. La última de estas novelas de amor y de aventuras, las *Etiópicas* de Heliodoro (III o IV d.C.), que reescribió en clave filosófica el género popular al que pertenece inspirándose directamente en la *Odisea*, hace algo más: hace que su trama acabe frente a un público numeroso y entusiasmado, reunido para un sacrificio humano que se transforma en cambio en un alegre final y en un reconocimiento espectacular (no por casualidad, Heliodoro fue muy admirado en el Barroco). El fragmento aúna una estética melodramática y novelesca, basada en el paradójico conflicto entre emociones diversas y concurrentes y en la purificación final:

> El pueblo, por otro lado, daba vítores con fuertes gritos y danzaba con alegría; todas las edades, todas las condiciones expresaban al unísono sus sentimientos de regocijo ante la escena que se desarrollaba ante ellos; no comprendían la mayor parte de lo que se decía, pero adivinaban la verdad a juzgar por lo que sabían de las aventuras de Carídea, o quizá, puede ser que fuera la inspiración de un dios, del responsable de este desenlace teatral, lo que les llevó a sospechar toda la verdad. Gracias a su intervención, las cosas más contrarias

---

[72] Cfr. Fusillo, M., «Il romanzo antico come paraletteratura? Il topos del racconto di ricapitulazione», en Pecere, O., y Stramaglia, A. (eds.), *La letteratura di consumo nel mondo greco-latino*, Cassino, Università degli studi di Cassino, 1996, pp. 49-67.

se unieron en perfecta armonía; la alegría y el dolor se asociaron en unión indisoluble, la risa se mezcló con las lágrimas, el drama más sombrío se transformó en fiesta feliz; reían a la vez que lloraban, estaban alegres a la vez que gemían; se había encontrado a quien no se buscaba, pero habían perdido a quienes creían haber encontrado, y en fin, lo que esperaban que iban a ser sacrificios humanos terminaron siendo puras y piadosas ceremonias[73].

De modo que previendo un público heterogéneo, con diferentes niveles de comprensión de la trama, Heliodoro recurre a una metáfora teatral: en efecto, durante siglos, desde la era Tardo-Antigua hasta la Edad Media y aún más adelante, dominó un modelo *performativo* de respuesta estética, ya que la lectura individual y silenciosa (y aún más la relectura) es una práctica que se impuso muy lentamente (el cambio de una lectura intensiva –litúrgica– a otra extensiva –nómada– suele fijarse generalmente hacia finales del XVIII, aunque la invención de la imprenta habría contribuido enormemente a ello[74]): por este motivo, también la épica caballeresca está llena de una oralidad ficticia. La reacción emotiva por excelencia que se busca recrear en el público es la del espectador de un evento que se presenta icásticamente ante los ojos del lector.

Será con la novela moderna cuando se imponga un tipo de lectura basado ya no en aquella identificación admirativa prevista por la tragedia, que siempre lleva consigo un margen de distancia, sino en la abolición del límite entre texto y con-

---

[73] Heliodoro, *Las etiópicas o Teatenes y Carídea*, X, 38, 3-4 (trad. E. Crespo), Madrid, Gredos, 1979, p. 473.

[74] No se puede establecer la diferencia de manera tan drástica, ya que cada grupo social ha llevado a cabo siempre una lectura diferente. Para un panorama de este tan rico ámbito de investigación sobre lectura real resulta muy útil Chartier, R. (ed.), *Histoires de la lecture: un bilan des recherches*, Paris, Imec, 1995.

texto, entre ficción y vida: por tanto, en una identificación casi patológica con el mundo narrado. Este es uno de los motivos principales por los que la novela ha sido observada durante tanto tiempo con sospecha, como un género peligroso desde el punto de vista moral, sobre todo para el público femenino, y se ha convertido en objeto de censuras y otros procesos[75]. Es un tipo de lectura que lleva al extremo un rasgo potencialmente presente siempre en la comunicación literaria: no es casualidad que ese rasgo se convirtiera bien pronto en un tema novelesco en sí a partir de la obra maestra que algunos llegan a considerar la primera novela moderna, el *Quijote*. En efecto, con Cervantes se inicia ese modelo de deseo triangular que René Girard, en un famoso ensayo titulado *Mentira romántica y verdad novelesca*, llama «mediación externa»[76]: los actos de Don Quijote no provienen nunca de su libre albedrío, sino de la imitación de un tercer sujeto, Amadís de Gaula, perfecto ideal de caballero andante. Con frecuencia se olvida que estamos frente a una novela que trata de un lector y de la literatura en general; y el tema se hace aún más central en la segunda parte, cuando, habiendo aparecido ya la primera y después una falsa continuación, Don Quijote se encuentra con personajes que son lectores suyos y que reflejan en el texto una respuesta estética compleja, secundando con pasión su locura, cada vez más cercana así a una forma profunda de sabiduría. Su lectura es una experiencia en la que se pone en crisis la oposición entre absurdidad y verosimilitud, y se obtiene placer de la insensatez (es la célebre «suspensión de la incredulidad» de la que habla Coleridge). En el capítulo LIX, en una posada, Don Quijote escucha cómo en la habitación junto a la suya dos

---

[75] Cfr. Siti, W., «Il romanzo sotto accusa», en Moretti (ed.), *Il romanzo, op. cit.*, vol. I, pp. 129-94.

[76] Girard, B., *Mentira romántica y verdad novelesca* (1961) (trad. J. Jordá), Barcelona, Anagrama, 1985.

personajes leen y discuten la segunda parte (la apócrifa) de la novela; les interrumpe, lee algunos fragmentos de la misma y los critica; después, en una cena con los dos caballeros les cuenta sus verdaderas aventuras:

> Sumo fue el contento que los dos caballeros recibieron de oír contar a Don Quijote los extraños sucesos de su historia, y así quedaron admirados de sus disparates como del elegante modo con que los contaba. Aquí le tenían por discreto, y allí se les deslizaba por mentecato, sin saber determinarse qué grado le darían entre la discreción y la locura[77].

Como lo demuestra la relación especular que se establece entre Don Quijote y Sancho Panza, lo que hace vacilar los límites entre locura y cordura es precisamente la reacción emotiva que la novela de Cervantes quiere provocar y que los dos lectores-viajeros experimenten en el mismo momento en que escuchan, directamente de la voz de su protagonista, la narración oral de las aventuras sucedidas. Las figuras principales de esta segunda parte, el Duque y la Duquesa, demuestran de modo evidente que para Cervantes el mejor lector es quien sabe transformarse a su vez en autor: apasionados por la lectura de la primera parte, los esposos invitan a los dos protagonistas a su charla y organizan una serie de burlas que ayudan en mucho a la narración, cumpliendo, entre otras cosas, la gran promesa con la que Don Quijote había cautivado la voluntad de su escudero: el gobierno de una ínsula. La escena en la que la Duquesa convence a Sancho de que Dulcinea se le ha aparecido como una ruda campesina a causa de ciertos pérfidos encantamientos la configura como una lectora ideal, que sabe dosificar identificación con ironía, hasta convertirse en «directora» autónoma de la historia.

---

[77] Cervantes, M. de, *Don Quijote de la Mancha*, II, cap. LIX (ed. J. J. Allen), Madrid, Cátedra, 2003, p. 475.

Dos siglos y medio después de Cervantes, cuando la novela conoce ya un desarrollo vertiginoso y ha encarado en más de una ocasión el tema de la lectura patológica (y, a su vez, ha producido patologías de lector, como en el caso de la fiebre de Werther, que empujaba al suicidio[78]), el modelo de la mediación externa vuelve a cargo de otra obra maestra, que fue además objeto de un célebre proceso. En *Madame Bovary* (1857) ya no hay huellas de oralidad ni de narraciones colectivas: la lectura se ha convertido en una experiencia privada y solipsista, que presenta rasgos morbosos y disfóricos, muy lejos de la euforia de Cervantes, a su vez no exenta de un trasfondo trágico. El desafío de Flaubert consiste en la identificación con un mundo muy lejano a él, como lo es el provinciano francés, inculto y atrasado; una identificación sobre todo lingüística, que contempla varios grados de distancia: en el extraordinario estilo indirecto libre escuchamos todas las voces de la literatura sentimental de la que se ha nutrido Emma, bien mezcladas y embellecidas quizá por la voz del narrador; en esta escritura cuidada hasta la manía saboreamos hasta el final ese sabor a tinta que, como el texto precisa, se percibía en el veneno que la heroína usa para suicidarse. A pesar de todo ello, debe valorarse la capacidad mitopoiética de le lectura: su poder de evocar mundos imaginarios y vidas alternativas. Leamos un fragmento que se inicia con la descripción del vicio compulsivo de la Emma lectora –es decir, proyectar en los personajes literarios sus propios deseos– para después extenderse con la larga evocación de su respuesta creativa:

> [...] Estudió en Eugène Suë [*sic*] descripciones de muebles y decoraciones; leyó a Balzac y a George Sand tratando de satisfacer imaginariamente sus ansias personales. Hasta la misma mesa llevaba el libro, y volvía las hojas mientras Carlos comía y le hablaba. En sus lecturas le venía siempre el re-

---

[78] Calabrese, S., «*Wertherfieber*, bovarismo, e altre patologie della lettura romanzesca», en Moretti (ed.), *Il romanzo, op. cit.,* vol. I, pp. 567-98.

cuerdo del vizconde. Hacía comparaciones entre él y los personajes inventados. Pero el círculo que le tenía a él por centro se iba ensanchando poco a poco, y aquella aureola que tenía se iba apartando de su rostro y extendiéndose más allá para iluminar otros sueños.

París, más grande que el océano, espejeaba así a los ojos de Emma en una atmósfera bermeja. Pero la vida numerosa que se agitaba en aquel tumulto estaba dividida por partes, clasificada en cuadros distintos. Emma no veía más que dos o tres, que le ocultaban todos los demás y que representaban por sí solos la humanidad completa. El mundo de los embajadores se movía sobre suelos lustrosos, en salones con las paredes cubiertas de espejos, en torno a unas mesas ovaladas con tapetes de terciopelo ribeteados de oro. Se veían allí vestidos de cola, grandes misterios, angustias disimuladas bajo sonrisas. Luego venía la sociedad de las duquesas: aquí las personas eran pálidas; se levantaban a las cuatro; las mujeres, ¡pobres ángeles!, llevaban encaje inglés en las enaguas, y los hombres, capacidades desconocidas bajo unas apariencias fútiles, reventaban sus caballos en excursiones, iban a pasar a Baden la temporada estival, y por fin, hacia los cuarenta, se casaban con herederas ricas. En los reservados de los restaurantes donde se cena después de media noche, a la luz de las bujías, reía la multitud abigarrada de literatos y actrices. Aquéllos eran pródigos como reyes, llenos de ambiciones ideales y delirios fantásticos. Era una vida por encima de las demás vidas, entre cielo y tierra, en las tempestades, una cosa sublime. En cuanto al resto de la gente, estaba perdida, sin lugar preciso y como inexistente. Por otra parte, cuanto más cercanas las cosas, más se apartaba de ellas su pensamiento. Todo lo que la rodeaba en su inmediato contorno, campo aburrido, pequeños burgueses imbéciles, mediocridad de la existencia, le parecía una excepción en el mundo, un azar particular en el que ella se encontraba presa, mientras que más allá se extendía hasta perderse de vista el inmenso país de las felicidades y de las pasiones[79].

---

[79] Flaubert, G., *Madame Bovary* (1857) (trad. C. Bergés), Madrid, Alianza, 1974, pp. 108-9.

Disfrutando de los mecanismos de la lógica inconsciente, que razona por clases y hace de los objetos de deseo algo infinito (el fragmento comienza con un París más grande que el océano y termina con «el inmenso país de las felicidades y las pasiones»), la mente de Madame Bovary, embebida de lecturas románticas, da muestras de un extraordinario poder visionario: crea una serie de cuadros y de secuencias llenas de un fetichismo del detalle que continuará dominando en la narrativa posterior a Flaubert (por ejemplo, en Henry James) y que consigue incluso condensar historias y actitudes subjetivas («angustias disimuladas bajo sonrisas»). Quizá sea uno de los momentos en los que más se percibe la ambivalencia de Flaubert en relación con su protagonista: por un lado, el triunfo de un mal gusto que degrada y deconstruye los temas románticos (al igual que *La educación sentimental* y *Bouvard y Pécuchet* deconstruirán, respectivamente, la novela de formación y todo el saber contemporáneo); por otro, una enorme empatía por un personaje que compensa con una lectura patológica y creativa la frustración de un ambiente opresor.

Tanto en su calidad de fenómeno social como en la de tema literario, la lectura patológica se atenúa en el siglo XX, dejando que sea sobre todo el cine el que ocupe este espacio (inolvidable, a este respecto, *La rosa púrpura de El Cairo,* de Woody Allen, que tiene su origen en un cuento del propio director, y en el que el protagonista se encuentra de repente en el contexto de *Madame Bovary*). Mientras tanto el lector de las obras modernistas y postmodernas está llamado a desafíos cada vez más difíciles, ya sea por los recorridos simultáneos a través de géneros, lenguajes y narraciones multidimensionales, ya sea por los espacios enigmáticos que la literatura deja abiertos. La relación entre autor y lector se configura cada vez más como una colaboración de igual a igual. Así lo demuestran las distintas metanovelas (la más famosa es *Si una noche de invierno un viajero*) que, siguiendo el modelo indiscutido de Sterne, implican de manera explícita al público en el juego textual. En la fase actual de retorno a la narratividad fuerte y al realismo, de la que hemos hablado a propósito del Postmodernismo y de una eventual superación del mismo, podemos encontrar el tema de la lectura en una versión más existencial y menos intelectualista, también en la variante bovarista de una alternativa a una vida vacía y opresora (en un magnífico ensayo de Jules de Gaultier el bovarismo se convierte, no por azar, en un ritual de autoengaño omnipresente en los mecanismos de identidad, no en una simple desviación de la autenticidad[80]). Tras haber afrontado la novela-saga familiar en su espléndida *Carne y sangre* (1995), Michael Cunningham ha mezclado en *Las horas* (1999), en un continuo montaje alternado, tres historias que giran en torno a una obra maestra del Modernismo, *Mrs. Dalloway,* sumando al personaje de la autora, Virginia Woolf, una lectora ama de casa de la California de los años cincuenta (que en la bella versión cinematográfica de Stephen Daldry interpreta una excelente Julianne Moore[81]) y una editora de la Nueva York de nuestros días. El primer capítulo, dedicado al segundo de estos personajes, Laura Brown, comienza con el inicio de la novela de Virginia Woolf, y nos dirige después al tema de la lectura como evasión del insufrible deber cotidiano:

> Laura Brown está intentando perderse. No, no es eso exactamente: trata de conservarse obteniendo acceso a un mundo paralelo. Posa el libro boca abajo sobre el pecho. Ya su alcoba (no, la alcoba de *ambos*) parece más densamente

---

[80] De Gaultier, J., *Il bovarismo* (1902), Milano, SE, 1992 (*vid.* también la reciente edición francesa a cargo de P. Buvik).

[81] *The Hours*, USA-UK, 2002, con escenografía de David Hare; también hay que destacar las otras dos interpretaciones femeninas: Nicole Kidman como Virginia Woolf y Meryl Streep como editora; Julianne Moore encarnará en más ocasiones a la mujer típica de los cincuenta, como en la espléndida y atormentada *Lejos del paraíso* (2002), o en la pésima y artificiosa *Savage Grace* (2007).

habitada, más real, porque un personaje llamado la señora Dalloway se dirige a comprar flores. Laura mira el reloj en la mesilla. Son las siete pasadas. ¿Por qué ha comprado ese despertador, que es espantoso, con su esfera cuadrada y verde dentro de un sarcófago rectangular de baquelita negra? ¿Cómo pudo haberle parecido bonito? No debería permitirse leer, no precisamente esta mañana que es el cumpleaños de Dan. Debería estar levantada, duchada y vestida, preparando el desayuno para Dan y Richie. Los oye abajo, su marido se prepara el desayuno y se ocupa de Richie. ¿No debería estar con ellos? Tendría que estar delante de la cocina con su bata nueva, hablando de cosas sencillas y alentadoras. Pero el abrir los ojos hace unos minutos (¡más de las siete ya!), cuando todavía habitaba a medias en su sueño, una especie de maquinaria palpitante a lo lejos, un latido regular como el de un gigantesco corazón mecánico, que parecía aproximarse, ha percibido la sensación de frío y humedad a su alrededor, el sentimiento de ninguna parte, y ha sabido que iba a ser un día difícil. Ha sabido que le iba a costar trabajo creer en sí misma, en las habitaciones de la casa, y al lanzar una ojeada a ese libro nuevo en la mesilla, depositado encima del que terminó anoche, ha extendido la mano hacia él automáticamente, como si leer fuera la primera, singular y más obvia tarea del día, la única manera visible de realizar el tránsito desde el sueño a las obligaciones[82].

En este fragmento, y en toda la historia de Laura Brown (que llegará a alquilar una habitación en un hotel para poder leer en perfecta soledad, sustrayéndose a la obligación de tener que preparar la fiesta de cumpleaños de su marido), domina una visión de la lectura como fuga a un mundo paralelo, como vida alternativa, nacida de un abandono pasivo en el flujo de la historia (muy distinta es la actitud, más profesional, de la editora). Este placer casi masoquista de la pasividad consti-

---

[82] Cunningham, M., *Las horas* (1998) (trad. J. Zulaika), Barcelona, El Aleph, 2003, pp. 39-40.

tuye una componente esencial de la primera lectura, aunque queda siempre presente en cualquier relectura del texto. En el gran mar de estudios sobre la recepción, el fenómeno de la relectura no ha recibido la atención debida, al menos hasta la aparición de un magnífico libro de Matei Calinescu, quien, partiendo de una paradoja de Nabokov (jamás se lee un libro por primera vez: siempre se relee), ha demostrado cómo entre lectura y relectura hay una tensión ineludible e intrínseca a todo acto receptivo; una tensión entre el fluir hipnótico hacia el final, derivado de la forma canónica del Realismo decimonónico, y el extrañamiento desfamiliarizador que retarda el proceso y pone en evidencia los procedimientos[83]. Quien relee, incluso parcialmente, por exigencias críticas o por el mero placer de jugar de nuevo el juego, encarna en grado máximo la idea de la lectura como *performance,* llenando los vacíos del texto y haciéndolo propio; como hemos dicho en más ocasiones, el lector de una novela se convierte a su vez en novelista[84], por las tareas de conexión, inferencia, valoración que está llamado a hacer; y algo similar puede decirse respecto al trabajo, quizá más arduo, que lleva a cabo el lector de poesía.

Acerca de la respuesta creativa del lector desearía concluir con un texto proveniente precisamente del final de esa gran obra incompleta del siglo XX con la que hemos iniciado este capítulo. En *El tiempo reencontrado* una gran parte de la narración la ocupa la *matinée* Guermantes, en la que el narrador de *En busca del tiempo perdido* reencuentra a muchísimos personajes de su pasado transfigurados por el tiempo, en un caleidoscopio de imágenes de recuerdos que tan magníficamente visualiza la versión cinematográfica de Raoul Ruiz, quizá la única con acierto entre las muchas tentativas de llevar a Proust

---

[83] Calinescu, M., *Rereading*, New Haven-London, Yale University Press, 1993.

[84] Puede corroborarse sobre todo en las tesis de un seguidor de James: Lubbock, J., *Il mestiere della narrativa* (1921), Firenze, Sansoni, 1984, p. 17.

a la pantalla[85]. Esto le induce a una serie de reflexiones teóricas (toda una verdadera estética), pero bien desgranadas en el contexto y en el flujo de pensamientos (para Proust, una obra que contenga su propia teoría es como un regalo al que no se le ha quitado la etiqueta del precio: no habría aceptado el ensayismo extremo de Musil, aunque su novela es rica en elementos ensayísticos). Entre ellas destaca un fragmento que varias décadas antes de las innumerables discusiones teóricas sobre la creatividad del lector (no es casualidad que Jauss iniciara su recorrido científico con Proust[86]) pone de relieve la cuestión de una manera excelente, gracias también a una poderosa metáfora visual, en una forma radical que no consigue, sin embargo, anular el texto:

> En realidad, cada lector es, cuando lee, lector de sí mismo. La obra del escritor no es más que una especie de instrumento óptico que ofrece al lector para permitirle discernir lo que, sin ese libro, no hubiera podido ver en sí mismo. El reconocimiento en sí mismo, por el lector, de lo que el libro dice es la prueba de la verdad de éste, y viceversa, al menos hasta cierto punto, porque la diferencia entre los dos textos se puede atribuir, en muchos casos, no al autor, sino al lector. Además, el libro puede ser demasiado sabio, demasiado oscuro para el lector sencillo y no ofrecerle más que un cristal borroso con el que no podrá leer. Pero otras particularidades (como la inversión) pueden hacer que el lector tenga que leer de cierta manera para leer bien; el autor no tiene por qué ofenderse, sino que, por el contrario, debe dejar la mayor libertad al lector diciéndole: «Mire usted mismo si ve mejor con este cristal, con este otro, con aquél»[87].

[85] Ruiz, R., *El tiempo reencontrado*, Francia-Italia-Portugal, 1999; sobre Proust en el cine (también sobre dramatizaciones no realizadas), cfr. Masecchia, A., *Al cinema con Proust*, Venezia, Marsilio, 2009.
[86] Cfr. Girimonti Greco, G., «Rileggere Proust, rileggersi: *Bildung* ed ermeneutica *riflessiva* nelle pagine proustiane di Hans Robert Jauss e Giacomo Debenedetti», *Ermeneutica letteraria*, 2, 2006, pp. 39-50.
[87] Proust, M., *El tiempo recobrado, op. cit.*, p. 264.

V

Mapa de palabras clave. Hacia un léxico de la estética (literaria) contemporánea

«Camp»/«queer»

En 1964 una joven Susan Sontag (con treinta y un años de edad y destinada ya a convertirse en uno de los protagonistas de la cultura newyorkina) publica en la *Partisan Review* un artículo titulado «Notes on *Camp*»: apuntes fragmentarios y rapsódicos (una elección estilística debida en parte al tema, aunque después será constante en sus ensayos) que intentan definir un gusto, una sensibilidad, más que una corriente artística[1]. Desde entonces, y fundamentalmente en el ámbito anglosajón, se ha escrito mucho sobre esta categoría, que caracteriza cada vez más la estética contemporánea. Todos los críticos, teóricos y escritores (a partir de Christopher Isherwood en su *El mundo al atardecer*) que se han ocupado de ello le han reconocido su importancia, con frecuencia en elencos deliberadamente heterogéneos y caóticos de los más variados artistas por épocas, géneros e importancia (a quien

---

[1] Sontag, S., «Notas sobre lo camp» (1964), en *Contra la interpretación y otros ensayos* (trad. H. Vázquez), DeBolsillo, Barcelona, 2007.

escribe sobre lo *camp* le gusta, siempre e inevitablemente, *campeggiare** un poco)². Elencos en los que se abarca desde el tardo Barroco bávaro de las iglesias de Munich, ideadas por el desequilibrado Asam, al *Liberty* y a Andy Warhol; desde Luchino Visconti al *soft porn* de Russ Meyer; desde Richard Strauss a los musicales protagonizados por Judy Garland. La heterogeneidad de estas enumeraciones deriva también, y sobre todo, de la superposición entre los objetos amados por el gusto *camp* y sus autores originales; entre lo bajo y lo alto; entre lo *naïf* y lo sofisticado; entre lo involuntario y lo intencionado. Una diferenciación que obviamente existe, pero que, del mismo modo, lo *camp* pretende siempre volver a poner en discusión, en crisis, si no a sabotear³.

Su potencial subversivo es ciertamente muy evidente: lo *camp* desbarata la vigencia de los potenciales hilos conductores de la estética tradicional, proclamando que cualquier cosa puede ser bella *porque* es horrible y que, por tanto, existe «un buen gusto del mal gusto» (Sontag)⁴. No debe confundirse con lo *kitsch,* en tanto no nace de la degradación estética, sino del éxito a la hora de tratar lo serio como frívolo (y viceversa) y, por consiguiente, de una operación de extrañamiento. Des-

---

* En italiano *campeggiare* puede significar «destacar, figurar» (N. del T.).
² Puede constatarse consultando los dos volúmenes de la revista *Riga* bajo edición de Fabio Cleto, titulados «PopCamp», 27, 2 vols., Milano, Marcos y Marcos, 2008; y el *reader* también editado por Cleto, *Camp, Queer Aesthetics and the Performing Subject*, Edinburgh, Edinburg University Press, 1999.
³ Booth, M., defiende la importancia de la diferencia entre *camp* y caprichos y fantasías *camp*. Trad. it. en Cleto (ed.), «PopCamp», *op. cit.,* pp. 317-38; sobre dicotomías similares, *vid.* las observaciones y críticas de Cleto, F., «Introduction. Queering the Camp», en id., «PopCamp», *op. cit.,* pp. 23-4. Sobre el musical, casi una quintaesencia de lo *camp,* cfr. Cohan, S., *Incongrous, Entertainment, Camp. Cultural value and the MGM musical*, Durham-London, Duke University Press, 2005, con un bello apéndice sobre *The Producers.*
⁴ Sontag, S., «Notas sobre lo camp», *op. cit.,* n. 50, p. 371.

barata también toda oposición entre auténtico e inauténtico, superficial y profundido, contenido y forma, serio y cómico, desafiando el plano de la ontología, en cuanto anula la diferencia entre copia y original (una tendencia común a todo el Postmodernismo, como ya hemos visto). Estamos ante el triunfo del artificio, del exceso y de lo excéntrico, que promueve «la convertibilidad de *hombre* y *mujer, persona* y *cosa*» (otra vez Sontag)[5]: la androginia, el travestismo y el fetichismo se encuentran entre sus obsesiones permanentes. Lo pone de relieve muy claramente un exquisito (también en su escritura) crítico italiano, uno de los primeros (y de los pocos) que se han ocupado en Italia de lo *camp,* Giuseppe Merlino, a propósito del tema más recurrente de la estética, la teoría y el arte contemporáneo, el cuerpo, entendido en esta ocasión, sin embargo, de una manera más distante:

> En lo *camp,* el cuerpo no es un límite que haya que superar o romper, sino que es lugar apropiado y suficiente para el teatro de la seducción frígida (la que no genera historia o relación, sino sólo culto) y para las técnicas que provocan admiración estática. Un lugar que se puede llenar indefinidamente, un lugar sobre el que se puede inscribir, quizá escribir, infinitamente. Una vez más se tiende hacia un texto fijo y autofalsificable.
> Lo *camp* tiene por el cuerpo una predilección fetichista: el mechón, la mirada, la recogida del cabello, el porte, el *allure,* etc. El cuerpo predilecto es el que provoca fascinación y nos deja atónitos: un cuerpo bello es electrocución (las novelas de James Purdy tratan este tema, en masculino, de las maneras más extremas), así como lo hace el cine de Warhol, indiferente por un exceso de emoción[6].

---

[5] *Ibídem,* n. 11, p. 357, a propósito del «estilo epiceno».
[6] Merlino, G., «You Can't Judge of Egipt by Aïda», en Cleto (ed.), «PopCamp», *op. cit.,* vol. II, p. 442 (reelaboración de un artículo aparecido en *Anglistica-Aion,* 26, 1983); Merlino define lo *camp* como «una estética de la discrepancia» (p. 440).

En este ataque contra toda idea de naturalidad y en esta exaltación de la teatralidad se han visto antecedentes manieristas, barrocos, rococó, e incluso se ha ido más atrás a la búsqueda de sus arquetipos, para reconocer uno de ellos en el *Satiricón* y en el uso reiterado e irónico de la literatura sentimental (Petronio es, entre otras cosas, uno de los autores predilectos del escritor *camp* italiano por excelencia: Alberto Arbasino)[7]. Todos ellos son intentos legítimos que lo convierten cada vez más en una categoría del gusto, por tanto, metahistórica, que se aplica sin reservas tanto a la pintura de colores extremadamente artificiales de Pontormo, a finales del XVI, como al *cyborg* posthumano contemporáneo; a la propaganda soviética de la era de Stalin como a la exuberante moda de Jean-Paul Gaultier[8]. Sin embargo, no cabe duda de que su antecedente más directo y más influyente es el Esteticismo de finales del XIX (ya lo hemos apuntado en el segundo capítulo) y, sobre todo, Oscar Wilde, pionero del antiesencialismo postmoderno[9]; si bien cabe reconocer que lo *camp* contemporáneo es menos aristocrático y tiende a un oximorónico elitismo de masas, mezclándose con las vicisitudes del arte *pop*.

La sensibilidad *camp* proviene de la cultura homosexual anterior a la liberación gay, relacionada, por tanto, estrechamente con las prácticas de ocultación y las relaciones de identificación

---

[7] Cfr. Wooten, C., «Petronius and Camp», *Helius,* 11, 1984, pp. 133-9; Fusillo, M., y Iacoli, G., «Camp e nuove situazioni picaresche. Esposizione, mobilità e travestimenti dell'intelettuale», en Cleto (ed.), «PopCamp», *op. cit.,* vol. II, pp. 563-82.

[8] Cfr. Dixon, S., «Un camp post-umano. La estetica camp della Cyborg Performance Art»; Piretto, G. P., «Il dandismo degli stacanovisti. Ipotesi per una fase camp della propaganda staliniana», y Monti, G., «When Fashion Goes Camp», en Cleto (ed.), «PopCamp», *op. cit.,* vol. II, respectivamente, pp. 616-35, 539-62 y 597-615; cfr. también McMahon, G., *Camp in Literature,* Jefferson-London, McFarland, 2006 (sobre Firbank, Genet, Wilde, Chloe Poems, Goytisolo y otros).

[9] Cfr. Dollimore, J., *Sexual Dissidence. Augustine to Wilde, Freud to Foucault*, Oxford, Clarendon Press, 1991.

con una determinada serie de iconos femeninos. En los últimos tiempos se viene desligando progresivamente de tal origen, para convertirse en una estetización diseminada y global; se ha mezclado con los desarrollos más recientes de la crítica *gender*, que discuten el binarismo entre homosexualidad y heterosexualidad. Conectada etimológicamente a la idea de lo tortuoso, extraño, no coherente, la teoría *queer* pretende una indiferenciación de la sexualidad y defiende el carácter performativo de cada identidad sexual, que no es nunca una sustancia natural, sino un papel que desempeñar dentro y fuera de los protocolos de la propia cultura[10]. Ello supone una confirmación ulterior de cómo el léxico teatral domina la teoría y la filosofía contemporáneas[11], y de cómo la metáfora barroca de la vida como teatro goza de una larga existencia y de un éxito fecundo. Cuestiones teóricas aparte, es importante subrayar aquí como lo *camp* y lo *queer* han dado lugar a una estética que privilegia el travestismo, el nomadismo y el polimorfismo, y que practica la hibridación entre sublime y grotesco, noble y *kitsch,* así como entre las más diversas formas del imaginario contemporáneo.

Contaminaciones/hibridaciones

¿Cómo puede un término con connotaciones esencialmente negativas y destructivas convertirse, por el contrario, en una palabra clave de la estética contemporánea? La respuesta

---

[10] Para una introducción, *vid.* Pustianaz, M., «Teoria gay e lesbica», en Izzo, D. (ed.), *Teoria della letteratura. Prospettivi dagli Stati Uniti*, Roma, La Nuova Italia Scientifica, 1996, pp. 109-30. Cfr. también Bruhm, S., *Reflecting Narcissus. A Queer Aesthetics*, Minneapolis-London, University of Minessota Press, 2001.
[11] *Vid.* Neumann, G.; Pross, C., y Wildgruber, G. (eds.), *Szenographien. Theatralität als Kategorie der Literaturwissenschaft,* Freiburg, Rombach, 2000: la literatura y el teatro ya no se ven como dos ámbitos opuestos (textual/oral), sino como dos partes de un mismo texto (los artículos tratan sobre Barthes, Butler, Blumenberg, Derrida, Iser, Lacan y otros).

podría venir, como sucede de vez en cuando, de la etimología (recurso del que, en general, se abusa demasiado): se trataría de valorar su componente semántico más poderoso, el de contacto, en detrimento de la idea de contagio, infección, enfermedad, o, en todo caso, se la entendería como fusión eufórica (al menos en italiano, inglés y español, pero no en otras lenguas, como por ejemplo el alemán). A pesar de todo, merece la pena recordar aquí las acepciones más antiguas y atávicas del término, ya que pueden permanecer latentes cada vez que hoy se propugna la contaminación de géneros, formas, lenguajes, identidades, mentalidades[12]. Un primer ámbito es sin dudarlo el de la tragedia: hablar de contaminación en literatura evoca sobre todo la diversidad de los héroes trágicos de todos los tiempos, quienes a través de sus culpas voluntarias o, más frecuentemente, involuntarias contaminan a su propia comunidad; así, para Aristóteles, asistir a un espectáculo trágico implicaba participar en parte de esa violencia primaria, para después transfigurarla y casi exorcizarla a través de una experiencia estética un poco enigmática: la catarsis, la purificación. Igualmente importante resulta la fascinación que la literatura ha venido mostrando siempre por las contaminaciones colectivas, las epidemias, empezando por la peste, desde Tucídides a Manzoni, hasta Camus y el uso simbólico y subversivo que de la misma puede encontrarse en el teatro de Artaud. Como afirmará Dostoyevsky en su *Memorias del subsuelo,* la enfermedad es un ángulo privilegiado desde el que examinar el mundo y la conciencia (lo demuestra en grado máximo *La montaña mágica* de Mann): y es que su uso metafórico en la historia ha resultado tan productivo como peligroso[13]. Finalmente, es de interés des-

---

[12] Para una presentación muy rica de este tema en la literatura, cfr. Zanotti, P. (ed.), *Contaminazioni. Quaderni di Synapsis IV*, Firenze, Le Monnier, 2006.
[13] Cfr. Curdts, S. I., «Perso nella presenza: il paradiso e la sua scomparsa», en Zanotti (ed.), *Contaminazioni, op. cit.*, pp. 146-53; sobre los

tacar cómo las dinámicas de contaminación se encuentran muy diseminadas en la literatura fantástica, sobre todo gracias al motivo de la casa embrujada: la presencia de fuerzas incontrolables, más o menos sobrenaturales, rompe con la familiaridad del espacio, haciendo que emerjan pasiones y creencias reprimidas, según el fenómeno bautizado por Freud como «lo siniestro» (*Unheimlich*)[14]; también en este caso el paso de ocurrencia temática a categoría estética es muy corto: ese sentimiento de alienación respecto al espacio, la privación de la familiaridad, no es sino otra forma posible, y totalmente especular, de aquel extrañamiento teorizado por los formalistas rusos, tal y como vimos en el capítulo segundo.

La contaminación se convierte en categoría estética sobre todo con el Romanticismo, que propugna y practica una mezcla de lenguajes y estilos, descuadrando el milenario sistema de géneros literarios, que partía de la separación básica entre cómico y trágico. En efecto, no han faltado prácticas de contaminación en épocas precedentes, a partir de la Era Alejandrina, que en su taller metaliterario gustaba de entremezclar los géneros literarios fijados y canonizados por el hacer filológico. En el fondo la obra maestra de la literatura comparada, *Mímesis,* de Erich Auerbach, no es sino la historia de una contaminación (estilística): el Realismo occidental se construye superando las barreras entre estilos y afrontando la cotidianidad en clave seria[15]. La novedad del Romanticismo consiste en haber hecho de la contaminación estilística una categoría estética fundamental, que implica tanto al micronivel de la lengua y del estilo, como al macronivel de los gé-

---

riesgos que encierra el uso metafórico de la enfermedad, *vid.* Sontag, S., *La enfermedad y sus metáforas. El SIDA y sus metáforas* (trad. M. Muchnik), Madrid, Punto de Lectura, 2003.
[14] Cfr. Ghelli, F., «*Hantise* e contaminazione. Sulle *ghost* stories e le case stregate», en Zanotti (ed.), *Contaminazioni, op. cit.,* pp. 115-30.
[15] Auerbach, E., *Mímesis* (1848) (trad. I. Villanueva), Madrid, FCE, 1983.

neros, irradiándose también a la relación con las otras artes, sobre todo a la más querida por los románticos, la música, a menudo descrita como pura fuerza emotiva, casi demoníaca, capaz de contaminar a quien se concentra en su escucha. Se recupera de este modo otra de las connotaciones antiguas de la palabra *contaminación,* la dionisíaca, puesto que Dionisos es el dios que subvierte las jerarquías y hace vacilar las identidades rígidas mediante lenguajes enormemente contagiosos, como la danza y los rituales de posesión[16]. Antes de convertirse en el programa poético del Simbolismo, la correspondencia entre los sentidos y las artes fue el centro de la estética de Baudelaire, para quien la contaminación es todo un principio-guía, que está detrás también del *topos* de la *flânerie,* vivida como inmersión en la variedad de imágenes, estímulos, relaciones y tiempos que ofrece la metrópoli.

Con mucha frecuencia el término *hibridación* ha hecho referencia al lado estilístico de la contaminación, incluyendo así todas las variedades expresivas y expresionistas que usan lenguajes más o menos barrocos, desde Folengo a Rabelais, de Céline a Gadda. Sin embargo, en los últimos tiempos ha asumido un significado más antropológico gracias al enorme desarrollo de los *Postcolonial Studies.* Al pertenecer a dos culturas, el escritor postcolonial puede derribar cualquier concepción esencialista de la identidad para contraponerle una visión –precisamente– híbrida, que implica un mestizaje potencialmente infinito, un nomadismo radical. Partiendo de estos presupuestos políticos la hibridación se ha convertido en palabra clave de las dos últimas décadas y de toda la cultura postmoderna: también es posible que haya caído al rango de fácil etiqueta, pero en cualquier caso ha interpretado perfec-

---

[16] Cfr. Russi, R., «Il violino di Freud. L'idea di contaminazione nelle imagine letterarie della musica», en Zanotti (ed.), *Contaminazioni, op. cit.,* pp. 189-202, y Fusillo, M., *Il dio ibrido. Dioniso e le «Baccanti» nel Novecento,* Bologna, Il Mulino, 2006.

tamente las tendencias más vivas de la estética contemporánea. Eligiendo a Bachtin como numen tutelar, en cuanto teórico de la polifonía expresiva, en nuestra época se ha erigido toda una cultura de lo híbrido[17], ya sea por las infinitas contaminaciones que ofrecen los nuevos *media* (el *infotainment* televisivo, la red), como por la nueva visión de la corporeidad que nace del *cyborg* y la hibridación continua del cuerpo humano tanto con lo animal como con las máquinas.

Emociones/pasiones

La auténtica explosión de estudios filosóficos y literarios sobre emociones y pasiones en las últimas dos décadas podría interpretarse fácilmente como una prueba última de la crisis de la razón (occidental); pero las cosas no son tan sencillas. Se trata, ante todo, de una reacción contra el rígido formalismo del *New Criticism* americano, y también del Estructuralismo, que dejaban las dinámicas emotivas totalmente fuera del análisis crítico, casi con el temor de que pudieran contaminar la pureza del método científico; así los críticos americanos hablaban de una *affective fallacy*: un engaño que provendría de la puesta en relevancia de los efectos, confundiéndolos con el texto propiamente dicho (como si los dos aspectos pudieran desvincularse tan fácilmente...)[18]. Hoy día, por el contrario, podemos constatar el notable espacio que se ofrece no sólo a las diversas respuestas producidas por la literatura, sino también a la implicación personal del crítico, a sus antecedentes

---

[17] Schneider, I.; Thomsen, C. W. (eds.), *Hybridkultur, Medien Netze Künste*, Köln, Wienand, 1997. Joseph, M.; Fink, N. (eds.), *Performing Hybridity*, Minneapolis, University of Minnesota Press, 1999.
[18] *Vid.* el clásico ensayo de W. K. Wimsatt Jr., *The Verbal Icon: Studies in the Meaning of Poetry*, Kentucky, University of Kentucky Press, 1954, que combate precisamente el *emotional relativism* en cuanto fruto de un error que se inicia con la catarsis aristotélica y lo sublime de Longino.

autobiográficos, tal y como prevé el programa del *personal criticism*. En cualquier caso, la cuestión es más compleja, ya que las reflexiones contemporáneas sobre el mundo de lo pasional, lo «patemático» (que incluye emociones, deseos, sentimientos), intentan superar definitivamente su milenaria contraposición con la razón: las pasiones ya no se consideran como peligrosas perturbaciones de la racionalidad que han de ser contenidas mediante el autocontrol personal, y, en el terreno de lo colectivo, mediante estrategias políticas concretas; no son estados que se añaden al grado cero de una conciencia fría y ataráxica para desordenarla, sino elementos fundamentales de toda experiencia humana, también de las cognitivas, y de la investigación científica misma:

> [...] ¿Por qué no concebirlas, entonces, al igual que la música, que une la más rigurosa precisión matemática con la más poderosa carga emotiva, como formas de comunicación tonalmente «acentuadas», lenguajes mímicos o actos expresivos que crean y transmiten, al mismo tiempo, mensajes vectorialmente orientados, modulados, articulados y graduables en su dirección e intensidad?[19]

La íntima compenetración entre pasión y razón, paralela a la interacción entre cuerpo y mente, se ha convertido, por tanto, en un tema central de la cultura contemporánea, tal y como lo demuestran sólo los títulos de ensayos provenientes de áreas y perspectivas muy diferentes (neurobiología, filosofía, psicoanálisis): *El error de Descartes* de Antonio Damasio,

---

[19] Bodei, R., *Una geometría de las pasiones. Miedo, esperanza, felicidad: filosofía y uso político* (1991) (trad. J. R. Monreal), Barcelona, El Aleph, 1995, p. 12. *Vid.* también las discusiones suscitadas por este libro en Moravia, S., (ed.), *Atlante delle passioni*, Roma-Bari, Laterza, 1994, y en el ámbito literario las diversas perspectivas (semióticas, feministas, postcoloniales) desarrolladas en un congreso de anglística: Rutelli, R., y Johnson, A. (eds.), *I Linguaggi della passione*, Udine, Campanotto, 1993.

La geometría de las pasiones de Remo Bodei, *La inteligencia de las pasiones* de Martha Nussbaum, *The Rationality of Emotion* de Ronald de Sousa, *El cerebro emocional* de Joseph LeDoux, *L'inconscio come insiemi infiniti* de Ignacio Matte Bianco, quien reinterpreta en clave lógico-matemática el pensamiento de Freud, identificando en la vida psíquica dos lógicas que se hibridan continuamente[20]. Desde luego, no podemos profundizar en el intensísimo debate sobre la naturaleza más o menos cognitiva de las emociones, o sobre su carácter más o menos universal o, al contrario, sobre su definición a cargo de cada cultura. Haremos, únicamente, cierta referencia a la teoría de Martha Nussbaum, no sólo por la amplia resonancia de la que ha gozado y por sus posiciones, que con frecuencia median entre opiniones opuestas, sino sobre todo porque utiliza de manera sistemática la literatura (y las artes) como base fundamental de su aproximación al tema.

El título original del ensayo de Nussbaum (el citado anteriormente es, en realidad, el subtítulo en la edición española) hace efectivamente referencia a una bellísima definición de las emociones que Marcel Proust plasma en su novela a propósito del amor de Charlus por Morel: «levantamientos geológicos del pensamiento»[21]. En cuanto pensador capaz de comunicar contenidos tan valiosos, y no expresables con facilidad en otras lenguas, Proust juega un papel fundamental en todo el ensayo, que incluye además fragmentos autobiográficos y narrativos y se ocupa de los más variados autores

---

[20] Damasio, A. R., *L'errore di Cartesio. Emozione, ragione e cervello umano* (1994), Milano, Adelphi, 2005; Nussbaum, M. C., *Paisajes del pensamiento. La inteligencia de las emociones* (2001)(trad. A. Maira, R. Orsi), Barcelona, Paidós, 2008; De Sousa, R., *The Rationality of Emotion*, Cambridge, MIT Press, 1987; LeDoux, J., *Il cervello emotive. Alle origini delle emozioni* (1994), Milano, Baldini Castoldi Dalai, 2000; Matte Blanco, I., *L'inconscio come insieme infiniti* (1978), Torino, Einaudi, 2000.

[21] Nussbaum, M., *Paisajes del pensamiento. La inteligencia de las pasiones* (trad. A. Maira), Paidós, Barcelona, 2008.

(san Agustín, Dante, Charlote Brontë, Mahler, Whitman, Joyce). Para Nussbaum, los artistas no son sino *outsiders* (casi todas las obras elegidas suscitaron en su época el escándalo) que crean «espacios potenciales» en los que el público puede descubrir partes de sí antes desconocidas o poco claras; sobre todo la ambivalencia, concepto clave tanto del psicoanálisis como del arte, ejemplificado a través de una de las escenas más famosas y citadas en la historia del cine: gracias a la técnica agresiva y *voyeurista* de Hitchcock, cuando en *Psicosis* asistimos al asesinato bajo la ducha, ansiamos tanto salvarla como descuartizarla, «tanto identificarnos con ella como importunarla»[22], y nos hacemos así conscientes de la agresividad respecto a los objetos amados. Dirigiéndose después a la tragedia griega, Nussbaum dibuja todo el ámbito de emociones (por identificación y por reacción) que la lectura de obras literarias puede provocar en nosotros: en relación con los personajes, en relación con el autor implícito, en relación con nuestras propias posibilidades. Se trata, sin duda, de una importante reivindicación de la experiencia estética en el contexto de una reflexión de filosofía moral, si bien no puedo compartir el uso que Nussbaum hace de la literatura en el interior de una teoría normativa del amor que se muestra demasiado inclinada a subordinarla a fines casi didascálicos, olvidando de este modo su aspecto enormemente regresivo, prerracional, cosa que sucede a menudo en los cada vez más frecuentes estudios sobre literatura y ética, convertida esta última ya en un término *passepartout,* como en su tiempo lo fue *textualidad*[23].

No es fácil dar cuenta de la amplísima reflexión teórica sobre emociones y pasiones desarrollada hasta ahora, incluso

---

[22] *Ibídem*, pp. 282-3.
[23] Para una orientación general, cfr. Haldfield, A.; Rainsford, D.; Woods, T. (eds.), *Ethics in Literature*, London-New York, McMillan-St. Martin Press, 1999.

como categoría estética; de hecho, la esfera del *pathos* ha sido siempre objeto privilegiado de representación literaria: en particular, la poesía lírica tiende, sobre todo en el siglo XX, a convertirse en puro lenguaje emotivo, como la música, que no es, en el fondo, sino una codificación de las emociones (en cualquier caso, la cuestión es hoy objeto de amplio debate)[24]. Sin embargo, creo que nos encontramos frente a un punto clave de la estética contemporánea, que con frecuencia busca efectos cada vez más extremos precisamente para reaccionar frente a una estandarización y a una apatía cada vez más difundidas (basta pensar en el teatro de Sarah Kane, con su recuperación de la violencia propia de la tragedia senequiana e isabelina). Me parece interesante cerrar este apartado con la propuesta de una estudiosa del cine y de las artes visuales, Giuliana Bruno, que en su *Atlante delle emozioni* construye una auténtica geografía emocional, contando con otras categorías clave del imaginario contemporáneo (*flânerie*, viaje, paisaje) y recuperando la raíz etimológica de emoción: *emovere*[25]. Elaborar una cartografía de la vida emotiva constituye hoy uno de los mayores desafíos a los que las artes y la literatura están llamadas a responder.

Ficciones/narraciones

Corresponde a un brillante paleontólogo, Stephen Jay Gould, el mérito de haber concretado del modo más eficaz el papel central que desempeña la narrativa en la cultura contemporánea: y es que ha defendido (ya lo hemos visto) que ya

---

[24] En Nussbaum, *op. cit.*, puede encontrarse una rica bibliografía, *vid.* cap. V.; *vid.* también Russi, R., *Letteratura e música*, Roma, Carocci, 2004.
[25] Bruno, G., *Atlante delle emozioni. In viaggio tra arte, architettura e cinema* (2002), ed. ital. M. Nadotti, Milano, Bruno Mondadori, 2006.

no cabría hablar de *homo sapiens*, sino de *homo narrator*[26]. Podemos decir, en definitiva, que la narratividad es entendida y sentida cada vez más como una forma elevada de sabiduría. Es una conclusión a la que se ha llegado desde los más diversos campos: en el psicoanálisis, donde la dinámica entre analista y paciente se configura como relación intercambiable entre narrador y personaje; en las neurociencias y en sus investigaciones sobre el funcionamiento del cerebro; en la antropología de corte hermenéutico (sobre todo con Clifford Geertz), que da valor al papel de la literatura en la formación de las identidades culturales; en la filosofía, que trata la narración y la novela como modalidades profundas de reflexión; en la historiografía, que a partir del controvertido aunque fundamental ensayo de Hayden White, *Metahistoria*, ha explorado los mecanismos narrativos de la escritura histórica[27]. Todo esto no podía dejar de repercutir en lo estético y lo literario: basta constatar el retorno de una narratividad fuerte, y no sólo en la novela contemporánea, que consigue recuperar las dimensiones de la saga y de la épica, sino también en géneros no narrativos, como el videoarte (con la finlandesa Ahtila, por ejemplo).

Sin embargo, sería demasiado simplificador reducir un complejo fermento cultural y artístico a la fórmula del re-

---

[26] Gould, S. J., «So Near and Yet So Far», *New York Review of Books*, 41, 17, octubre 1994; Ceserani, R., «Introduzione», *Guida allo studio della letteratura*, Roma-Bari, Laterza, 1999.

[27] White, H., *Metahistoria: la imaginación histórica* (trad. S. Mastrangelo), México, FCE, 1992; id., *Retorica e storia* (1973), Napoli, Guida, 1978. *Vid.* también, entre muchos otros, Schafer, R., *Rinarrare una vita. Narrazione e dialogo in psicoanalisi* (1992), Roma, Fioriti, 1999; Arrigoni, P., *Narrazione e psicoanalisi: un approccio semiologico*, Milano, Cortina, 1998; Geertz, C., *Antropologia interpretativa*, Bologna, Il Mulino, 2001 (y Malighetti, R., *Il filosofo e il confessore. Antropologia ed ermeneutica in Clifrod Geertz*, Milano, Unicopli, 1991); Gargani, A. G., *Il filtro creativo*, Roma-Bari, Laterza, 1999. Cfr. también Jameson, F., *L'inconscio politico. La narrazione come atto socialmente simbolico* (1981), Milano, Garzanti, 1990.

torno de la narración. En realidad, el papel fundamental de la narrativa se cruza con otra categoría que en la cultura occidental ha conocido una lenta legitimación hasta alcanzar el estatus de criterio de la literariedad: la ficción[28]. Se trata de un concepto sobre la cual, entre otras, se interroga desde hace tiempo la filosofía analítica, puesto que implica delicados problemas sobre la definición de las relaciones entre lenguaje y mundo. A través de la ficción, la literatura crea mundos posibles, mundos en los que la oposición verdadero/falso queda en suspenso: mundos imaginarios, pero que pueden ser verdaderos en sentido metafórico, potenciando así nuestra percepción de lo real. Y es precisamente en el terreno de esta diferenciación tan espinosa donde se mueve la estética (literaria) contemporánea, franqueando y quizá también saboteando toda distinción neta entre realidad y ficción. Los ejemplos de esta tendencia básica que podemos encontrar son diversos. Por ejemplo, el llamado «realismo documental»[29], que, siguiendo el modelo de *A sangre fría* de Truman Capote —extraordinaria novela sobre un impactante caso de homicidio, que inauguró el membrete deliberadamente oximorónico de *non-fiction novel*—, utiliza materias primas de la crónica y de la política para reubicarlas en una narración extremadamente híbrida que mezcla personajes reales e inventados. Los ejemplos serían innumerables, e incumben a áreas

[28] Cfr. Assmann, A., *Die Legitimität der Fiktion. Ein Betrag zur Geschichte der literarischen Kommunikation*, München, Fink, 1980; Pavel, T., *Mondi di invenzione* (1986), Torino, Einaudi, 1992; Genette, G., *Ficción y dicción* (1991) (trad. C. Manzano), Barcelona, Lumen, 1993; Schaeffer, J. M., *¿Por qué la ficción?* (1999)(trad. J. L. S. Silva), Madrid, Lengua de trapo, 2002; Iser, W., *Das Fiktive und das Imaginäre. Perspektiven literarischer Anthropologie*, Frankfurt, Suhrkamp, 1991; Bessière, J. (ed.), *Littérature, représentation, fiction*, Paris, Champion, 2007.

[29] Cfr. Sauerberg, L. O., *Fact into Fiction. Documentary Realism in the Contemporary Novel*, Houndmills-London, McMillan, 1991; cfr. también Oels, D.; Porombka, S.; Schütz, E. (eds.), «Dokufiktion», *Non Fiktion, Arsenal der anderen Gattungen*, 1, 2006.

y niveles estéticos muy diferentes: entre los hitos más significativos podemos recordar novelas de DeLillo, Doctorow, Norman Mailer, Philip Roth y, entre los italianos, a *Fiction* de Mozzi; también se extiende a diversas culturas para enfrentarse a la tragedia más difícil de contar, la Shoah (Nothomb, Littell, Mailer). A primera vista, el objetivo de esta mezcla podría ser la simple adición a las narraciones de un aura de autenticidad; pero lo que está en juego es un movimiento más sutil: pretende demostrar que interpretar la realidad no es sino un complejo proceso hecho de construcciones y proyecciones continuas, en las que la narración desempeña un papel primario. Como sostiene Nelson Goodman, ya no nos encontramos ante una única realidad objetiva, sino que construimos continuamente mundos según los respectivos puntos de vista que adoptamos[30]. De este modo la ficción se insinúa en cada acto de representación: en el ensayo como en el periodismo.

Llegamos a conclusiones similares si nos ocupamos del híbrido entre (auto)biografía y ficción, en el género de la *autofiction*, al que ya hemos hecho alusión en el capítulo dedicado a los géneros: los escritores postmodernos han echado por tierra el pacto por el cual, desde Rousseau en adelante, el autor-narrador se había comprometido a contar toda la verdad sobre su propia vida. Antes de comenzar la novela *The Good Stalin*, Viktor Erofeev declara: «todos los personajes de este libro son inventados, incluidas las personas reales y el autor mismo»[31]; en *Operación Shylock,* Philip Roth narra un episodio de desdoblamiento alucinatorio al presentarlo en el prefacio como real y después desmentirlo en una nota al lector («esta confesión es falsa»), situándose de nuevo en esa zona confusa y límite que es el paratexto, muy usado con anterio-

---

[30] Goodman, N., *Maneras de construir el mundo* (1986) (trad. C. Thiebaut), Madrid, Machado Libros, 1995.
[31] Erofeev, V., *Il mio Stalin* (2004), Torino, Einaudi, 2008.

ridad y con la misma función en el XVIII, por ejemplo, en Laclos; toda la narrativa de Walter Siti se mueve en el interior de un provocador exhibicionismo de lo vivido, adecuadamente desmentido al comienzo y al final. También en este caso podría pensarse que estos juegos buscan enfatizar la ficción narrativa (de modo especular respecto al realismo documental): en realidad pretenden mostrar cómo es de estrecho el límite entre ficción y realidad a la hora de construir la propia existencia, y cómo la experiencia real se transforma inevitable y completamente una vez enmarcada en una narración literaria.

Por otra parte, como nos ha enseñado Mario Lavagetto, y como lo confirman los recientes estudios sobre la autobiografía, el acto mismo de contarse algo implica una tasa más o menos variable de mentira: recitar un papel frente al lector[32]. Giacomo Debenedetti, con su acostumbrada elegancia y gravedad, ya había entendido la densidad de esta constelación de problemas cuando definía la literatura como «una autobiografía de lo posible»[33]: de los miles de yo que habríamos podido, o quizá podríamos todavía, ser.

Llegamos así a un último aspecto en el que ficción y narración se revelan como palabras clave de la estética contemporánea: la virtualidad, categoría fundamental de todas las nuevas tecnologías. Rechazando precisamente tanto la cerrazón con tintes apocalípticos de los sumos sacerdotes de la tradición humanística, como la exaltación artística de los nuevos *media,* Arturo Mazzarella ha demostrado en su *La grande rete della scrittura* cómo la literatura contemporánea (Calvino, Celati, Tondelli, Ballard, Kundera, DeLillo, Amis, Marías, Ellis, Houellebecq) ha tanteado todas las potencialidades creativas

---

[32] Lavagetto, M., *La cicatrice di Montaigne. Sulla bugia in letteratura* (1992), Torino, Einaudi, 2002; D'Intino, F., *L'autobiografia moderna. Storia, forme, problemi*, Roma, Bulzoni, 1998; Tassi, I., *Storie dell'io. Aspetti e teorie dell'autobiografia*, Roma-Bari, Laterza, 2007.

[33] Debenedetti, G., *Il romanzo del Novecento. Quaderni inediti (1960-6)*, presentación de E. Montale, Milano, Garzanti, 1992.

de la virtualidad[34], que nunca anula la realidad ordinaria (como podría hacernos pensar una fácil dicotomía), sino que la descompone en todas sus posibles modalidades perceptivas, haciéndola porosa y flexible (así se expresa un maestro de esas combinaciones: Cortázar). Mucho antes de *Matrix*, película no por azar tan amada por los filósofos[35], la literatura ya había venido explorando desde siempre el cruce entre niveles espacio-temporales múltiples. Descubrir que hoy ella puede aprender mucho del videoarte, de los videojuegos, de *Second Life* no debe escandalizarnos: no es sino la confirmación del poder omnívoro de la narratividad.

Objetos/fetiches

En el íncipit de un ensayo fundamental para la modernidad (cautivador, como el comienzo de una ópera compuesta en la misma época, *El anillo de los nibelungos* de Wagner), el mundo aparece como «un inmenso arsenal de mercancías»[36]. Para definir mejor la relación que se instaura con el universo

---

[34] Mazzarella, A., *La grande rete della scritura. La letteratura dopo la rivoluzione digitale*, Torino, Bolllati, Boringhieri, 2008; cfr. también Diodato, R., *Estetica del virtuale*, Milano, Bruno Mondadori, 2005, que se acerca de manera extensa al papel del espectador y del cuerpo en el espacio híbrido de la realidad virtual; para un análisis innovador de las nuevas tecnologías de la comunicación, cfr. De Kerckhove, C., *La pelle della cultura. Un'indagine sulla nuova realtà elettronica* (1995), edición de Dewdney, C., Genova, Costa & Nolan, 1996; cfr. también Flessner, B. (ed.), *Die Welt im Bild, Wirklichkeit im Zeitalter der Virtualität*, Freiburg, Rombach, 1997.

[35] Irwin, W., y Cicero, V. (eds.), *Pillole rosse. Matrix e la filosofia* (2002), Milano, Bompiani, 2006.

[36] Marx, K., *El capital* (1867) (trad. W. Roces), México, FCE, 1978, vol. I, p. 3. En el original aparece como «ungeheure Warensammlung»: el adjetivo tiene también el significado de «terrible», «monstruoso» (lo utiliza Hörderlin para traducir el famoso coro de *Antígona* sobre el hombre criatura «ambigua, misteriosa», *deinon* y después Kafka al inicio de su *Metamorfosis*).

de los objetos, Marx recurre en *El capital* a una categoría propia de la antropología comparativa: el fetichismo, que toma su nombre de los objetos inexplicablemente venerados en el África occidental y llamados precisamente así por los portugueses. Para un obrero la mercancía es un objeto de adoración, ya que es el espejo que refleja el valor de su trabajo, naturalizando de esta forma las relaciones sociales de poder; se produce, en definitiva, esa confusión entre persona y cosa que se encuentra en la base de otra afortunada versión moderna del mismo concepto, la de Freud (heredero de otros estudios precedentes, como por ejemplo los de Binet): así el fetichismo sexual sustituye al cuerpo con objetos y vestidos que le pertenecen, haciendo infinito el detalle más aislado y nimio[37]. El uso metafórico de esta categoría a cargo de los dos grandes maestros de la sospecha tiene lugar precisamente cuando la antropología se distancia de ella: a principios del siglo XX Marcel Mauss afirma que el fetichismo no ha sido sino un gran malentendido entre culturas; un malentendido que, sin embargo, ha jugado un importante papel en la historia de la identidad occidental[38].

En paralelo a la acumulación de capital, el siglo XIX es también testigo de la exhibición sistemática y espectacular de las mercancías: las exposiciones universales, los escaparates, la publicidad. Son fenómenos que suscitan en los artistas y literatos una reacción ambivalente, mezcla de desazón y de atracción celada: nadie ha sabido dar expresión a esa ambiva-

---

[37] Freud, S., «El fetichismo» (1927), *Obras completas,* T. III (trad. J. L. Ballesteros), Madrid, Biblioteca Nueva, 1981, pp. 2483 y ss.

[38] Léase la historia y genealogía del concepto elaborada por Iacono, A. M., *Teorie del feticismo. Il problema filosofico e storico di un «inmenso malinteso»,* Milano, Giuffré, 1985; obviamente, estamos hablando de una larga historia: desde mediados del XIX de Marx hasta los inicios del XX de Freud tiene lugar una compleja evolución de la antropología y la etnografía, y, a pesar de todo, esta historia puede entenderse como una fase única respecto a los tres siglos anteriores.

lencia como Baudelaire, fuertemente atormentado por la animación de los objetos en la fantasmagoría metropolitana. En realidad, el paso de lo inanimado a lo animado ha venido fascinando siempre a la literatura y al imaginario, sobre todo, obviamente, en el marco de lo fantástico; y motivos similares se encuentran en la raíz de la veneración de los objetos en muchas tradiciones religiosas y culturales: la transfiguración de la angustia frente a lo inanimado, frente a la materia bruta, frente a lo anterior al nacimiento además de frente a lo posterior a la muerte, como ha explicado Marc Augé[39]. En la *flânerie* por los escaparates de la ciudad, la relación con las cosas se hace exagerada y erótica: se convierte en ese «*sex appeal* de lo inorgánico» del cual, como ya hemos visto, habla Benjamin al comentar el París de Baudelaire, acuñando así una categoría tan actual[40].

Todas estas características crecen vertiginosamente con la Postmodernidad, cuando la cada vez más rápida y global circulación de las mercancías se combina con las grandes transformaciones propias de la era digital y, por tanto, con una estetización omnipresente. No es casualidad que el situacionista Guy Debord inicie su famoso análisis de la sociedad contemporánea retomando el íncipit marxiano, definiendo nuestra época como una acumulación de espectáculos[41]. Los objetos han acabado convirtiéndose en un cuarto reino, tras el vegetal, el animal y el mineral: instrumentos y al tiempo *partners* con los que interactuamos continuamente y que tienden progresivamente a animarse, a hacerse partes de nuestro cuerpo, protagonistas inteligentes de un paisaje fluido y fragmentario, un *mediascape,* venerados hasta la idolatría por los

---

[39] Augé, M., *Il dio oggetto* (1988), Roma, Meltemi, 2002, particularmente el cap. II.

[40] Cfr. Perniola, M., *El sex appeal de lo inorgánico, op. cit.;* y *supra,* cap. II.

[41] Debord, G., *La sociedad del espectáculo* (1967) (trad. J. L. Pardo), Valencia, PreTextos, 2009.

nuevos «tecnopaganos»[42]. Como siempre, el arte, la literatura y la estética han radicalizado estos rasgos proponiendo complejas hibridaciones entre cuerpo humano y objetos, máquinas, dispositivos visuales, ya a partir de la novela de William Gibson, *Neuromante* –que da carta de naturaleza a la figura del *cyborg*, desarrollada después por el pensamiento feminista de Donna Haraway–, para continuar con las *performances* de Orlan, de Sterlac, las fotografías de Cindy Sherman y toda la poética del cuerpo transorgánico[43].

En este contexto era inevitable la transformación del concepto mismo de fetichismo, en la actualidad objeto de muy valiosas reflexiones por parte de los *Cultural Studies*[44]. Indudablemente, ya no podemos conformarnos con la explicación freudiana del fetiche como sustituto del falo de la madre, explicación que lo ha converido durante mucho tiempo en perversión genuinamente masculina; tampoco con las revisiones lacanianas en las que el mecanismo retórico de la sustitución implica al falo en general en cuanto significante abstracto que nadie podrá nunca poseer, o en las aplicaciones a la visión cinematográfica[45]. Hoy se tiende a extender el fetichismo tam-

---

[42] Cfr. Anceschi, G., *Il progetto delle interface. Oggetti colloquiali e protesi virtuali*, Milano, Domus Academy, 1992; Landowksky, E.; Marrone, G. (eds.), *La società degli oggetti. Problemi di interoggettività*, Roma, Meltemi, 2002; Francalanci, E. L., *Estetica degli oggetti*, Bologna, Il Mulino, 2006 (hay versión en español, en esta misma colección, en prensa).

[43] Cfr. Macrì, T., *Il corpo transorganico. Sconfinamenti della performance*, Genova, Costa & Nolan, 1996, Fortunati, L.; Katz, J.; Marrone, G. (eds.), *Corpo futuro. Il corpo umano tra tecnologie, comunicazione e moda*, Milano, Angeli, 1997; en cualquier caso, la bibliografía sobre el tema es ingente.

[44] Cfr. Apter, E.; Pietz, W. (eds.), *Fetishism and Cultural Discourse*, Ithaca-London, Cornell University Press, 1993.

[45] Para una visión lacaniana, cfr. Krips, H., *Fetish. An Erotics of Culture*, Ithaca-New York, Cornell University Press, 1999; sobre el fetichismo masculino como motor de la vision clásica del cine de Hollywood, *vid*. Mulvey, L., *Fetishim and Curiosity*, Bloomington, Indiana University

bién a la sexualidad femenina y a considerarlo como un fenómeno cultural, particularmente coherente con una época caracterizada por la frenética proliferación de imágenes, apariencias, visiones; una época en la que la piel y el vestido son vistos como límites fuertemente semantizados del cuerpo (basta con pensar en la práctica cada vez más extendida del tatuaje y el *piercing*), y en la que la moda es considerada una elaboración estética y cultural con la que la literatura ha de contar, como nos han enseñado los *Fashion Studies*[46]. Lo decimos con una fórmula: el fetiche es hoy el sustituto de una totalidad original y originaria que se sabe que nunca ha existido y ya se ha dejado de buscar; por ello está cada vez más desmaterializado, «espectralizado»[47].

Desde este punto de vista, ¿cuál es el papel de la literatura? En un denso ensayo de crítica temática, y retomando también el íncipit marxiano, Francesco Orlando se ha interrogado por la atracción que los escritores de todos los tiempos sienten por las «antimercancías», por los objetos (ahora)

Press, 1966; cfr. también Misura, S. (ed.), *Figure del feticismo*, Torino, Einaudi, 2001.

[46] Cfr. Apter, E., *Feminizing the Fetish. Psychoanalysis and Narrative Obsession in Turn-of-the-Century France*, Ithaca-New York, Cornell University Press, 1991; Ian, M., *Remembering the Phallic Mother. Psychoanalysis, Modernism and the Fetish*, Ithaca-New York, Cornell University Press, 1993; Fernbach, A., *Fantasies of Fetishim. From Decadence to Post-Human*, Edinburgh, Edinburgh University Press, 2002; Taylor, C. L., *Women, Writing and Fetishim 1890-1950. Female Cross-gendering*, Oxford, Clarendon Press, 2003; Rigaut, P., *Le fétichisme. Perversion ou culture?*, Paris, Belin, 2004; Brooks, C., *Every Inch a Woman. Phallic Possession. Femmininity and the Text*, Vancouver-Toronto, Ubc Press, 2006; Steele, V., *Fetish. Sesso, moda e potere* (1996), Roma, Meltemi, 2005; Colaiacomo, P., «Letteratura e moda», en Boitani, P.; Fusillo, M. (ed.), *Letteratura europea*, Torino, Utet, en prensa, vol. V; y los volúmenes de la revista *Abito e identità*, dirigida por Cristina Giorcelli.

[47] Žižek, S., *L'epidemia dell'immaginario* (1997), ed. de M. Senaldi, Roma, Meltemi, 2004, p. 150.

no funcionales, mostrando la otra cara reprimida de los mitos de productividad y eficiencia, y expresando una fascinación escondida por lo inorgánico[48]. Se trata de una categoría que sería muy interesante extender también al arte visual contemporáneo, tan obsesivamente atraído por los desechos, un tema considerablemente rico en implicaciones políticas. Ya el Modernismo había expresado de diversos modos su fascinación ante el lenguaje mudo de las cosas, que empujaba a Lord Chandos de Hofmannsthal al silencio expresivo, y al protagonista del cuento de Virginia Woolf (*Splendidi oggetti*) al aislamiento total; la obra maestra de Perec *La vida instrucciones de uso* y la vanguardia del *Noveau Roman* llevaron después hasta el extremo el protagonismo de los objetos de la narrativa[49]. Si se libera de las acostumbradas tentaciones apocalípticas, y se acepta la contaminación entre todas las formas de visión, la literatura contemporánea puede continuar narrando, tras Ballard, DeLillo y tantos otros, el mundo de los objetos de nuestra realidad: también porque el fetichismo del detalle está implícito en todos sus mecanismos expresivos.

Oralidad/performatividad

El término *oralidad* evoca de inmediato situaciones muy lejanas a nuestra época hipertecnológica: aedos, juglares, re-

---

[48] Orlando, F., *Gli oggetti desueti nelle immagini della letteratura. Rovine, reliquie, rarità, robaccia, luoghi inabitati e tesori nascosti* (1993), Torino, Einaudi, 2002.

[49] Cfr. Scotti, M., «Oggetti e feticci», en Boitani e Fusillo (eds.), *Letteratura europea, op. cit.*, vol. IV; cfr. también Simpson, D., *Fetishim and Imagination, Dickens, Melville, Conrad*, Baltimore-London, John Hopkins University Press, 1982; Lepaludier, L., *L'object et le récit de fiction*, Rennes, Presses Universitaires de Rennes, 2004; Rinaldi, R., *La grande catena. Studi su «La Vie, mode d'emploi» de Georges Perec*, Genova-Milano, Marietti, 2004.

citadores, *griots* que interpretan de memoria, o incluso improvisan, sus historias en presencia de un público fascinado por la sensualidad de la palabra poética y abandonado al flujo de su propia imaginación y recreación mental. Asimismo, ya en los años sesenta Marshall McLuhan profetizaba en su célebre *La galaxia Gutenberg* un retorno de la oralidad con los nuevos medios de entonces, radio y televisión; y también otros importantes estudiosos como Walter Ong y Paul Zumthor han hablado de oralidad secundaria o mediatizada mecánicamente[50]. Obviamente, el retorno de fenómenos similares nunca puede ser total, sobre todo porque en este caso se echa de menos un primer requisito fundamental: la copresencia física de autor y público en un mismo lugar. Pero debe decirse también que con las actuales tecnologías digitales el retorno de una comunicación oral se hace más consistente: *sms*, *email* y *blogg* copian el lenguaje hablado y la discusión en vivo, mientras en los *chats* se verifica una interacción entre personas presentes al mismo tiempo en la red, que pueden expresar gestualidad y mímica facial a través de signos visuales (emoticones) y recurrir también a una videocámara con o sin micrófono, combinando, por tanto, según unas técnicas propias del diálogo y de la seducción, todos los canales comunicativos posibles[51].

Este último ejemplo demuestra claramente cómo lo que sobre todo podemos constatar en nuestra época es la conver-

---

[50] McLuhan, M., *La galaxia Gutenberg* (1962) (trad. J. Novella), Barcelona, Círculo de Lectores, 1998; Ong, W. J., *Oralità e scrittura. Le tecnologie della parola* (1982), Bologna, Il Mulino, 1986; Zumthor, P., *La presenza della voce. Introduzione alla poesia orale* (1982), Bologna, Il Mulino, 1983.

[51] Cfr. Schneumann, D. (ed.), *Orality, Literacy and Modern Media*, Columbia, Camden House, 1996; Briggs, A.; Burke, P. (eds.), *Storia sociale dei media. Da Gutenberg a Internet* (2000), Bologna, Il Mulino, 2002, Schröder, I. W.; Voell, S. (ed.), *Moderne Oralität. Ethnologische Perspektiven auf die plurimediale Gegenwart*, Marburg, Curupira, 2002.

gencia entre canales comunicativos diversos: una cooperación sinestésica de los sentidos, o, de nuevo, una hibridación. Por otra parte, hace ya tiempo que se ha abandonado la tajante dicotomía entre oralidad y escritura, una de las parejas conceptuales sobre las que se ha construido la cultura occidental, dando al primero de los términos el valor de plenitud primaria y original, hasta la paradójica deconstrucción de Derrida, quien ha defendido el carácter primario de la escritura, suscitando con ello infinitas discusiones en las que aquí no nos vamos a detener[52]. Por supuesto, no hay que olvidar el impacto revolucionario que los estudios sobre la oralidad han ejercido sobre la crítica literaria; descubrir que para entender un arquetipo absoluto de la poesía occidental como Homero podría ser útil escuchar a un analfabeto recitador montenegrino, o constatar en cuántas épocas y en cuántas culturas (sobre todo en África) se practicaba una literatura abierta y activa, muy lejana de la completitud autosuficiente del texto escrito, han supuesto, en definitiva, un descubrimiento de la alteridad: de las culturas populares y marginales, de los géneros subsidiarios o subterráneos, o simplemente menos canónicos, como la fábula, el proverbio, la canción. Ahora bien, no debemos transformar estas constataciones en un anticanon, y considerar la oralidad como la forma más auténtica y valiosa de comunicación literaria. Así como tampoco sería justo –demasiado eurocéntrico y tecnocéntrico– repetir la historia cultural tomando como guía las grandes innovaciones tecnológicas: pre-Gutenberg, Gutenberg, medios eléctricos y electrónicos. Por supuesto, los cambios en la vida material tienen sin duda un enorme eco en la cultura y la literatura: la invención de la imprenta con caracteres móviles, que confirma y hace multiplicable hasta el infinito una visión lineal del texto, coincide no por azar con el desarrollo de una nueva ra-

---

[52] Derrida, J., *La escritura y la diferencia* (1967) (trad. P. Peñalver), Anthropos, Barcelona, 1989.

cionalidad científica y de una nueva concepción del espacio; pero ello no es óbice para que hayan existido y existan revalorizaciones y retornos: lo que cuenta, en definitiva, es el uso social de las tecnologías. Si se observa desde una perspectiva histórica, a larga distancia[53], se nota en el fondo que la mayor parte de las épocas han practicado una constante mezcla de oralidad y escritura, y precisamente a partir de los poemas de Homero, signo de un proyecto bastante unitario y que han de ser considerados, sobre todo, como testimonio escrito de una poesía oral[54]; y lo mismo puede decirse de otras obras maestras de la épica, como la *Chanson de Roland* o *Beowulf*, o de otros géneros como la lírica (la oralidad pura, es decir, la composición y transmisión de obras sin recurrir a recursos escritos, es más bien rara). En realidad, sólo en épocas hiperliterarias e hiperfilológicas, como el Helenismo alejandrino y el Humanismo (el segundo claramente inspirado por el primero), han practicado y propugnado una visión de la literatura totalmente focalizada en la escritura, textocéntrica, aristotélica y protoestructuralista, como hemos visto en el apartado dedicado al texto.

Precisamente a causa de esta continua interacción de los dos planos en la literatura, puede encontrarse con muchísima frecuencia una mímesis de la oralidad, que puede entenderse en su momento como nostalgia de un origen perdido, como evocación, o como puro efecto performativo. Ello se nota ya a partir de la poesía alejandrina y de las primeras novelas helenísticas, y después, en general, en un género de fuertes raí-

---

[53] Lo hace de un modo muy ágil e inteligente Sbardella, L., *Oralità: da Omero ai mass media*, Roma, Carocci, 2006 (generalmente, los estudios sobre la oralidad no abordan el desarrollo diacrónico completo de esta técnica).

[54] Es la equilibrada posición de Rossi, L. E., «I poemi omerici come testimonianza di poesia orale», en Bianchi Bandinelli, R. (ed.), *Storia e civiltà dei Greci. I: Origini e sviluppo della città*, Milano, Bompiani, 1978, pp. 73-147.

ces populares como la novelística, a partir de la gran obra de Bocaccio, en la que la narración oral se encuentra estructuralmente inscrita en el marco[55]. Como apuntaba Benjamin mucho antes de las primeras investigaciones sobre la oralidad[56], este fenómeno se amplifica en el momento en el que la novela se convierte en el género hegemónico de la cultura burguesa, alcanzando hasta la plena modernidad del siglo XX (por ejemplo, en *Berlin Alexanderplatz* de Döblin). También en el país-guía del desarrollo tecnológico, los Estados Unidos, la interacción entre oralidad y escritura es un fenómeno muy marcado, desde Faulkner al *rock*: lo ha puesto muy claramente en evidencia un americanista «de campo» como Alessandro Portelli[57]. La oralidad se convierte de este modo en una palabra clave también de la estética contemporánea, si se piensa en todas las hibridaciones con el lenguaje hablado y con el audiovisual que en la actualidad los escritores persiguen, o en fenómenos y actividades tan diferentes entre sí y sin duda importantes, sea cual sea la valoración crítica que cada uno quiera darle a los mismos, como los festivales de literatura, las lecturas públicas integrales de poemas épicos, el teatro de los nuevos juglares (Baliani, Celestini, Paolini), o la *Ilíada* de Alessandro Baricco y el *Dante* de Benigni.

La oralidad va siempre ligada a una ejecución en vivo, a una *performance*. Este concepto, y aún más sus derivados

---

[55] Cfr. Alfano, G., *Nelle maglie della voce. Oralità e testualità da Bocaccio a Basile*, Napoli, Liguori, 2006; cfr. también Cardona, G., «Culture dell'oralità e culture della scrittura», en Asor Rosa, A. (ed.), *La letteratura italiana. I: Il letterato e le istituzioni, II: Produzione e consumo*, Torino, Einaudi, 1983, pp. 25-101; Morabito, R., *Parola e scrittura. Oralità e forma letteraria*, Roma, Bulzoni, 1984.

[56] Benjamin, W., «El narrador. Consideraciones sobre la obra de Nicolai Leskov» (1936), *Sobre el programa de la filosofía futura* (trad. R. Vernengo), Barcelona, Planeta-Agostini, 1986.

[57] Portelli, A., *Il testo e la voce. Oralità, letteratura e democrazia in America*, Roma, Manifestolibri, 1992.

«performativo», «performatividad», ha conocido un desarrollo y una expansión increíbles en las últimas décadas, hasta convertirse casi en un eslogan y a dar vida a una nueva tendencia crítica, los *Performance Studies*. Sus antecedentes y sus aplicaciones son múltiples: deporte, arte, política, religión, procesos culturales, prácticas etnográficas y hermenéuticas, crítica; pero ello no significa que el concepto se divida en una infinitud de ramas y pierda su especificidad. Por *performance* se entiende hoy todo comportamiento ritualizado, condicionado y permeado por la representación de un papel, por la participación en un juego (dos nociones unificadas bajo la misma palabra en otras lenguas: *play, Spiel*). A través de las repeticiones y variaciones de los ritos los seres humanos (aunque también los animales) preservan la memoria, exorcizan situaciones difíciles. Como hemos visto a propósito de lo *camp*, éste es uno de esos tantos casos en los que el léxico teatral influye en la teoría estética y literaria: una de las muchas variaciones de la metáfora «el mundo como teatro»[58]. También sus antecedentes teóricos son múltiples: en la teoría de los actos de habla (*speech act theory*), empezando por las reflexiones de Austin, el enunciado performativo es aquel que constituye al mismo tiempo una acción, como el «declaro abierta la sesión» pronunciado por la figura oficial que preside el acto; según la teoría del director teatral Richard Schechner, la *performance* se presenta como una forma de ritualidad no orientada a la consecución de bienes materiales, que da un valor específico a la escansión del tiempo y a los objetos; en la antropología y en la etnografía, la interpretación de los datos recogidos es, a su modo, una *performance,* mientras la sociología de Erwin Goffman entiende multitud de prácticas sociales como interpretaciones de un papel; finalmente, en la teoría *queer* de Judit Butler la identidad sexual es un acto performativo, que supera la distinción entre original y copia,

---

[58] Cfr. Neumann, Pross, Wildbruger (eds.), *Szenographien, op. cit.*

esencial y accidental, autenticidad y simulación, una performatividad que puede vivirse tanto en sentido pasivo, en el verse determinado por estructuras discursivas preexistentes que producen, más que describen, los comportamientos sexuales, como en sentido activo y consciente, parodiando y subvirtiendo los modelos dominantes[59].

A estas alturas no puede sorprendernos que una importante teórica del teatro alemana, Erika Fischer-Lichte, haya elaborado una estética de lo performativo[60], que valora el carácter de proceso infinito, la corporeidad, la palabra que se convierte en acción y no representación, la implicación emotiva del público al que, como al crítico, se le confía la *performance* final. Son muchos los fenómenos artísticos y literarios que pueden enmarcarse en esta teoría: el teatro llamado postdramático (el segundo Heiner Müller, por poner un ejemplo famoso), con su fragmentación y destrucción del *logos*. Pero también *Petróleo* de Pasolini (quien en la última fase de su producción artística prefería los proyectos, los apuntes, los fragmentos): obra-*summa* inacabada, difícil y anómala, que según el plan inicial habría debido contener también grabaciones orales, filmadas, fotografías, y en las que el autor exhibe su propia vicisitud como en una verdadera *performance* de *body art*[61]. Y junto a *Petróleo* podríamos incluir otras metanovelas contemporáneas[62]. Se trata en todos los casos de fe-

---

[59] Cfr. Schechner, R., *Performance Studies. An Introduction* (2002), New York, Routledge, 2006; Butler, J., *Corpi che contano. I limiti discorsivi del «sesso»* (1993), Milano, Feltrinelli, 1996; id., *Excitable Speech. A Politics of Peformative,* New York-London, Routledge, 1997.

[60] Fischer-Lichte, E., *Ästhetik des Performativen*, Frankfurt, Suhrkamp, 2005.

[61] En este sentido lo interpreta Benedetti, C., *Pasolini contro Calvino. Per una letteratura impura*, Torino, Bollati Boringhieri, 1998, en particular pp. 127-31.

[62] Sobre esta forma en la literatura italiana, cfr. Turi, N., *Testo delle mie brame. Il metaromanzo italiano del secondo Novecento (1957-1979)*, Firenze, Società Editrice Fiorentina, 2007.

nómenos no nuevos, pero que asumen hoy un nuevo vigor: la estética contemporánea privilegia más que nunca la producción respecto al producto, el proceso respecto al sistema.

Palabra/imagen

Las dos palabras clave que dan título a este epígrafe podrían parecernos el único caso, en todo el recorrido que hemos realizado, de una pareja de conceptos no contiguos o sinónimos, sino ligados por una relación de oposición. En efecto, palabra e imagen se han enfrentado muchas veces en el curso de la historia, en una lucha también ideológica por el predominio en el campo artístico; todavía hoy numerosos pensadores apocalípticos se duelen del peligro de que la literatura pueda verse fagocitada por el poder mediático de la civilización de la imagen. En realidad, como veremos enseguida, la cultura y la estética contemporáneas auspician una interacción entre palabra e imagen, superando también en este caso, como en el de oralidad/escritura y en otros más, cualquier dicotomía clara. Pero antes debemos dar un salto hacia atrás.

Desde la antigüedad se ha reflexionado largamente sobre las dos artes hermanas, pintura y poesía (la música ocupa un lugar aparte, ya que no implica representación denotativa), desde el poeta griego Simónides de Ceo al *dictum* de Horacio *ut pictura poësis,* que ha gozado de un éxito enorme durante siglos; una reflexión que se ejemplifica también en un género literario menor pero bien vivo, la *ekphrasis,* la descripción de obras de arte. Como hemos visto en el primer capítulo, corresponderá a Lessing, en un momento capital de la historia de la estética, codificar en el *Laocoonte* una división clara entre los dos ámbitos: la pintura como arte del espacio y de la representación simultánea, la poesía como arte del tiempo y de la narración lineal; su obra será paradigmática para la separación purista de los lenguajes: no por casualidad acabarán escribiéndose otros *Laocoonte* en la época del Modernismo (Babbitt) y del arte abstracto (Greenberg), o incluso para lanzar sospechas sobre el cine sonoro (Arnheim)[63]. Sin embargo, resulta difícil separar de modo tan netamente espacio y tiempo, dos categorías que se entrecruzan en cada acto perceptivo, en nuestra memoria y en cualquier lenguaje artístico. Hace poco, Georges Didi-Huberman, en un denso diálogo con el inventor de la iconología, Aby Warburg, ha mostrado cómo la imagen tiene también una temporalidad compleja, polirrítmica, hecha de supervivencias inconscientes y de retornos inesperados[64]. Después de que nuestra cultura haya atravesado un auténtico «giro visual» (sucesivo al lingüístico), la postura de Lessing se ha visto otra vez fuertemente discutida, hasta dejar al desnudo su matriz ideológica. En el *Laocoonte* se detecta una tendencia muy enraizada en toda la cultura occidental a considerar la imagen como un producto natural, situándola en el mismo eje que la belleza o la feminidad, y se le contrapone la elocuencia sublime y masculina de la palabra; en Lessing esta polaridad presenta también una connotación política antifrancesa, como ha demostrado W. J. T. Mitchell[65]. En el centro de los actuales *visual studies*, de los que Mitchell es líder, anida por el con-

---

[63] Babbitt, I., *The New Laokoon. An Essay on the Confusion of the Arts*, Boston, Houghton Mifflin, 1910; Greenberg, C., «Toward a Newer Laocoon», *Partisan Review*, 7, 1940, pp. 296-310; Arnheim, R., «El nuevo Laoconte», *El cine como arte*, Buenos Aires, Infinito, 1971. Cfr. también el Anti-Laoconte con respecto a la semiótica multimedia de Franz, M. et al. (eds.), *Electric laokoon. Zeichen und Medien, von der Lochkarte zur Grammatologie*, Berlin, Akademie, 2007.

[64] Didi-Huberman, G., *La imagen superviviente: historia del arte y tiempo de los fantasmas según Aby Warburg* (2004) (trad. J. Calatrava), Madrid, Abada, 2009, que trata en paralelo antropología (Tylor), psiquiatría (Nietzsche), filosofía (Nietzsche) e historiografía (Burckhardt), además de las figuras claves de Darwin y Freud.

[65] Mitchell, W. T., *Iconology. Image, Text, Ideology*, Chicago-London, The University of Chicago Press, 1986, p. 110.

trario la idea de una culturalidad de la imagen: es la dimensión de la visualidad (distinta de la experiencia biológica concreta de la visión) la que en nuestra época es cada vez más hegemónica y requiere la ayuda de numerosas disciplinas concomitantes para penetrar a fondo en ella[66]. También en este caso se hace necesario evitar los dos extremos del amor excesivo o del odio hacia las imágenes: la mediolatría o el iconoclasmo, que vuelve también con reputados pensadores radicales, como Baudrillard y su crítica al simulacro; y es que la iconofobia es siempre una retórica de la exclusión:

> En nuestra opinión, el ídolo tiende a ser simplemente imagen sobrevalorada por un *otro*: por los paganos y por las culturas primitivas, por los niños o las mujeres estúpidas; por papistas o por ideólogos (*ellos* tienen una ideología, *nosotros* una filosofía política); por los capitalistas que adoran el dinero mientras nosotros sabemos valorar «la verdadera riqueza»[67].

En cualquier caso, la interacción entre palabra e imagen, tiempo y espacio, narración y descripción tiene una larga historia a sus espaldas: precisamente a partir de la *Ilíada* y de la *ekphrasis* del escudo de Aquiles, donde la experiencia visual se ve transfigurada libremente en narración; después de Ho-

---

[66] Para una orientación, *vid.* Walker, J. A.; Chaplin, S., *Visual Culture. An Introduction,* Manchester-New York, Manchester University Press; Mirzoeff, N., *Introduzione alla cultura visuale* (2000), Roma, Meltemi, 2005; Cometa, M. (ed.), *Dizionario degli studi culturali, op. cit.*

[67] Mitchell, W. T., *Iconology. Image, Text, Ideology, op. cit.,* p. 113; en general, sobre la desvaloración de la imagen en la filosofía francesa contemporánea, cfr. Jay, M., *Downcasts Eyes. The Denigration of Vision in Tweentieth Century French Thought,* Berkeley, University of California Press, 1994. *Vid.* como contrapunto, las reflexiones filosóficas sobre la creatividad de la percepción y sobre la dialéctica entre determinación e indeterminación de Garroni, E., *Immagini, Linguaggio, Figura. Osservazioni e ipotesi*, Roma-Bari, Laterza, 2005.

mero, la poesía alejandrina y la novela helenística canalizaron esta técnica mediante un respeto riguroso a la figuración, hacia una descripción pura que será retomada de nuevo en el Barroco (por ejemplo, en la *Galleria* de Marino); pero siempre ha ido evolucionando, en paralelo, una concepción impura de este arduo ejercicio retórico, ligada al concepto de *enargheia* (capacidad icástica) y a las dinámicas de lo sublime. En la actualidad los estudios sobre la *ekphrasis* conocen —es obvio— un fuerte impulso, el cual otorga relevancia a aquellos escritores-críticos que, como Diderot, Baudelaire, Ruskin, Proust, Woolf o Rilke, evitan el análisis detallado y prefieren una crítica creativa y evocadora, basada en la idea de la percepción como actividad infinita[68].

En esta misma línea se mueve hoy la literatura, que acepta los desafíos provenientes de la visualidad y la comunicación multimedia. Si la novela modernista sabía ser pictórica, evocando con diferentes estrategias ciertas obras figurativas[69], en la Postmodernidad la mezcla con los otros *media* se hace más estrecha: fotografía, cine, televisión, videoclip, videojuegos, Internet, pasan a ser temas privilegiados, con los que la literatura se renueva y se hibrida. Esto vale sobre todo para el cine, que ha caracterizado el siglo XX y es el lenguaje sintético por excelencia, heredero en este aspecto de la obra de arte total de Wagner (concepto vivo también en las vanguardias

---

[68] Cfr. Krieger, M., *EKPHRASIS. The Illusion of Natural Sign*, Baltimore-London, The John Hopkins University Press, 1992; Boehm, G.; Pfotenhauer, H. (eds.), *Beschreibungskunst-Kuntbeschereibung. Ekphrasis von der Antike bis zur Gegenwart*, München, Fink, 1995; Wettlaufer, A. K., *In the Mind's Eye, The Visual Impulse in Diderot, Baudelaire and Ruskin*, Amsterdam-New York, Rodopi, 2003; para un ejemplo muy clarificador, cfr. Cometa, M., *Descrizione e desiderio. I quadri viventi di E.T.A. Hoffmann*, Roma, Metelmi, 2005; cabe destacar también Woolf, V., *Immagini/Pictures*, (trad. y ed. F. De Giovanni), Napoli, Liguori, 2002.

[69] Torgovnick, M., *The Visual Arts, Pictorialism and the Novel. James, Lawrence and Woolf*, Princeton, Princeton University Press, 1985.

históricas y también hoy, nuevamente, en la creación intermediática). Las relaciones entre las dos artes han sido en realidad siempre difíciles; con frecuencia se han visto demasiado fácilmente simplificadas, monopolizadas, por los problemas alusivos a la fidelidad de la adaptación a la pantalla de obras literarias. En la narrativa contemporánea el cine es, en cualquier caso, siempre algo más que un tema: se convierte en objeto de alusiones y referencias continuas que confían en la memoria cinematográfica del lector; influye en las técnicas y los tiempos narrativos, sugiriendo montajes frenéticos; evoca posibilidades de recepción fragmentarias y obsesivas a través de los nuevos soportes como el *dvd* y el ordenador (de ello da prueba un reciente ensayo de Vincenzo Maggitti, que se ha centrado sobre todo en Puig, Marías, Coover o Viel[70]). Observaciones muy similares pueden hacerse igualmente para un *médium* decimonónico en su origen, pero más que nunca en el centro de la estética contemporánea, la fotografía[71]. El encuentro entre las dos artes se concreta en las distintas colaboraciones entre fotógrafos y novelistas (Brassaï y Breton, Evans y Agee, Ghirri y Celati, y muchos otros), y en la producción de libros que provocan contaminaciones complejas entre texto e imágenes: los *Passages* de Benjamin y el *Mnemosyne* de Warburg (ambos, no por casualidad, inconclusos) son modelos ideales para una investigación sobre la cultura visual que utiliza las técnicas del montaje cinematográfico, del *collage* cubista, de la poesía visual, dando lugar a menudo a

---

[70] Maggitti, V., *Lo schermo fra le righe*, Napoli, Liguori, 2007; ya la praxis modernista era compleja y contradictoria: Adams Sitney, P., *Modernist Montage. The Obscurity of Vision in Cinema and Literature*, New York, Columbia University Press, 1990; cfr. también Colombi, M.; Esposito, S. (eds.), *L'immagine ripresa in parola. Cinema, letteratura ed altre visioni* (introd. de M. Fusillo), Roma, Meltemi, 2008.

[71] Albaretazzi, S.; Amigoni, F. (eds.), *Guardare oltre. Letteratura, fotografia, altri territori*, Roma, Meltemi, 2008; *vid.* también Dolfi, A., *Letteratura e fotografia*, 2 vols., Roma, Bulzoni, 2005-7.

asociaciones atrevidas e imprevisibles, particularmente convenientes a un imaginario cada vez más polimórfico. El escritor que expresa mejor esta tendencia es Sebald: su vehemente *Austerlitz,* dedicado a una serie de encuentros, cuentos y recuerdos, y en particular al viaje de un niño judío por la Europa inmediatamente posterior a la Shoah, alterna la narración verbal con una serie de fotografías en blanco y negro que no son en ningún caso simples ilustraciones, y que en su connotación de melancolía y muerte recuerdan a las instalaciones de Chrisian Boltanski[72]. Palabra e imagen, memoria privada e historia pública, tiempo y espacio se presentan así unidos de modo inextricable.

Pastiche/remake

Que la literatura es esencialmente un mosaico de citas es una idea ya consolidada, al menos a partir de los años setenta, cuando Julia Kristeva rebautizó con el término técnico de intertextualidad el dialogismo propugnado por la estética novelesca de Bachtin[73]. En el fondo no se trata sino de confirmar un dato ya histórico que se remonta a los tiempos del ocaso del mito romántico de la originalidad: jamás se crea de la nada, en particular cuando se usa un instrumento estratificado como el lenguaje (todo tipo de lenguaje, no sólo el verbal). Y, en efecto, la etiqueta de la intertextualidad con

---

[72] Se trata, en realidad, de una temática muy frecuente en las artes visuales y en literatura, con frecuencia tratada con ambigüedad entre fascinación y sentido de culpa: Maurer, L., «Imaginative Discourses of Self and Culture in Literature and Painting», en Maurer, L.; Hillman, R. (eds.), *Reading Images Viewing Texts. Croosdisciplinary Perspectives/Lire les images, voir les textes. Perspectives pluridisciplinaires,* Bern, Lang, 2006, pp. 163-82. El autor analiza el tema en las obras de Tournier, Kiefer y Boltanski.

[73] Kristeva, J., *Semiótica* (trad. J. Martín Arancibia), Madrid, Fundamentos, 2 vols., 1981; y *supra,* cap. II.

frecuencia sólo sirve para dar un nuevo barniz a prácticas viejas, si no obsoletas, como el *conferrismo* (el afán desmedido por acumular «*vid.*», «cfr.» y pasajes paralelos sin un criterio discriminador serio) que atenaza la filología sobre todo clásica. Resulta más interesante, en cambio, preguntarse por el tipo concreto de intertextualidad que caracteriza hoy la estética contemporánea: y la respuesta nos llega de un género menor, el pastiche, establecido formalmente entre los siglos XVII y XVIII como un juego con los estilos del pasado y practicado magníficamente por el joven Proust. «Menor» al menos en nuestra tradición literaria: si dirigimos nuestra atención a otras culturas, no tan obsesionadas por el fetiche de la originalidad y la angustia de la influencia, como la japonesa, encontramos un uso sistemático de la variación alusiva (*honkadori*) en la poesía medieval de los *tanka*[74].

En su ensayo ya canónico sobre la literatura de segundo grado, *Palimpsestos,* Genette distingue claramente entre parodia y pastiche (dos técnicas que a menudo se confunden o superponen: se ha llegado incluso a fundirlas en el término *parostiche*): la primera consistiría en la transformación (por lo general cómica o satírica) de un texto particular; el segundo, en cambio, sería la imitación de un género, de un estilo, de una clase de textos, como en lo heroico-cómico, que aplica el lenguaje de la épica tradicional a temas bajos y cotidianos (desde la *Batracomiomaquia* a *El cubo robado*)[75]. Par-

---

[74] Cfr. Suvin, D., «Against Originals: *Honkadori* and the Horizon of Pastiche», en Mildonian, P. (ed.), *Parodia, Pastiche, Mimetismo,* Roma, Bulzoni, 1997, pp. 65-80; *vid.* también Centanni, M. (ed.), *L'originale assente. Introduzione allo studio della tradizione classica*, Milano, Bruno Mondadori, 2005.

[75] Genette, G., *Palimpsestos: la literatura en segundo grado* (1982) (trad. C. Fernández), Madrid, Taurus, 1989; cfr. Karrer, W., *Parodie, Travestie, Pastiche,* München, Fink, 1978, y Bertoni, C., *Persorsi europei dell'eroicomico,* Pisa, Nistri-Lischi, 1997; en la teoría de lo postmoderno de L. Hutcheon (*A Theory of Parody. The Teachings of Twentieth-Century Art Forms,*

tiendo de esta oposición, Jameson define el pastiche como el género más típico de lo postmoderno, es decir, de una época que ya no conoce una ley entre autor y lector, sino una pluralidad infinita de lenguajes; una época, en definitiva, en la que ya no es posible la parodia, porque tampoco hay un estilo individual fuerte que pueda ser subvertido y «humillado» en un acto de apropiación y homenaje: existiría sólo un lenguaje impersonal, hecho de mil caras y juegos de citas y alusiones, ya sin ninguna clara distinción entre original y copia[76].

Y, en efecto, no es casualidad que, si repasamos la historia, una de las primeras definiciones de pastiche, aparecida en el campo de las artes figurativas, es precisamente la de una obra que no es ni un original ni una copia[77]. Se capta de inmediato su paralelismo con una serie de fenómenos que caracterizan el siglo XX y de los que ya hemos hablado: el bricolaje, el montaje, el *collage,* la alegoría. Todas estas prácticas han asumido un mayor relieve gracias a las grandes redes de Internet, que han dado lugar a una forma de textualidad más fluida e inestable, con una permanente tendencia a lo provisional. Se debilita así el concepto totalmente moderno de propiedad literaria, y se debilita igualmente su *pendant* negativo,

---

New York-London, Methuen, 1985), la parodia se convierte en un concepto amplio, que incluye toda reescritura basada en la diferenciación, en la distancia crítica, en el cambio de contexto; por tanto, se distingue del pastiche sólo por ser menos imitativa y más bitextual (muchos casos a los que se acerca la autora podrían ser tratados como pastiche: Brecht-Weill, De Palma, Greenaway, Picasso).

[76] Jameson, F., *Postmodernismo o la lógica cultural del capitalismo avanzado* (1991) (trad. J. L. Pardo), Barcelona, Paidós, 2008; *vid.* también las observaciones críticas de Kemp, S., «*Parler une langue morte*: Fredric Jameson et le pastiche postmoderne», en Dousteyssier-Khoze, C.; Place-Verghnes (eds.), *Poétiques de la parodie et du pastiche de 1850 à nos jours,* Oxford, Lang, 2006, pp. 313-20, sobre todo a propósito de los casos de Robbe-Grillet y Simon.

[77] Cfr. Hoesterey, I., *Pastiche. Cultural Memory in Art, Film, Literature,* Bloomington-Indianapolis, Indiana University Press, 2001, cap. 1.

el plagio, del cual ya a comienzos del siglo XX Anatole France hacía un elogio añorando las épocas en las que la literatura no era personal y venal[78]. El escritor húngaro Péter Esterházy ha interpretado con profundidad esta tendencia: su *Armonía celestial* (historia de su familia a través de los siglos, marcada por la presencia obsesiva del padre) está constituida por citas, calcos, reutilizaciones de textos y documentos preexistentes, en un modo no muy lejano de la técnica que en la antigüedad tardía se llamaba *centón*, en nombre de un rechazo postmoderno a la autoría y la originalidad que aún podría sonarnos escandaloso (por otra parte, hay que reconocer que con frecuencia la práctica del plagio deriva, por el contario, de la pereza mental o de la ausencia de un proyecto)[79].

Si abandonamos la connotación peyorativa presente en la impostura marxista de Jameson, llegaremos fácilmente a la conclusión de que el pastiche es un género vital y central para todas las artes contemporáneas: una práctica cultural que puede convertirse también en emancipadora respecto a los rígidos dictámenes del Modernismo, y que guarda muchas similitudes con el concepto de reescritura, núcleo de la filosofía postmoderna (Derrida y Foucault). Lo defiende Ingeborg Hoesterey en un ensayo de comparación entre distintos *media* que recorre varias artes[80]: las visuales (desde el barroquismo kitsch de Jeff Koons al conceptualismo de Paolini, desde el neoclasicismo de Mariani a la arquitectura de citas de Stir-

---

[78] France, A., «Apologie pour le plagiat», en id., *La vie littérarie*, Paris, Calmann-Lévy s.d., vol. IV (crónica para *Le Temps*, 1887-93), pp. 156-76; cfr. Buillaguet, A., *L'écriture imitative. Pastiche, Parodie, Collage*, Paris, Nathan, 1996.

[79] Esterházy, P., *Armonía celestial* (2000) (trad. J. Xantes), Barcelona, Círculo de Lectores, 2004 (en las ediciones inglesa e italiana aparece una lista de los libros plagiados en la novela, quizá para evitar problemas legales); cfr. Neubauer, «Quanto è scandaloso il plagio?», en Carbotti, R. (ed.), *Scandalo*, Firenze, Le Monnier, 2009.

[80] Hoesterey, *Pastiche, op. cit.*

ling), la música (Prokofiev y Bernstein, pero cabría añadir a Ravel y sobre todo a Stravinsky, modelo supremo de composición en forma de pastiche; y entre los contemporáneos a Battistelli o la *border music*), el cine (*Blade Runner* de Ridley Scott, *El cielo sobre Berlín* de Handke y Wenders, *Europa* de Von Trier, *Caravaggio* de Jarman y, sobre todo, *El cocinero, el ladrón, su mujer y el amante* de Peter Greenaway, verdadera obra de arte total), la publicidad y la *performance* pop (Sting, Madonna, Bob Wilson y Tom Waits). Si nos detenemos en los ejemplos provenientes de la literatura podemos encontrar algunas categorías de las que ya hemos hablado: a diferencia de la tradición de la narración biográfica, el pastiche postmoderno tiende siempre hacia la incongruencia, a la contaminación entre ficción y realidad, a la hibridación; existía, por supuesto, ya en el s. XVIII una línea cultural de práctica de juego erudito, que encuentra su culmen en los *Opúsculos morales* de Leopardi, con sus «mentiras» paracientíficas: textos apócrifos, traducciones de lenguas inexistentes, anónimos, variantes de un mismo texto, atribuciones y alegorías que, en sustancia, nos dirigen, como sugiere Antonio Prete, al vacío de sentido, a la sombra de la *vanitas,* preanunciando así al escritor del pasado siglo que más ha practicado el ensayo ficticio, Jorge Luis Borges[81]. Sin embargo, en los pastiches postmodernos podemos encontrar una técnica de la disonancia y de la paradoja mucho más acentuada: un Goethe que desea conocer a Wittgenstein en *Goethe se muere* de Thomas Bernhard; las *Metamorfosis* de Ovidio proyectadas sobre una pantalla en la visionaria Roma imperial imaginada por Ransmayr en su *El último mundo*; y podemos encontrar también una poética de

---

[81] Prete, A., «*Scir detarnegòl bara letzafra.* Sulla biblioteca fantastica di Leopardi», en Mildonian (ed.), *Parodia, Pastiche, Mimetismo, op. cit.,* pp. 143-50; cfr. también Houdart-Mérot, «Le pastiche du genre entre feinte et réfléxivité», en Doustessyer-Khoze y Place-Verghnes (eds.), *Poétiques de la parodie et du pastiche, op. cit.,* pp. 289-97, sobre el pastiche metaliterario en Borges, Quignard, Noguez y Michon.

lo potencial, de lo contrafactual: un Rimbaud, que en 1930 ingresaría en la Académie Française convertido al Catolicismo y casado con la hermana de Claudel en *Los tres Rimbaud* de Dominique Noguez, o la novela sobre un prostituto gay que el naturalista Stephen Crane habría podido escribir y que es reconstruida por Edmund White en *Hotel de Dream*[82]. En estos casos el pastiche se convierte también en *performance* crítica, como en *Possesion* de Antonia Byatt, quien, además de reescribir tanta poesía decimonónica, nos ofrece incluso un ensayo sobre la cultura victoriana y sus aspectos menos conocidos[83]. O también, si nos dirigimos pasando ahora al ámbito de lo cinematográfico siguiendo la propuesta de un brillante crítico *camp* que ha dedicado su último libro precisamente al pastiche, Richard Dyer[84]: *Lejos del paraíso* de Todd Haynes es una rigurosísima reescritura del cine melodramático de Douglas Sirk, aplicada ahora, sin embargo, a temas que en los años cincuenta no podrían haber sido afrontados explícitamente, como la homosexualidad y el amor entre una mujer blanca y un afroamericano.

Precisamente del cine (que a menudo contempla múltiples versiones y usa con mucha frecuencia el pastiche en la escenografía, al menos en la edad de oro de los años cuarenta)[85] proviene un concepto muy cercano: el *remake*. En su acepción más restringida, se refiere al acto de volver a hacer

---

[82] Acaba de aparecer una edición italiana en Playground, Roma, 2008.
[83] Cfr. Neubauer, J., «Uncanny Pastiche: A.S. Byatt's *Possesion*», en Mildonian (ed.), *Parodia, Pastiche, Mimetismo, op. cit.*, pp. 383-92.
[84] Dyer, R., *Pastiche*, New York-London, Routledge, 2007.
[85] Cfr. Garncarz, J., *Filmassungen. Eine Theorie signifikanter Filmvariation,* Frankfurt, Peter Lang, 1992, que se ocupa, por ejemplo, de las distintas versiones de *Casablanca* en Alemania: la primera de los años cincuenta, carente de alusión alguna al nazismo; Mandelbaum, H., y Myers, E., *Forties Screen Style. A Celebration of High Pastiche in Hollywood*, New York, St. Martin's Press, 1989 (con un magnífico despliegue fotográfico).

una película de éxito, readaptándola a las exigencias de un nuevo público, si bien el término se usa también y con frecuencia para hablar de las adaptaciones y transposiciones de una misma obra literaria. Como apunta Antonio Costa, en la estética del *remake* hay algo de *styling*, de modificar continuamente los estilos; por otra parte, en todos los nuevos como en los viejos *media* (música, televisión, videojuegos) la réplica se ha convertido en proceso dominante, casi obsesivo[86]. De este modo el concepto de *remix-remake* saca a luz el doble vínculo existente que las artes contemporáneas mantienen con el pasado: por un lado, presencia obsesiva en cuanto icono, objeto de culto, fetiche; por otro, material que cabe actualizar, renovar, deconstruir. La primera de estas actitudes (en cualquier caso siempre en conexión recíproca) se revela de modo manifiesto en el *remake* provocativamente esteticista que en 1998 Gus Van Sant dedicó a una de las más grandes películas de culto: *Psicosis,* no por casualidad objeto de tres *sequel* y tres pastiches, además de una genial instalación del videoartista Douglas Gordon, *24 Hour Psycho* (1993), en la que la película, ralentizada, dura un día entero, provocando en el espectador la reflexión sobre sus mecanismos de percepción[87].

La predilección contemporánea por el pastiche puede sin duda parecernos síntoma de una literatura-epígono, nacida

---

[86] Costa, A., «Questa storia non è finita», en AA.VV., «Estetica del remake», número monográfico de *Cinema e Cinema,* 39, 1984, p. 21; *vid.* también Bussi, G. E., y Chiaro, D. (eds.), *Letteratura e cinema. Il Remake,* Bologna, Clueb, 1999, en el que tanto la introducción de Bussi como la contribución de F. La Polla («Parlare a Ninotchka, ovvero: quel remake, pp. 23-30), afrontan el problema de la definición; Ballero, F., *La estetica cinematografica del remake,* Roma, Aracne, 2007; y sobre todo, en relación con los diferentes *media,* Dusi, N., y Speziante, L. (eds.), *Remix-Remake. Prattiche di replicabilità,* Roma, Meltemi, 2007.

[87] Zanger, A., *Film Remakes as Ritual and Disguise. From Carmen to Ripley,* Amsterdam, Amsterdam University Press, 2006, cap. I.

de la sensación de que todo ya se ha dicho (sensación, en cualquier caso, muy antigua: Esquilo afirmaba que componía con las migajas del banquete de Homero), y de una época que reconduce cualquier cosa a un presente omnívoro e impersonal. Quizá todo ello sea en parte cierto. Pero no debemos olvidar que el placer de la repetición y el mimetismo son dos fenómenos plenamente inscritos en las dinámicas psíquicas y culturales, tal y como lo han demostrado desde perspectivas bien diversas Freud, Girard y Deleuze. Toda escritura es siempre reescritura: nos lo confirman los casos, por otra parte nada raros, de artistas que se rehacen a sí mismos, creando autoparodias, autopastiches, *autoremakes*; por poner sólo dos ejemplos muy diferentes pero igualmente geniales: Paul Verlaine, quien escribe *A la manera de Paul Verlaine*, y Alfred Hitchcok, quien filma el *remake* de una película rodada en su juventud, *El hombre que sabía demasiado*[88].

Espacio/paisaje

Para arrojar luz sobre nuestra contemporaneidad se ha hablado, además de revolución visual, también de revolución espacial (*spatial turn*): dos fenómenos obviamente paralelos, pero que no deben superponerse. Tanto el geógrafo Soja, como Jameson en el ensayo del que ya hemos hablado en anteriores ocasiones, han considerado el espacio como categoría dominante de lo Postmoderno, que vendría a sustituir a la del tiempo, dominante en el Modernismo[89]. Como ya hemos visto en el apar-

---

[88] Cfr. Loiseleur, A., «Paul Verlaine à la manière de Paul Verlaine», en Doustessyer-Khoze y Place-Verghnes (eds.), *Poétiques de la parodie et du pastiche, op. cit.;* Chiaro, D., «Two Men who Knew Too Much. Hitchcock Remakes Hitchcok», en Bussi y Chiaro (eds.), *Letteratura e cinema. Il Remake, op. cit.*, pp. 161-74.

[89] Soja, E. W., *Postmodern Geographies. The Reassertion of Space in Critical Social Theory*, London-New York, Verso, 1989; Jameson, F., *El post-*

tado sobre palabra e imagen, resulta siempre conveniente evitar dicotomías claras entre espacio y tiempo, que son categorías muy interconectadas, incluso frecuentemente unificadas en un sustantivo compuesto (como en el cronotopo bachtiniano); también porque deberíamos preguntarnos por lo que le quedará a la época que vendrá tras la nuestra (obviamente, volver a la centralidad del tiempo). En realidad, también en el Modernismo el espacio desempeña un papel importante: en un ensayo pionero que ha suscitado encendidas discusiones, Joseph Frank define como cifra dominante de la novela modernista una «forma espacial», la cual consistiría en la suspensión del tiempo lineal, espacializándolo para conseguir con ello una visión simultánea y estereoscópica; esa visión a la que llega, tras innumerables recorridos fracasados, el narrador de la *Recherche* en *El tiempo recobrado*, o aquella que el *Ulysses* de Joyce presupone en su lector, quien debe ubicar en presente toda la jornada dublinesa, o aquella otra a la que llegan obras todavía más radicales, como *Nightwood* de Djuna Barnes[90].

En cambio, sí puede afirmarse sin lugar a dudas que en las últimas décadas la noción de espacio (no sólo literario) se ha transformado radicalmente, convirtiéndose en lente privilegiada desde la que observar la contemporaneidad. Ya no es una cate-

---

modernismo, op. cit. Sobre la cuestión teórica, cfr. Spanu, M. (ed.), *Spazio*, Torino, Lindau, 2002; Ropars-Wuillemieur, M. C., *Écrire l'espace*, Saint-Denis, Presses Universitaires de Vincennes, 2002; Iacoli, G., *La percezione narrative dello spazio. Teorie e rappresentazioni*, Roma, Carocci, 2008, introducción; cfr. también Demuth, V., *Topische Ästhetik. Körperwelten, Kunsträume, Cyberspace*, Würzburg, Köninghausen & Neumann, 2002.

[90] Frank, J., *The Idea of Spatial Form*, New Brunswick-London, Rutgers University Press, 1991, que contiene su primer trabajo de 1945, una respuesta a los críticos que habían compartido también nociones políticas como el rechazo de la historia y el fascismo (Shattuck, Kermode), y una aplicación a los modelos estructuralistas de análisis sincrónico. Para otras aplicaciones incluso en el área multimedial y para ulteriores discusiones críticas, *vid.* Smitten, R., y Daghistany, A. (eds.), *Spatial Form in Narrative*, introd. de J. Frank, Ithaca-London, Cornell University Press, 1981.

goría vacía, que hay que rellenar con objetos y personajes, un elemento puramente narratológico que sirve de trasfondo a la acción; es una dimensión «multifocal» –como sugiere el principal representante de la *geocrítica,* Bertrand Westphal[91]– en la que se intersecan flujos continuos de informaciones y de imágenes, percepciones sensoriales y sensuales, experiencias vividas, migraciones identitarias. Si la hipermovilidad está caracterizando cada vez más la sociedad contemporánea como «líquida», la teoría parece adolecer de cierta fatiga a la hora de responder con nuevas categorías: sin embargo, inmediatamente nos vienen a la cabeza el policentrismo y, sobre todo, el nomadismo, que la filosofía de Deleuze-Guatari y de Rosi Braidotti han considerado como la forma principal de una nueva subjetividad descentralizada y desterritorializada[92]; o también la heterotopía, definida por Foucault como un contraespacio, casi una utopía realizada, que subvierte y desestabiliza los restantes espacios de la realidad[93]. No es por azar que hoy se prefieran cada vez más las cartografías y los mapas, en cuanto síntoma de un saber no lineal, que ya no pretende dominar la complejidad de lo real (y este capítulo corresponde en el fondo a una opción similar).

En el ámbito de la crítica literaria todo esto se concreta en una serie de aproximaciones muy diferentes y diversificadas, dada la creciente fragmentación del concepto de espacio, aunque todas tengan en común su esencia «geocéntrica», su foca-

---

[91] Westphal, B., *La géocritique. Réel, fiction, espace,* Paris, Minuit, 2007, pp. 198-9.

[92] Deleuze, G., y Guattari, F., *Mil mesetas: capitalismo y esquizofrenia* (2003) (trad. J. Vázquez y U. Larraceleta), Valencia, PreTextos, 2008; Braidotti, R., *Feminismo, diferencia sexual y subjetividad nómada* (1995) (trad. G. Ventureira y L. Femenías), Barcelona, Gedisa, 2004, donde el concepto de nomadismo se desvincula totalmente de la circunstancia espacial y se hace totalmente metafórico. *Vid.* también Maffesoli, M., *Del nomadismo. Per una sociologia dell'erranza* (1997), Milano, Angeli, 2001.

[93] Foucault, M., «Eterotopia» (1967), en id., *Archivio Foucault,* Milano, Feltrinelli, 1998.

lización en el territorio y no en los autores o lenguajes: en Italia, ya desde hace tiempo Dionisiotti ha venido defendiendo y practicando una geografía histórica de la literatura italiana; en el ámbito de estudios sobre la novela, Franco Moretti ha propuesto una cartografía que visualiza las redes de unas relaciones espaciales ricas en valores sociales y simbólicos; por el contrario, la *geopoética* se interesa por la reescritura creativa de los fenómenos naturales y de los respectivos territorios[94]. Creo que el sentido de todas estas aproximaciones tan eclécticas ha sido muy bien sintetizado en el subtítulo de un libro de reciente aparición de Silvia Albertazzi, *Quando i luoghi raccontano storie*: es el espacio el que se convierte en protagonista y narrador, y de ahí en interlocutor privilegiado para nosotros en tanto lectores, el Londres de Dickens, el Brooklyn de Auster, y tantos otros ejemplos de ciudades con sus historias de expansiones, modernizaciones, migraciones, gentrificaciones[95]. Como puede verse claramente, se trata de un espacio temporalizado, en el que se perciben la historia pública, las historias individuales, los conflictos: un paisaje urbano fuertemente polifónico.

Llegamos de este modo al concepto paralelo de paisaje, exquisitamente estético, aunque con frecuencia se olvide, ya que suele asociarse a la naturaleza; pero se trata siempre de una naturaleza vivida a distancia, de manera artificial. Y es que el paisaje es siempre fruto de un acto subjetivo mediante el que se recorta y se percibe en clave estética un espacio

---

[94] Dionisotti, C., *Geografia e storia della letteratura italiana* (1967), Torino, Einaudi, 1999; Moretti, F., *Atlas de la novela europea 1800-1900* (1997) (trad. M. Merlino), Madrid, Trama, 2001; Westphal, B. (ed.), *La géocritique mode d'emploi*, Limoges, Pulim, 2000. Cfr. también Amalfitano, P. (ed.), *La rappresentazione dello sapzio nel romanzo del '900*, Roma, Bulzoni, 1998; Bulson, E., *Novels, Maps, Modernity. The Spatial Imagination, 1850-2000*, London, Taylor & Francis, 2006 (también sobre las técnicas de desorientación).

[95] Albertazzi, S., *In questo mondo, ovvero quando i luoghi raccontano le storie*, Roma, Metelmi, 2006.

abierto[96]; es lógico que se trate de un concepto que ha nacido y ha evolucionado a partir de las artes figurativas, si bien, como siempre, no sea fácil identificar con precisión su origen y necesidad[97]. Sí es cierto que la conciencia lingüística del fenómeno coincide con el inicio de la Modernidad y el desarrollo de la perspectiva en la pintura (o sea, a principios del s. XVI), y no es menos cierto que, como sucede con otros términos modernos (la estética o la novela), su práctica se remonta a muchos siglos atrás, incluso ya en el Paleolítico y sin duda a partir de la Era Helenística, cuando una civilización esencialmente urbana comienza a mirar con distancia nostálgica la naturaleza[98]. El Romanticismo supuso sin duda una edad dorada a este respecto, cuando pintores extraordinarios como Caspar David Friedrich orientaron el paisaje hacia maneras visionarias y espectrales, proyectando en él estados de

---

[96] Para esta visión cultural del paisaje, *vid.* sobre todo el clásico y siempre genial Simmel, G., «Filosofía del paisaje», *Imagen y cultura*, 38, 2010, pp. 16 y ss.
[97] Cfr. Jakob, M., *L'emergence du paysage*, Paris, Infolio, 2004; id. *Paysage et temps*, Paris, Infolio, 2007; cfr. también Bertone, G., *Lo sguardo escluso. L'idea di paesaggio nelle letteratura occidentale*, Novara, Interlinea, 2000 (con valiosas observaciones contra la idea de una muerte de viajes y paisajes), Jakob, M., *Paesaggio e letteratura*, Firenze, Olschki, 2005 (ofrece un cuadro histórico hasta el siglo XIX); Sangirardi, G. (ed.), *Le paysage dans la littérature italienne. De Dante à nous jours*, Dijon, Éditions Universitaires, 2006; Collot, *Paysage et poésie. Du romantisme à nous jours*, Paris, Corti, 2005; Schmeling, M., y Schmitz-Emans, M. (ed.), *Das Paradigma der Lanschaft in der Moderne und Postmoderne*, Tübingen, Königshausen & Neumann, 2007; Bottalico, M.; Chialant, M. T., y Rao, M. (eds.), *Literary Landscape in Literature*, Roma, Carocci, 2007. Para una aproximación filosófica, casi pionera, *vid.* Assunto, R., *Il paesaggio e l'estetica. Natura e storia*, Napoli, Giannini, 1973.
[98] Cfr. Winsor Leach, E., *The Rhetoric of Space. Literary and Artistic Representations of Landscape in Republican and Augustan Rome*, Princeton, Princeton University Press, 1988, acerca de la literatura latina, en estrecho paralelismo con la pintura romana, con la que el paisaje adquiere una fuerza inédita.

ánimo de melancolía, de disonancia con el mundo, de exilio, mientras la literatura exploraba escenarios nocturnos, laberínticos, irreales y alucinatorios: el paisaje, en definitiva, se interioriza cada vez más y se abre a la expresión de la alteridad y de lo reprimido. En la Postmodernidad, en la literatura y todavía más en el cine[99], domina sin duda, por el contrario, la metrópoli, con sus múltiples niveles: el interior, a partir del cual Perec construye su *La vida instrucciones de uso,* o las innumerables periferias ricas en hibridaciones étnicas; desde este punto de vista las literaturas postcoloniales han enriquecido considerablemente el imaginario metropolitano, introduciendo megalópolis como Ciudad de México, Lagos o Buenos Aires. Para describir de modo adecuado el paisaje contemporáneo, en el que la globalización no significa total homogeneización y no excluye localismos, el antropólogo Appadurai ha distinguido entre *etnoramas* (las migraciones), *medioramas* (los flujos de imágenes mediáticas y simbólicas), *tecnoramas* (movimientos tecnológicos), *financioramas* (movimientos de dinero) e *ideoramas* (flujos de ideas)[100]. Como toda tipología, también ésta puede ser acusada de arbitraria, pero, en cualquier caso, expresa perfectamente la complejidad que hoy esta noción ha alcanzado: en absoluto muerta, como desearía un modo apocalíptico de entender el saber, sino en poderosa transformación, como resulta comprensible en una época en la que se ha llegado a la afortunada expresión del *no-lugar*[101].

[99] A tal respecto, *vid.* Bernardi, S., *Il paesaggio nel cinema italiano*, Venezia, Marsilio, 2002, sobre todo Antonioni.
[100] Appadurai, A., *Modernità in polvere. Dimensioni culturali della globalizzazione* (1996), Roma, Meltemi, 2001, p. 52 (en el original todos son compuestos de *-scape*).
[101] Concepto debido a Marc Augé, hace referencia a los espacios anónimos e impersonales como aeropuertos o centros comerciales; para una aplicación a la literatura, cfr. Calabrese, S. (ed.), *I non luoghi in letteratura*, Roma, Carocci, 2005; cfr. también Dagognet, F. (ed.), *Mort du paysage?*, Paris, Champ Vallon, 1982.

No podían faltar, tampoco en literatura, una justa defensa y una recuperación del paisaje natural, fuertemente amenazados por parches inmobiliarios y legislaciones sin demasiado sentido común; nace así la *ecocrítica*, última hibridación, después de la existente entre literatura y geografía (y de la que nos hemos ocupado en este apartado), con otros saberes, en este caso concreto la ecología[102]. Se trata de un acercamiento que goza de gran vitalidad, sobre todo desde el momento en que la fascinación por el apocalipsis que caracteriza la narrativa y el cine contemporáneos da lugar al *ecothriller* y otros subgéneros similares. Sin embargo, como ya he apuntado a propósito de las emociones y de la ética, se corre el riesgo de ser demasiado ideólogos y programáticos, olvidando que la literatura no puede ser jamás reducida a propaganda edificante; por el contrario, es, con frecuencia, un fenómeno regresivo, que da rienda suelta a las pasiones menos confesables y controlables (esta es en el fondo su función social básica). Con esto no pretendo en absoluto defender que la literatura no nos hable del mundo y no nos ayude a comprenderlo, todo lo contrario, o no nos traslade valores fundamentales (desde Dante a Dostoyevsky): ya hace tiempo que acabó la época en la que se la consideraba una práctica tautológica y autorreferencial. Pero no puede hablarnos del mundo de manera demasiado directa y didascálica: de otro modo corre el riesgo de perder todo valor estético.

---

[102] Cfr. Glotfelty, C.; Fromm, H. (eds.), *The Ecocriticism Reader: Landmarks in Literary Ecology*, Athens-London, University of Georgia Press, 1996; Scaffai, N., «Letteratura ed ecologia», en Boitani e Fusillo (eds.), *Letteratura europea, op. cit.*, vol. V. Cfr. también D'Angelo, P., *Estetica della natura*, Roma-Bari, Laterza, 2001, con brillantes reflexiones sobre el *land art*.

Bibliografía

1. Textos de estética

T. W. Adorno, *Teoría estética* (1969), Madrid, Taurus, 1990.
M. Bachtin, *Dostoevskij. Poetica e stilistica* (1929), Torino, Einaudi, 1968.
—, *Estetica e romanzo* (1975), Torino, Einaudi, 2002.
A. Badiou, *Inestetica*, L. Boni (ed.), Milano, Mimesis, 2007.
C. Baudelaire, *Salones y otros escritos sobre arte*, Madrid, Machado Libros, 1997.
J. Baudrillard, *De la seducción* (1979), Madrid, Cátedra, 1989.
A. G. Baumgarten e I. Kant, *Il battesimo dell'estetica*, L. Amoroso (ed.), Pisa, Ets, 1993.
W. Benjamin, «La obra de arte en la época de su reproducibilidad técnica» (1936), en *Obras*, I, 2, Madrid, Abada, 2008.
—, *Angelus Novus*, Barcelona, Edhasa, 1971.
—, *Libro de los pasajes*, Madrid, Akal, 2005.
E. Bloch, *El principio esperanza* (1959), *Madrid*, Trotta, 2004.
H. Blumenberg, *Trabajo sobre el mito* (1979), Barcelona, Paidós, 2003.
E. Burke, *Indagación filosófica sobre el origen de nuestras ideas acerca de lo sublime y de lo bello* (1757), Madrid, Alianza, 2010.
S. T. Coleridge, *Biografía literaria* (1817), Barcelona, Labor, 1995.
B. Croce, *Estética como ciencia de la expresión y lingüística general* (1902), Málaga, Ágora, 1997.
G. Deleuze, *Proust y los signos* (1964), Barcelona, Anagrama, 1995.

—, *Il freddo ed il crudele* (1967), Milano, ES, 1991.
—, *La imagen-movimiento. Estudios sobre cine 1* (1983), Barcelona, Paidós, 2003.
—, *La imagen-tiempo. Estudios sobre cine 2* (1984), Barcelona, Paidós, 2007.
G. Deleuze y F. Guattari, *Mil mesetas. Capitalismo y esquizofrenia* (1980), Valencia, PreTextos, 2000.
J. Derrida, *La escritura y la diferencia* (1967), Barcelona, Anthropos, 1989.
—, *Glas* (1974), con texto italiano y francés, S. Facioni (ed.), Milano, Bompiani, 2006.
J. Dewey, *El arte como experiencia* (1934), Barcelona, Paidós, 2008.
D. Diderot, *Teatro e scritti sul teatro*, M. Grilli (trad. y ed.), Firenze, La Nuova Italia, 1980.
M. Foucault, *Scritti letterari*, C. Milanese (ed.), Milano, Nuova Italia, 1971.
—, «Eterotopia» (1967), en id., *Archivio Foucault*, Milano, Feltrinelli, 1998.
S. Freud, *El chiste y su relación con el inconsciente* (1905), Madrid, Alianza, 1981.
—, «Dostoyevsky y el parricidio» (1927), en *Obras completas*, Madrid, Biblioteca Nueva, T. III, 1981.
H. G. Gadamer, *Verdad y método* (1960), Salamanca, Sígueme, 1984.
N. Goodman, *Los lenguajes del arte* (1967), Barcelona, Seix Barral, 1974.
—, *Maneras de construir el mundo* (1986), Madrid, Machado Libros, 1995.
G. W. F. Hegel, *Estética* (1836-8), Buenos Aires, Siglo XXI.
M. Heidegger, «El origen de la obra de arte» (1936), en *Senderos del bosque*, Madrid, Alianza, 2001.
—, *Aclaraciones a la poesía de Hölderlin* (1936), Madrid, Alianza, 2009.
F. Hölderlin, *Sul tragico*, trad. it. G. Pasquinelli y R. Bodei, Milano, Feltrinelli, 1980.
W. Iser, *L'atto della lettura. Una teoria della risposte estetica* (1976), Bologna, Il Mulino, 1987.

H. James, *Le prefazioni* (1907-9), A. Lombardo (ed.), Torino, Roma, Cooper, 2004.

H. J. Jauss, *Apología de la experiencia estética* (1972), Barcelona, Paidós, 2002.

—, *Experiencia estética y hermenéutica literaria. I: Teoría e historia de la experiencia estética* (1982), Madrid, Taurus, 1992.

Jean Paul, *Il comico, l'umorismo, l'arguzia*, E. Spedicato (ed.), Padova, Il Poligrafo, 1994.

G. Lukács, *Teoría de la novela* (1916), Barcelona, Edhasa, 1971.

—, *Estética* (1963), Barcelona, Grijalbo, 1982.

J. F. Lyotard, *Anima minima. Il bello e il sublime*, Sossi, F. (ed.), Parma, Pratiche, 1995.

J. Mukařovský, *Teoria della prosa* (1917), Torino, Einaudi, 1976.

F. Nietzsche, *Ecce Homo: cómo se llega a ser lo que se es* (1908), Madrid, Alianza, 1997.

L. Pareyson, *Dostoievski. Filosofía, novela y experiencia religiosa* (1976) (trad. C. Giménez), Madrid, Encuentro, 2008.

W. Pater, *Renacimiento. Estudios sobre arte y poesía* (1873) (trad. M. Salís), Barcelona, Alba, 1999.

M. Proust, *Contra Sainte Beuve* (1954) (trad. J. Albiñana), Barcelona, Tusquets, 2005.

Pseudo Longino, *Sobre lo sublime,* Madrid, Gredos, 1979.

R. Rorty, *La filosofía y el espejo de la naturaleza* (1979), Madrid, Cátedra, 1989.

J.-P. Sartre, *Che cos'è la letteratura?* (1947), Milano, Net, 2004.

F. Schelling, *Sistema del idealismo trascendental* (1800), Barcelona, Anthropos, 2005.

F. Schiller, *Sobre poesía ingenua y poesía sentimental* (1795), Madrid, Verbum, 1995.

F. Schiller, *Lo sublime: de lo sublime y sobre lo patético*, Málaga, Ágora, 1992.

F. Schlegel, *Sobre el estudio de la poesía griega* (1797), Madrid, Akal, 1996.

—, *Frammenti critici e poetici*, M. Cometa (ed.), Torino, Einaudi, 1998.

P. Sidney, *Difesa della poesia* (1595), M. Pustianaz (ed.), Genova, Il melangolo, 1989.

G. Simmel, «La cornice», en *Il volto e il ritratto. Saggi sull'arte*, Bologna, Il Mulino, 1985.
—, *La metropoli e la vita dello spirito* (1903), Jedlowski, P. (ed.), Roma, Armando, 2004.
—, *Filosofia dell'attore* (1908), con comentario de M. Weber, Monceri, F. (ed.), Pisa, Ets, 1998.
—, «Filosofía del paisaje», *Imagen y cultura*, 38, 2010, pp. 16 y ss.
V. Sklovsky, *Teoria della prosa* (1917), Torino, Einaudi, 1976.
K. W. F. Solger, *Erwin: Quattro dialoghi sul bello e sull'arte*, Brescia, Montellana, 2004.
—, *Lezioni di estetica* (Pina, G., ed.), Palermo, Aesthetica, 1995.
F. T. Vischer, *Il sublime e il comico. Contributi a una filosofia del bello*, E. Tavani (ed.), Palermo, Aesthetica, 2000.
W. H. Wackenroder, *Scritti di poesia e di estetica*, Torino, Bollati Boringhieri, 1993.
B. Weinberg (ed.), *Trattati di poetica e di retorica del Cinquecento*, Roma-Bari, Laterza, 1970-4.
O. Wilde, *El crítico como artista. La importancia de no hacer nada*, Madrid, Rey Lear, 2010.
W. Wordsworth, *Prólogo a «Baladas líricas»* (1800-2), texto bilingüe, Madrid, Hiperión, 1999.
S. Žižek, *L'epidemia dell'immaginario* (1997), M. Senaldi (ed.), Roma, Meltemi, 2004.
—, *Dello sguardo a altri oggetti. Cinema e psicoanalisi*, Udine, Campanotto, 2004.

2. *Textos de teoría y crítica literaria*

E. Auerbach, *Mímesis* (1948), Madrid, FCE, 1983.
R. Barthes, *Ensayos críticos* (1960), Barcelona, Seix-Barral, 2002.
—, *S/Z* (1970), Madrid, Siglo XXI, 2001.
—, *El susurro del lenguaje*, Paidós, Barcelona, 2009.
—, *El placer del texto y lección inaugural* (1973), Madrid, Siglo XXI, 2007.
M. Blanchot, *El espacio literario* (1955), Barcelona, Paidós, 2004.
—, *El libro que vendrá* (1959), Caracas, Monte Ávila.
H. Bloom, *L'angoscia dell'influenza. Una teoria della poesia* (1973), Milano, Feltrinelli, 1983.

P. Bourdieu, *Las reglas del arte. Génesis y estructura del campo literario* (1992), Barcelona, Anagrama, 2005.

G. Debenedetti, *Il romanzo del novecento. Quaderni inediti* (1960-6), E. Montale (ed.), Milano, Garzanti, 1992.

G. Genette, *Ficción y dicción*, Barcelona, Lumen, 1993.

—, *Palimpsestos: la literatura en segundo grado* (1982), Madrid, Taurus, 1989.

—, *Nuevo discurso del relato*, Madrid, Cátedra, 1998.

—, *La obra del arte: inmanencia y trascendencia* (1994), Barcelona, Lumen, 1997.

G. Hartman, *La critica nel deserto* (1982), Fortunati, V.; Franci, G. (eds.), Modena, Mucchi, 1991.

—, *Cicatrici dello spirito. La lotta contro l'inautenticità* (2004), Verona, Ombre corte, 2006.

Ingarden, R., *Fenomenologia dell'opera letteraria* (1931), Genova, Silva, 1968.

Jakobson, R.; Lévi-Strauss, C., «*Les chats* de Charles Baudelaire», en Vidal-Beneyto, J. (ed.), *Posibilidades y límites del análisis estructural*, Madrid, Editora Nacional, 1981.

Jameson, F., *El posmodernismo o la lógica cultural del capitalismo avanzado*, Barcelona, Paidós, 2008.

—, *Marxismo e forma. Teorie dialettiche dela letteratura nel XX secolo* (1972), Napoli, Liguori, 1975.

—, *L'inconscio politico. La narrazione come atto socialmente simbolico* (1981), Milano, Garzanti, 1990.

J. Lotman, *La estructura del texto artístico*, Madrid, Istmo, 1988.

—, *La semiosfera*, Madrid, Cátedra, 1996.

P. Lubbock, *Il mestiere della narrativa* (1965), Firenze, Sansoni, 1984.

G. Poulet, *La conciencia crítica*, Madrid, Machado Libros, 1999.

S. Sontag, *Contra la interpretación y otros ensayos*, DeBolsillo, Barcelona, 2007.

E. Staiger (1946), *Conceptos fundamentales de poética*, Madrid, Rialp, 1984.

T. Todorov (ed.), *Teoría de la literatura de los formalistas rusos*, Buenos Aires, Siglo XXI, 1970.

P. Valéry, *La caccia magica*, M. Giveri (ed.), Napoli, Guida, 1985.

—, *Cuadernos*, Barcelona, Círculo de Lectores, 2008.

V. Woolf, *Horas en una biblioteca*, Barcelona, El Aleph, 2008.

3. Ensayos sobre estética

L. Amoroso, *L'estetica come problema*, Pisa, Ets, 1988.
—, *Ratio & Aesthetica. La nascita dell'estetica e la filosofia moderna* (2000), Pisa, Ets, 2008.
K. Barck (ed.), *Aesthetische Grundbegriffe*, 7 vols., Stuttgart-Weimar, Metzler, 2000-5.
R. Bodei, *Geometría de las pasiones. Miedo, esperanza, felicidad: filosofía y uso político* (1991), Barcelona, El Aleph, 1995.
—, *La forma de lo bello*, Madrid, Machado Libros, 1998.
G. Bruno, *Atlante dell'emozioni. In viaggio tra arte, architettura e cinema* (2002), M. Nadotti (ed.), Milano, Bruno Mondadori, 2006.
M. Carboni, *Il sublime è ora. Saggio sull'estetiche contemporanee* (1993), Roma, Cooper-Castelvecchi, 2003.
G. Carchia, *Retorica del sublime*, Roma-Bari, Laterza, 1990.
—, *L'estetica antica*, Roma-Bari, Laterza, 2008.
G. Carchia, P. D'Angelo (eds.), *Dizionario di estetica* (2002), Roma-Bari, Laterza, 2008.
C. Cavarero, *Tu che mi guardi, tu che mi racconti. Filosofia della narrazione*, Milano, Feltrinelli, 1997.
M. Centanni (ed.), *L'originale assente. Introduzione allo studio della tradizione classica*, Milano, Bruno Mondadori, 2005.
D. E. Cooper (ed.), *A Companion to the Aesthetics*, Oxford, Blackwell, 1992.
C. D'Angeli, G. Paduano, *Lo cómico*, Madrid, Machado Libros, 2001.
P. D'Angelo, *La estética del romanticismo*, Madrid, Machado Libros, 1999.
—, *L'estetica italiana del Novecento* (1997), Roma-Bari, Laterza, 2006.
—, *Estetismo*, Bologna, Il Mulino, 2003.
G. di Giacomo, *Estetica e letteratura. Il grande romanzo tra Ottocento e Novecento*, Roma-Bari, Laterza, 1999.
T. Eagleton, *La estética como ideología*, Madrid, Trotta, 2006.
—, *Le illusioni del postmodernismo* (1996), Roma, Editori Riuniti, 1998.

U. Eco, *Obra abierta* (1962), Barcelona, Ariel, 1990.
—, *Lector in fabula* (1979), Barcelona, Lumen, 1999.
S. Ferrari, *Scrittura come riparazione. Saggio su letteratura e psicoanalisi*, Roma-Bari, Laterza, 1994.
M. Ferraris, *La svolta testuale. Il decostruzionismo in Derrida, Lyotard, gli «Yale Critics»* (1984), Milano, Unicopli, 1986.
—, *La imaginación*, Madrid, Machado Libros, 1999.
M. Ferraris, P. Kobau (eds.), *L'altra estetica*, Torino, Einaudi, 2001.
E. Fischer-Lichte, *Ästhetik des Performativen*, Frankfurt, Suhrkamp, 2005.
H. Foster (ed.), *The Anti-Aesthetic, Essays on Postmodern Culture*, Seattle, Bay Press, 1983.
M. Fumagalli Beonio Bocchieri, *L'estetica medievale*, Bologna, Il Mulino, 2002.
A. G. Gargani, *Freud, Wittgenstein, Musil*, Milano, Shakespeare & Co., 1982.
—, *Il filtro creativo*, Roma-Bari, Laterza, 1999.
E. Garroni, «Estetica e critica letteraria», en A. Asor Rosa (ed.), *Letteratura Italiana. IV: L'interpretazione*, Torino, Einaudi, 1985.
—, *Estetica. Uno sguardo attraverso*, Milano, Garzanti, 1992.
—, *Imagine, Linguaggio, Figura. Osservazioni e ipotesi*, Roma-Bari, Laterza, 2005.
B. Gaut, D. McIver Lopes (eds.), *Routledge Companion to Aesthetics*, London, Routledge, 2005.
S. Givone, *Estetica: storie, categorie, bibliografia*, Firenze, La Nuova Italia, 1998.
—, *Historia de la estética* (1988), Madrid, Tecnos, 2009.
—, *La biblioteca di Leibniz. Filosofia e romanzo*, Torino, Einaudi, 2005.
M. Kelly, *Encyclopedia of Aesthetics*, Oxford-New York, Oxford University Press, 2005.
T. Kemeny, E. Cotta Ramusino (eds.), *Dicibilità del sublime*, Udine, Campanotto, 1990.
P. Kobau, G. Mateucci, S. Velotti (eds.), *Estetica e filosofia analitica*, Bologna, Il Mulino, 2007.
E. Kris, *Ricerche psicoanalitiche sull'arte* (1952), Torino, Einaudi, 1967.
P. Lacoue-Labarthe, J.-L. Nancy (eds.), *L'absolu littéraire. Théorie de la littérature du romantisme allemand*, Paris, Seuil, 1978.

M. Modica, *Che cos'è l'estetica* (1987), Roma, Editori Riuniti, 2002.
—, *L'estetica di Diderot. Teoria delle arti e del linguaggio nell'età dell'«Encyclopedie»*, Roma, Pellicani, 1997.
P. Montani, *Estetica ed ermeneutica. Senso, contingenza, verità*, Roma-Bari, Laterza, 2002.
G. Patella, *Estetica culturale. Oltre il multiculturalismo*, Roma, Meltemi, 2005.
M. Perniola, *El sex appeal de lo inorgánico* (1994), Trama, Madrid, 1998.
—, *La estética del siglo XX*, Madrid, Machado Libros, 2001.
—, *Disgusti. Le nuove tendenze estetiche*, Genova, Costa & Nolan, 1998.
F. Rella, *L'estetica del romanticismo*, Roma, Dozelli, 1997.
P. Ricoeur, *La metáfora viva* (1978), Madrid, Cristiandad, 2001.
—, *Tiempo y narración* (1983-5), 2 vols., Madrid, Cristiandad, 1987.
A Rossati (ed.), *Estetica e psicoanalisi*, Torino, Centro Scientifico Torinese, 1985.
L. Russo, *La nascita dell'estetica di Freud*, Bologna, Il Mulino, 1983.
—, *Una storia per l'estetica*, Palermo, Aesthetica, 1986.
— (ed.), *Il Genio. Storia d'una idea estetica*, Palermo, Aesthetica, 2008.
B. Saint Girons, *Lo sublime*, Madrid, Machado Libros, 2008.
W. Tatarkiewicz, *Historia de la estética* (1962-7), 2 vols., Madrid, Akal, 1987.
A. Trione, *Estetica e Novecento*, Roma-Bari, Laterza, 1996.
F. Vercellone, A. Bertinetto, G. Garelli (eds.), *Lineamenti di storia dell'estetica. La filosofia dell'arte da Kant al XXI secolo*, Bologna, Il Mulino, 2008.
F. Vercellone, *Oltre la bellezza*, Bologna, Il Mulino, 2008.
W. Welsch, *Grenzgänge der Ästhetik*, Stuttgart, Reclam, 1996.

4. *Ensayos de teoría y crítica literaria*

M. H. Abrams, *El espejo y la lámpara. La teoría romántica y la tradición crítica* (1953), Barcelona, Barral, 1975.
S. Albertazzi, *In questo mondo, ovvero quando i luoghi raccontano le storie*, Roma, Maltemi, 2000.

S. Albertazzi, F. Amigoni (eds.), *Guardare oltre. Letteratura, fotografia e altri territori*, Roma, Meltemi, 2008.

G. Alfano, *Nelle maglie della voce. Oralità e testualità da Bocaccio a Basile*, Napoli, Liguori, 2006.

L. Anceschi, *Le poetiche del Novecento in Italia. Studio di fenomenologia e storia delle poetiche*, Vetri, L. (ed.), Venezia, Marsilio, 1990.

—, *Autonomia ed eteronomia dell'arte*, Firenze, Sansoni, 1936.

E. Apter, W. Pietz (eds.), *Fetishism and Cultural Discourse*, Ithaca-London, Cornell University Press, 1993.

S. Basnett-McGuire, *La traduzione. Teoria e prattica* (1980), Milano, Bompiani, 1993.

C. Benedetti, *L'ombra lunga dell'autore. Indagini su una figura cancellata*, Milano, Feltrinelli, 1999.

A. Berardinelli, *La forma del saggio. Definizione e attualità di un genere letterario*, Venezia, Marsilio, 2002.

L. Bersani, *The Freudian Body. Psychoanaysis and Art*, New York, Columbia University Press, 1986.

C. Bertoni, *Percorsi europei dell'eroicomico*, Pisa, Nistri-Lischi, 1983.

F. Bertoni, *Il testo a quattro mani. Per una teoria della lettura*. Firenze, La Nuova Italia, 1996.

—, *Realismo e letteratura. Una storia possibile*, Torino, Einaudi, 2007.

F. Bertoni, M. Versari (eds.), *La cornice. Struttura e funzioni nel testo letterario*, Bologna, Clueb, 2006.

J. Bessière (ed.), *Littèrature et théorie. Intentinnalité, decontextualisation, communication*, Paris, Champion, 2007.

— (ed.), *Littérature, représentation, fiction*, Paris, Champion, 2007.

H. Bloom, *L'angoscia dell'influenza. Una teoria della poesia* (1973), Milano, Feltrinelli, 1983.

—, *El canon occidental. La escuela y los libros de todas las épocas* (1994), Barcelona, Anagrama, 1997.

G. Bottiroli, *Teoria dello stile*, Firenze, La Nuova Italia, 1997.

—, *Che cos'è la teoria della letteratura. Fondamenti e problemi*, Torino, Einaudi, 2006.

B. Bouillaguet, *L'ecriture imitative. Pastiche, Parodia, Collage*, Paris, Nathan, 1996.

F. Brioschi, *La mappa dell'impero* (1983), Milano, Il Saggiatore, 2006.
P. Bürger, *Teoría de la vanguardia*, Barcelona, Península, 1997.
G. E. Bussi, D. Chiaro (ed.), *Letteratua e cinema. Il Remake*, Milano, Clueb, 1999.
J. Butler, *Corpi che contano. I limiti discorsivi del «sesso»* (1993), Milano, Feltrinelli, 1996.
—, *Excitable Speech. A Politics of the Performative*, New York-London, Routledge, 1997.
S. Calabrese (ed.), *I non luoghi in letteratura*, Roma, Carocci, 2005.
M. Calinescu, *Rereading*, New Haven-London, Yale University Press, 1993.
R. Ceserani, *Raccontare il postmoderno*, Torino, Bollati Boringhieri, 1997.
—, *Guida allo studio della letteratura*, Roma-Bari, Laterza, 1999.
F. Cleto (ed.), «PopCamp», *Riga*, 27, 2 vols., Milano, Marcos y Marcos, 2008.
M. Colombi, S. Esposito (eds.), *L'immagine ripresa in parola. Cinema, letteratura e altre visioni*, introd. M. Fusillo, Roma, Meltemi, 2004.
M. Cometa, *Dizionari degli studi culturali*, R. Coglitore, F. Mazzara (eds.), Roma, Meltemi, 2004.
—, *Descrizione e Desiderio. I quadri viventi di E.T.A. Hoffmann*, Roma, Meltemi, 2005.
Compagnon, *Il demone della teoría. Letteratura e senso comune* (1998), Torino, Einaudi, 2000.
D. di Girolamo, *Critica della litterarietà*, Milano, Il Saggiatore, 1978.
L. Dolezel, *Heterocósmica. Ficción y mundo posibles*, Madrid, Arco, 1999.
J. Dollimore, *Sexual Dissidence. Augustine to Wilde, Freud to Foucault*, Oxford, Clarendon Press, 1991.
G. Dowd, L. Stevenson, J. Strong (eds.), *Genre Matters: Essays in Theory and Criticism*, Bristol-Portland, Intellect, 2006.
D. W. Fokkema, E. Ibsch, *Teorías de la literatura del siglo XX*, Madrid, Cátedra, 1988.
N. Frye, *Anatomía de la crítica* (1957), Caracas, Monte Ávila, 2001.
M. Fusillo, *L'altro e lo stesso. Teoria e storia del doppio*, Firenze, La Nuova Italia, 1998.

—, *Il dio ibrido. Dioniso e le «Baccanti» nel Novecento*, Bologna, Il Mulino, 2006.
F. Ghelli, *Letteratura e pubblicità*, Roma, Carocci, 2002.
R. Girard, *Mentira romántica y verdad novelesca* (1961), Barcelona, Anagrama, 1985.
L. Goldman, *Para una sociología de la novela*, Barcelona, Península, 1970.
S. Greenblatt, *Renaissance Self-Fashioning. From More to Shakespeare*, Chicago-London, University of Chicago Press, 1980.
P. Hernadi, *Beyond Genre. New Directions in Literary Classification*, Ithaca-London, Cornell University Press, 1972.
E. D. Hirsch, *Teoria dell'interpretazione e critica letteraria* (1962), Bologna, Il Mulino, 1972.
I. Hoesterey, *Pastiche. Cultural Memory in Art, Film, Literature*, Bloomington-Indianapolis, Indiana University Press, 2001.
P. Holland, *La dinamica della risposta letteraria* (1968), Bologna, Il Mulino, 1986.
L. Hutcheon, *A Theory of Parody. The Teachings of Twentieth-Century Art Forms*, New York, Methuen, 1985.
—, *A Poetics of Postmodernism. History, Theory, Fiction*, New York, Methuen, 1985.
G. Iacoli, *La percezione narrativa dello spazio, Teorie e rappresentazioni*, Roma, Carocci, 2008.
W. Irwin (ed.), *The Death and Resurection of the Author?*, Westport-London, Greenwoood, 2002.
D. Izzo (ed.), *Teoria della letteratura. Prospettiva dagli Stati Uniti*, Roma, La Nuova Italia Scientifica, 1996.
M. Jakob, *Paesaggio e letteratura*, Firenze, Olschki, 2005.
J. Kristeva, *Semiótica* (1969), Madrid, Fundamentos, 1981.
F. La Porta, G. Leonelli, *Dizionario della critica militante. Letteratura e mondo contemporaneo*, Milano, Bompiani, 2007.
M. Lavagetto, *Freud, la letteratura e altro* (1985), Torino, Einaudi, 2004.
—, *La cicatrice di Montaigne. Sulla buggia in letteratura* (1992), Torino, Einaudi, 2002.
P. Lombardo, *The Three Paradoxes of Roland Barthes*, Athens, University of Georgia Press, 1989.
R. Luperini, *La fine del postmoderno*, Napoli, Guida, 2005.

—, *L'incontro e il caso. Narrazione moderna e destino dell'uomo occidentale*, Roma-Bari, Laterza, 2007.

G. McMahon, *Camp in Literature*, Jefferson-London, McFarland, 2006.

V. Maggitti, *Lo schermo fra le righe. Cinema e letteratura nel Novecento*, Napoli, Liguori, 2007.

R. Marchesini, *Post-Human. Verso nuovi modelli di esistenza*, Torino, Bollati Boringhieri, 2002.

A. Masecchia, *Al cinema con Proust*, Venezia, Marsilio, 2009.

A. Mazzarella, *La grande rete della scrittura. La letteratura dopo la rivoluzione digitale*, Torino, Bollati Boringhieri, 2008.

G. Mazzoni, *Sulla poesia moderna*, Bologna, Il Mulino, 2005.

D. Meneghelli (ed.), *Teorie del punto di vista*, Firenze, la Nuova Italia, 1998.

P. Mildonian (ed.), *Parodia, Pastiche, Mimetismo*, Roma, Bulzoni, 1997.

N. Mirzoeff, *Introduzione alla cultura visuale* (2000), Roma, Meltemi, 2005.

W. J. T. Mitchell, *Iconology, Text, Image, Ideology*, Chicago-London, University of Chicago Press, 1986.

F. Moretti, *Opere mondo. Saggio sulla forma epica dal «Faust» a «Cent'anni di solitudine»*, Torino, Einaudi, 1994.

F. Moretti (ed.), *Il romanzo*, 5 vols., Torino, Einaudi, 2001-3.

F. Muzzioli, *La teoria della critica letteraria*, Roma, La Nuova Italia Scientifica, 1995.

G. Neumann, C. Pross, G. Wildgruber (eds.), *Szenographien. Theatralität als Kategorie der Literaturwissenschaft*, Freiburg, Rombach, 2000.

W. J. Ong, *Oralità e scrittura. Le tecnologie della parola* (1982), Bologna, Il Mulino, 1986.

G. Paduano, *Lunga storia di «Edipo re». Freud, Sofocle e il teatro occidentale*, Torino, Einaudi, 1994.

—, *Edipo*, Roma, Carocci, 2008.

Paglia, *Sexual Personae. Arte e decadenza da Nefertiti a Emily Dickinson* (1990), Torino, Einaudi, 1993.

D. Patai, W. H. Corral (eds.), *Theory's Empire. An Anthology of Dissent*, New York, Columbia University Press, 2005.

T. Pavel, *Mondi di invenzione* (1986), Torino, Einaudi, 1994.

—, *La pensé du roman*, Paris, Gallimard, 2003.
P. Pellini, *In una casa di vetro. Generi e temi del naturalismo europeo*, Firenze, Le Monnier, 2004.
R. Poggioli, *Teoría dell'arte di avanguardia*, Bologna, Il Mulino, 1962.
A. Portelli, *El testo e la voce. Oralità, letteratura e democracia in America*, Roma, Manifestolibri, 1992.
M. Praz, *La carne, la muerte y el diablo en la literatura romántica* (1930), Barcelona, El Acantilado, 1999.
O. Rank, *Il doppio* (1914), Milano, SugarCo, 1979.
R. Russi, *Letteratura e musica*, Roma, Carocci, 2004.
R. Rutelli, A. Johnson (eds.), *I linguaggi della passione*, Udine, Campanotto, 1993.
L. O. Sauerberg, *Fact into Fiction. Documentary Realism in the Contemporary Novel*, Houndmillls-London, Macmillan, 1991.
L. Sbardella, *Oralità: da Omero ai mass media*, Roma, Carocci, 2006.
J. M. Schaeffer, *¿Qué es un género literario?* (1989), Madrid, Akal, 2006.
—, *Pourquoi la fiction?*, Paris, Seuil, 1999.
R. Schechner, *Performance Studies. An Introduction* (2002), New York, Routledge, 2006.
M. Schmeling, M. Schmitz-Emans (eds.), *Das Paradigma der Landschaft in der Moderne und Posmoderne*, Tübingen, Königshausen & Neumann, 2007.
M. Scotti, *Gotico mediterraneo*, Regio Emilia, Diabasis, 2007.
C. Segre, *Notizie dalla crisi. Dove va la critica letteraria*, Torino, Einaudi, 1993.
I. Tassi, *Storie dell'io. Aspeti e teorie dell'autobiografia*, Roma-Bari, Laterza, 2007.
F. Taviani, «La letteratura nelle pratiche del teatro», en P. Boitani, M. Fusillo (eds.), *Letteratura europea. V: Letteratura, altre arti, altri saperi*, Torino, Utet (en prensa).
T. Todorov, *I generi del discorso* (1978), Firenze, La Nuova Italia, 1993.
P. Valesio, *Ascoltare il silenzio. La retorica come teoria*, Bologna, Il Mulino, 1986.
C. Viollet, J. L. Jeannelle (eds.), *Genèse et autofiction*, Louvain-la-Neuve, Academia-Bruylant, 2007.

F. Wahl (ed.), *¿Qué es el estructuralismo?* (1968), Buenos Aires, Losada, 1973.
B. Westphal, *La géocritique. Réel, fiction, espace,* Paris, Minuit, 2007.
H. White, *Retorica e storia* (1973), Napoli, Guida, 1978.
E. Wilson, *Il castello di Axel. Studio sugli sviluppo del simbolismo tra il 1870 e il 1930 (1931),* Milano, Il Saggiatore, 1965.
W. K. Wimsatt Jr., *The Verbal Icon: Studies in the Meaning of Poetry,* Kentucky, University of Kentucky Press, 1954
Wimsatt, W. C., y Brooks, C., *Breve storia dell'idea di letteratura in Occidente* (1957), Torino, Paravia, 1973-5.
R. R. Wuthenow, *Muse Maske Meduse. Europäischer Ästhetizismus,* Frankfurt, Suhrkamp, 1978.
P. Zanotti (ed.), *Contaminazioni. Quaderni di Synapsis IV,* Firenze, Le Monnier, 2006.
P. V. Zima, *Critique littéraire et esthétique. Les fondaments esthétiques des théories de la littérature,* Paris, L'Harmattan, 2003.
P. Zumthor, *La presenza della voce. Introduzione alla poesía orale* (1982), Bologna, Il Mulino, 1983.

Índice de nombres

Abrams, M. H., 58
Adams Sitney, P., 226
Adorno, T. W., 11, 64, 107-110, 112, 120, 133
Agee, J., 135, 136, 226
Agustín, San, 33, 44, 204
Albertazzi, S., 226, 237
Alemanno, E., 45
Alfano, G., 219
Allen, W., 188
Althusser, L., 102
Amalfitano, P., 52, 237
Amigoni, F., 226
Amis, M., 151, 209
Amoroso, L., 16, 17, 72
Anceschi, G., 213
Anceschi, L., 21, 50, 61, 146, 170
Apollonio Rodio, Appadurai, A., 239
Apter, E., 213, 214
Arbasino, A., 196
Arendt, H., 180, 181
Arensberg, M., 41
Ariosto, L., 75, 157
Aristófanes, 105
Aristóteles, 18, 27, 29, 31-35, 44-48, 58, 67, 73, 83, 92, 156, 157, 167, 198
Arnheim, R., 223

Arrigoni, P., 206
Artaud, A., 135, 198
Asam, E. Q., 194
Asor Rosa, A., 19, 219
Assmann, A., 207
Assunto, R., 238
Auerbach, E.,155, 199
Augé, M., 212, 239
Augusto, 43, 177
Auster, P., 237
Austin, J. L., 220
Averroes, 44

Babette Factory (N. Lagioia, E Longo, E Pacifico e C. Raimo), 150
Babbitt, I., 223
Bachtin, M., 59, 102-105, 155, 201, 227
Badiou, A., 18
Bagni, P., 158
Baliani, M., 219
Ballard, J. G., 209, 215
Ballero, F., 233
Balzac, H. de, 107, 155, 156, 186
Barck, K., 20
Baricco, A., 219
Barilli, R., 45
Barnes, D., 235

Barney, M., 135
Barthes, R., 21, 68, 84, 87, 116, 120, 141, 197
Bassnett-McGuire, S., 175
Batteux, C., 16
Battistelli, 231
Battistini, A., 72
Baudelaire, C., 41, 49, 68, 81, 87, 109-111, 165, 167, 170, 200, 212, 225
Baudrillard, J., 63, 224
Bauman, Z., 129
Baumgarten, A. G., 16, 71
Bazin, A., 143
Beckett, S., 42, 109, 133, 151
Bellocchio, P., 128
Belyi, A., 79
Benedetti, C., 143, 144, 221
Benigni, R., 219
Benjamin, W., 21, 42, 53, 107, 109-113, 118, 170, 212, 219, 226
Bennett, A., 147
Benvenuti, G., 110
Berardinelli A., 19
Bergson, H., 82
Bernardi, S.,239
Bernhard, T., 172, 231
Bernstein, L., 231
Bersani, L., 94
Bertazzoli, R., 175
Bertinetto, A., 20
Bertone, G., 238
Bertoni, C., 23, 70, 97, 116, 163
Bertoni, F., 135
Bessiére, J., 118, 207
Bianchi Bandinelli, R., 218
Binet, A., 211
Blanchot, M., 116, 141, 142, 162
Bloch, E., 113, 114
Bloch, H., 162
Bloom, H., 35, 42, 126, 127
Blumenberg, H., 72, 197
Boccaccio, G., 219

Bodei, R., 14, 38, 114, 202, 203
Boehm, G., 225
Boileau, N., 39, 43, 48
Boitani, P., 38, 154, 175, 214, 215, 240
Boltanski, C., 227
Bonaparte, M., 139
Bongiovanni Bertini, M., 140
Booth, M., 194
Booth, W.,115, 141
Borges, J. L., 162, 231
Bottalico, M., 238
Bottiroli, G., 63, 117, 163
Boulez, P., 84
Bourdieu, P., 166, 167
Braidotti, R., 236
Brassaï (G. Halász), 226
Brecht, B., 18, 120
Breton, A., 226
Briggs, A., 216
Brioschi, E., 85, 176
Bronté, Ch., 204
Brooks, C., 18, 214
Browning, R., 148
Bruhm, S., 197
Bruno, Giordano, 47, 160
Bruno, Giuliana, 205
Bruno, R., 69
Bruscagli, R., 159
Buck-Morss, S., 112
Buillaguet, A., 230
Bulson, E., 237
Burckhardt, J., 223
Burger, P., 77
Burke, E., 39
Burke, P., 216
Bussi, G. E., 233, 234
Butler, J., 197, 220, 221
Buvik, P., 189
Byatt, A.S., 232

Cage, J., 133
Calabrese, S., 129, 186, 239
Calaute, C. de, 34

Calinescu, M., 191
Caltagirone, G., 151
Calvino, I., 209
Camus, A., 198
Capote, T., 207
Caravaggio, 39
Carboni, M., 42
Carbotti, R., 230
Carchia, G., 20, 27, 34, 38, 73, 77, 101
Cardona, G., 219
Carroll, N., 13
Carver, R., 43, 163
Castelvetro, L., 46
Castorf, E., 15
Catucci, S., 43, 73
Cavarero, A., 181
Cavell, S., 21, 124, 132
Celati, G., 209, 226
Celestini, A., 219
Céline, L.-F. (L.-F. A. Destouches), 200
Centanni, M., 228
Cervantes, M. de, 77, 105, 184-186
Ceserani, R., 133, 206
Chamarat, G., 141, 146
Chaplin, S., 224
Chartier, R., 183
Chialant, M. T., 238
Chiaro, D., 233, 234
Chlebnikov, V., 77
Christiansen, B., 82
Cicero, V., 210
Cicerón, 145, 174
Claudel, P., 232
Cleto, F., 194, 195
Clippinger, D., 151
Coglitore, R., 131
Cohan, S., 194
Colaiacomo, P., 214
Coleridge, S. T., 41, 57, 60, 184
Collot, M., 238
Colombi, M., 23, 112, 226
Cometa, M., 131, 224, 225

Compagnon, A., 143
Confini, G., 173
Conti, A., 65
Coover, R., 226
Corneille, P., 48, 75
Corral, W. H., 125, 132
Cortázar, J., 210
Costa, A., 233
Costa, G., 38, 39
Cotta Rarnusino, E., 38
Craig, G., 176
Crane, S., 232
Creuzer, F., 53
Croce, B., 41, 69-75
Cronenberg, D., 42
Culler, J., 123
Cuniberto, G., 38
Cunningham, M., 189, 190
Curdts, S. I., 198

Daghistany, A., 235
Dagognet, F., 239
Daldry, S., 189
Damasio, A. R., 202, 203
D'Angeli, C., 56
D'Angelo, P., 20, 23, 51, 54, 61, 62, 69, 71, 73-75, 77, 101, 240
D'Annunzio, G., 51, 65, 147
Dante Alighieri, 38, 44, 100, 160, 204, 240
Darwin, C., 134, 223
Debenedetti, G., 68, 192, 209
Debord, G., 212
De Giovanni, E., 225
Deitch, J., 135
De Kerckhove, D., 210
De Laude, S., 128
Deleuze, G., 63, 94, 132, 140, 163, 234, 236
DeLillo, D., 100, 133, 135, 151, 152, 160, 164, 208, 215
De Man, P., 127
De Michell, M., 77
Demócrito, 34
Demoor, M., 148

Demuth, V., 235
Derrida, J., 64, 123, 125-127, 134, 163, 177, 197, 217, 230
De Sanctis, F., 68, 70
Desideri, F., 111
Detering, H., 147
Dewey, J., 120
Diaz, J.-L., 141
Dick, P. K., 164
Dickens, C., 110, 237
Diderot, D., 59, 98, 144, 152-155, 160, 225
Didi-Huberman, G., 223
Di Giacomo, G., 101
Di Girolamo, C., 85
Dilthey, W., 104, 117, 120
D'Intino, F., 209
Diodato, R., 210
Dioniso, 200
Dionisotti, C., 237
Dixon, S., 196
Döblin, A., 219
Doctorow, E. L., 133, 208
Dolezel, L., 29
Dolfi, A., 226
Dollimore, J., 196
Doody, M., 97
Dosse, F., 85
Dostoyevsky, F. M., 88, 100, 101, 103, 104, 160, 198, 240
Doubrovsky, S., 164
Dousteyssier-Khoze, C., 229, 231, 234
Dowd, G., 164
Du Bos, J.-B., 49
Duchamp, M., 42, 143
Dugan, J., 145
Dujardin, É., 170
Dunn, F. M., 168
Dusi, N., 233
Dyer, R., 232

Eagleton T., 12, 130
Eco, U., 32, 116, 122, 133

Éjchenbaum, B., 76, 79
Eisenstein, S., 110
Elliott, E., 13, 132
Ellis, B. E., 209
Ercolino, S., 23
Erlich, V., 78
Erofeev, V., 208
Escoto Eriúgena, 44
Esquilo, 234
Esposito, S., 23, 226
Estherházy, P., 230
Euclides, 49
Evans, W., 135, 136, 226

Faulkner, W., 219
Fechner, G. T., 73
Fernbach, A., 214
Ferrante, E., 150
Ferraris, M., 17, 47, 91, 92, 124
Fiedler, K., 61
Fink, N., 201
Firbank, R., 196
Fischer-Lichte, E., 221
Fish, S., 122
Flaubert, G., 75, 99, 100, 167, 186-188
Flessner, B., 210
Fluck, W., 13
Fokkema, D. W., 82, 87
Folengo, T., 200
Ford, J., 160
Fortunati, L., 213
Foster, H., 11, 129
Foucault, M., 52, 131, 141, 144, 230, 236
Fowler, D., 168
Fracastoro, G., 45
Francalanci, E. L., 213
France, A., 230
Frank, J., 235
Franz, M., 223
Freitas Caton, L., 13, 132
Freud, S., 18, 30, 42, 56, 88-93, 95, 96, 103, 107, 140, 199, 203, 211, 223, 234

Friedrich, C. D., 238
Fromm, H., 240
Frye, N., 96, 161
Fubini, M., 162
Fumagalli Beonio Bocchieri, M., 44
Fusillo, M.,96, 103, 151, 154, 171, 175, 178, 182, 196, 200, 214, 215, 226, 240

Gadamer, H. G., 117-119
Gadda, C.E., 200
Galilei, G., 47
Garelli, G., 20
Gargani, A. G., 168, 206
Garin, E., 71
Garland, J., 194
Garncarz, J., 232
Garroni, E., 17, 19, 224
Gauguin, P., 99
Gaultier, J. de, 189
Gaultier, J.-P., 196
Gaut, B., 20
Gautier, T., 52, 62, 66
Geertz, C., 206
Gehry, F. O., 132
Genet, J., 125, 196
Genette, G., 29, 32, 86, 105, 115, 157, 173-175, 207, 228
George, S., 65, 147
Ghelli, F., 95, 199
Ghirri, L., 226
Gibson, W., 135, 213
Gide, A., 43
Giglioli, D., 135, 151
Ginzburg, C., 81
Giorcelli, C., 214
Girard, R., 184, 234
Girimonti Greco, G., 87, 192
Givone, S., 20, 51, 97
Glotfelty, C., 240
Goethe, J. W. von, 53, 60, 100, 120, 161, 231
Goffman, E., 220
Goldmann, L., 101

Goldoni, C., 154
Goodman, N., 173, 174, 208
Gordon, D., 233
Gorres, J. J. von, 53
Gould, S. J., 32, 205, 206
Goulet, A., 141, 146, 205, 206
Goytisolo, J., 196
Gravina, G. V., 71
Greenaway, P., 231
Greenberg, C., 223
Greenblatt, S., 144, 145
Griffero, T., 120
Grotowski, J., 176
Guarini, G. B., 47
Guattari, F., 236
Gutenberg, J., 217

Habermas, J., 21
Hadfield, A., 204
Hainsworth, J. B., 181
Handke, P., 231
Hanson, D., 42
Haraway, D., 213
Hare, D., 189
Hartman, G. H., 35, 126, 127
Haynes, T., 232
Hegel, G. W. F., 20, 41, 56, 98, 125, 161
Heidegger, M., 18, 33, 63, 117
Heliodoro, 182, 183
Herbart, J. F., 73
Herder, J. C., 52
Hermans, T., 175
Hernadi, P., 161
Herodoto, 31
Hillman, R., 227
Hirsch, E., 118
Hirst, D., 14
Hitchcock, A., 204, 234
Hoesterey, I., 229, 230
Hoffmann, E. T. A., 52
Hofmannsthal, H. von, 215
Hölderlin, F., 52, 60, 117, 210
Holland, N., 122

Homero, 28, 32, 37, 49, 100, 145, 146, 179-181, 217, 218, 224, 234
Horacio, 34, 43, 44, 145, 222
Horn, E., 21
Houdart-Mérot, V., 231
Houellebecq, M., 209
Hugo, V., 52, 57
Humboldt, W. von, 104
Husserl, E., 33, 82
Hutcheon, L., 228
Huysmans, J.-K., 65, 166

Iacoli, G., 23, 196, 235
Ian, M., 214
Ibsen, H., 155
Ingarden, R., 121
Innocenti, L., 52
Irwin, W., 143, 210
Iser, W., 66, 118, 121, 197, 207
Isherwood, C., 193
Izzo, D., 131

Jacob, M., 43, 238
Jacques-Lefévre, N., 144
Jakobson, R., 77, 81, 87
James, H., 46, 106, 107, 148, 149, 151, 152
Jameson, F., 42, 78, 102, 130, 132, 135, 206, 229, 230, 234
Jannidis, F., 143
Jarman, D., 231
Jauss, H. R., 79, 118-121, 158, 192
Jay, M., 224
Jeannelle, J.-L., 164
Jean Paul (J. P. F. Richter), 56, 59
Jedlowski, P., 111
Jensen, W., 89
Johnson, A., 202
Johnson, B., 124, 125
Johnson, P., 132
Jomeini, 151
Joseph, M., 201
Joyce, J., 98, 170, 172, 204, 235

Juan Scoto Eriugena, 23
Jung, C. G., 96

Kafka, F., 30, 92, 98, 109, 172, 210
Kane, S., 15, 42, 205
Kant, I., 16, 20, 38, 40, 61, 71
Karrer, W., 228
Katz, J., 213
Kelly, M., 20
Kemp, S., 229
Kennedy, T., 38
Kermode, F., 235
Kidman, N., 189
Kiefer, A., 227
Kierkegaard, S., 21, 62
King, S., 151
Klein, M., 91
Kobau, P., 17, 174
Kons, J., 230
Kounellis, J., 14
Krieger, M., 225
Krips, H., 213
Kris, E., 94
Kristeva, J., 103, 227
Kručënych, A. E., 77
Kundera, 209
Kunne-Ibsch, E., 82, 87

Lacan, C., 22, 92, 197
Laclos, P. A. F. Choderlos de, 209
Lacoue-Labarthe, P., 51
Lafon, M., 150
Lajarrige, J., 178
Lamarque, P., 143
Landowski, E., 213
La Polla, F., 233
La Porta, E., 19
Lavagetto, A., 90
Lavagetto, M., 140, 170, 209
Le Corbusier (C.-É. Jeannemt-Gris), 132
LeDoux, J., 203
Lee, V. (V. Paget), 147
Lem, S., 164

Leonardo da Vinci, 39, 89
Leonelli, G., 19
Leopardi, G., 41, 231
Lepaludier, L., 215
Lessing, G. E., 48, 49, 222, 223
Leuilliot, B., 141
Lévi-Strauss, C., 82, 87, 110
Lipps, T., 73, 91
Littell, J., 208
Locke, J., 39
Loiseleur, A., 234
Lombardi, A., 143
Lombardo, A., 106
Lombardo, G., 27, 31, 36
Lombardo, P., 87
Longhi, R., 68
Longino, 34-39, 41-43, 201
López Pinciano, A., 46
Lotman, J. M., 30, 80, 86, 87, 168, 171
Lówith, K., 79
Lubbock, P., 191
Lukács, G., 59, 98-102, 108
Luperini, R., 135
Luther Blissett (*vid.* Wu Ming), 150
Lyotard, J.-F., 42

McIver Lopes, D., 20
McLuhan, M., 216
McMahon, G., 196
Macri, T., 213
McWhirter, D., 13
Maczyńska, M., 151
Madonna (L. V. Ciccone), 231
Maffesoli, M., 236
Maggitti, V., 226
Mahler, G., 204
Mailer, N., 208
Maiakovsky, V. V., 77
Malevič, K. S., 41
Malighetti, R., 206
Mallarmé, S., 165-168
Mandeibaum, H., 232
Manet, E., 109

Mann, T., 100, 156, 198
Mannoni, O., 93
Manuzio, A., 45
Manzoni, A., 198
Marchesini, R., 135
Marco Aurelio, 81
Marcuse, H., 107
Mariani, C. M., 230
Marías, J., 209, 226
Marlowe, C., 145
Marrone, G., 213
Martelli, U., 38
Marx, K., 102, 108, 118, 210, 211
Marx, W., 11
Masecchia, A., 192
Matte Blanco, I., 95, 203
Matteucci, G., 174
Matthews, P. R., 13
Mattioli, E., 38, 39
Maurer, L., 227
Mauss, M., 211
Maxis, S., 151
Mazzara, E., 131
Mazzarella, A., 16, 210
Mazzoni, G., 157
Mejerchol'd, V., 176
Meneghelli, D., 106
Menke, B., 21
Menke, C., 21
Merli, E., 145
Merlino, G., 195
Meyer, J., 151
Meyer, R., 194
Miguel Ángel, 39
Michon, P., 231
Rohe, L. (M. L. M. Mies), 132
Mildonian, P., 228
Miller, D. A., 167
Miller, J., 127
Milton, J., 39
Mirzoeff, N., 224
Mistura, S., 111, 214
Mitchell, W. J. T., 223, 224
Mizzau, M., 56

Modica, M., 17, 154
Monceri, F., 176
Mondrian, P., 84
Monk, S. H., 41
Montaigne, M. de, 81
Montale, E., 209
Montani, P., 98
Monti, G., 196
Moore, J., 189
Morabito, R., 219
Moravia, S., 202
Moro, T., 145
Moretti, F., 103, 155, 171, 237
Moritz, K. P., 61
Mozzi, G., 208
Mukařovsky, J., 77, 83, 84
Müller, H., 221
Mulvey, L., 213
Muratori, L. A., 71
Musil, R., 30, 98, 100, 169-172, 192
Muzzioli, E., 107
Myers, E., 232

Nabokov, 191
Nancy, J.-L., 51
Nauta, R., 145
Nehamas, A., 63
Nerval, G. de, 52
Neubauer, J., 230, 232
Neumann, G., 197, 220
Newman, B., 42
Nietzsche, F., 14, 42, 60, 63-66, 140, 223
Noguez, D., 231, 232
Nothomb, A., 208
Novalis (F von Hardenberg), 60
Nussbaum, M. C., 203-205
Nuvolati, G., 112

Oels, D., 207
Oliensis, E., 145
Ong, W., 216
Opitz, M., 46

Orlan, 213
Orlando, F., 94, 95, 214, 215
Orsini, F., 38
Otto, R., 42
Ovidio, 177, 178, 231

Paduano, G., 56, 93
Paglia, C., 65
Palmieri, N., 170
Paolini, G., 219, 230
Paolini, M., 125
Papanghelis, T., 171
Pareyson, L., 101
Pasolini, P. P., 30, 221
Patai, D., 125, 132
Pater, W., 21, 65, 66, 147
Pavel, T., 97, 207
Pecere, O., 182
Pedretti, B., 172
Peeters, B., 150
Peirce, Ch., 86
Pellini, P., 150
Perec, G., 215
Pericles, 68
Perniola, M., 15, 31, 111, 212
Petrarca, E., 159
Petronio Arbitro, 105, 196
Pezzella, M., 132
Pfotenhauer, H., 225
Picasso, P., 110
Pietz, W., 213
Pinotti, A., 163
Pirandello, L., 155
Place-Verghnes, F., 229, 231, 234
Platón, 20, 29, 34, 45, 146, 150
Poe, E. A., 49, 89, 165
Poggioli, R., 77
Polacco, M., 103
Pontormo (Jacopo Carrucci), 196
Ponzio, A., 104
Porombka, S., 207
Portelli, A., 219
Pothen, P., 64
Poulet, G., 116, 117, 141

Praz, M., 65
Prete, A., 231
Prince, G., 115
Prokofiev, S., 231
Propp, V. J., 105
Pross, C., 197, 220
Proust, M., 22, 30, 51, 81, 100, 108, 127, 139-141, 149, 171, 174, 191, 192, 203, 225, 228
Pugliatti, P., 106
Puig, M., 226
Purdy, J., 195
Pustianaz, M., 47, 148, 197
Pynchon, T., 133, 134, 150

Quignard, P., 231
Quintiliano, 174

Rabelais, E., 105, 200
Racine, J., 48, 87
Rainsford, D., 204
Rank, O., 96
Ransmayr, C., 177, 178, 231
Rao, M., 238
Ravel, M., 231
Reed, T. V., 136
Rella, F., 51
Rengakos, A., 171
Rhyne, J., 13, 132
Ricoeur, P., 33
Rigaut, P., 214
Rilke, R. M., 127, 225
Rimbaud, A., 22, 140, 232
Rinaldi, R., 215
Rivière, J., 140
Robbe-Grillet, A., 133, 229
Roberts, D. H., 168
Robortello, F., 38, 45
Rochlitz, R., 101
Ropars-Wuillemieur, M. C., 235
Rorty, R., 21, 124
Rossati, A., 92
Rossi, L. E., 157, 218
Roth, P., 135, 151, 208

Rousseau, J. J., 59, 208
Ruiz, R., 191, 192
Ruskin, J., 65, 68, 225
Russi, R., 23, 200, 205
Russo, L., 38, 70, 89, 142
Rutelli, R., 202

Safo, 36
Saint Girons, B., 38
Salinger, J. D., 150
Sand, G. (A. A. L. Dupin), 186
Sangirardi, G., 238
Sartre, J.-P., 116
Sasso, G., 76
Sauerber, L. O., 207
Saussure, F. de, 82, 123
Sbardella, L., 218
Scaffai, N., 240
Scaligero, G. C. (G. Bordon), 46
Scaramuzza, G., 69
Schaeffer, J.-M., 11, 158, 207
Schafer, R., 206
Schechner, R., 220, 221
Schelling, F., 40, 53, 55, 60
Schiller, E., 40, 53
Schino, M., 154
Schlegel, A. W., 60
Schlegel, F., 21, 53-56, 59, 160
Schleiermacher, E., 70
Schlenstedt, D., 101
Schmeling, M., 178, 238
Schmitz-Emans, M., 178, 238
Schneider, I., 201
Schneumann, D., 216
Schroder, L. W., 216
Schutz, E., 207
Scolari, E., 73
Scott, R., 231
Scott, W., 52
Scotti, M., 148, 215
Sebald, W. G., 227
Segni, B., 45
Segre, C., 45, 86
Senaldi, M., 214

Serra, R., 74
Shakespeare, W., 48, 59, 67
Shattuck, R., 235
Shelley, P. B., 94
Sherman, C., 213
Shklovsky, V., 21, 77, 81, 82
Sidney, P., 47
Simmel, G., 30, 111, 163, 176, 238
Simon, C., 229
Simónides de Ceo, 37, 222
Simpson, D., 215
Sini, S., 72
Sirk, D., 232
Siti, W., 128, 164, 184, 208
Smitten, J. R., 235
Sófocles, 32, 93
Soja, E.W., 234
Solger, K. W. F., 56, 60
Sontag, S., 193-195, 199
Sousa, R. de, 203
Spanos, W., 124
Spanu, M., 235
Spengler, O., 14
Spencer, 145
Spet, G., 82
Speziante, L., 233
Staiger, E., 50
Stalin (I. V. Dzugasvili), 196
Stanislaskij, K. S., 176
Stark, P., 132
Steele, V., 214
Steiner, P., 78
Sterlac (S. Arcadiou), 213
Sterne, L., 59, 77, 105, 188
Stevens, W., 41
Stevenson, L., 164
Sting (G. M. Sumner), 231
Stirling, J., 230
Storm,T., 99
Strada, V., 102
Stramaglia, A., 182
Strauss, R., 194
Stravinskij, I., 231
Streep, M., 189

Strong, J., 164
Sue, E., 186
Suvin, D., 228
Svenbro, J., 146
Svevo, I. (E. Schmitz), 170

Tabucchi, A., 133
Tassi, I., 209
Tasso, T., 47, 156
Tatarkiewicz, W., 21
Tavi, F., 23
Taviani, F., 175
Taylor, C. L., 214
Thom, R., 79
Thomsen, C. W., 201
Tieck, L., 52
Todorov, T., 15, 78, 80, 82, 86, 104, 163, 164
Tolstoy, L., 81, 100, 101, 103, 170
Tondelli, P. V., 209
Torgovnick, M., 225
Tournier, M., 133, 227
Trier, L. von, 231
Trione, A., 79
Trotsky, L., 80
Turi, N., 221
Twitchell, J. B., 41
Tylor, E. B., 223
Tinianov, J., 80

Usener, H., 161
Uspenkij, B., 106

Valéry, P., 42, 51, 79
Valesio, P., 37
Valla, G., 45
Van Sant, G., 232
Vattimo, G., 64
Velotti, S., 174
Venturi, F., 132
Verene, D. P., 72
Verlaine, P., 234
Versari, M., 163
Vettori, P., 38
Vico, G., 16, 21, 69-73

Viel, T., 226
Villa, L., 148
Villa, V., 171
Viollet, C., 164
Virgilio, 44
Vischer, F. T., 41
Visconti, L., 194
Vittorini, F., 170
Voell, S., 216
Voltaire (F. M. Arouet), 81
Vorcellone, F., 14
Vozza, M., 117

Wackenroder, W. H., 52, 54
Wagner, R., 30, 64, 132, 166, 171, 210, 225
Wahl, F., 85
Waits, T., 231
Walcott, D., 164
Wallace, D. F., 100, 136, 224
Warburg, A., 223, 226
Warhol, A., 14, 194, 195
Watt, I., 97
Weber, M., 176
Weinberg, B., 46
Weiskel, T., 41
Wellek, R., 80, 125
Welsch, W., 14
Wenders, W., 231
Westphal, B., 236, 237

Wettlaufer, A.K., 225
Wiegmann, H., 45
Whistler, J. A. M., 166
White, E., 206, 232
Whitman, W., 94, 204
Wilde, O., 21, 22, 61, 65-68, 74, 84, 148, 196
Wildgruber, G., 197, 220
Wilson, B.,231
Wilson, E., 79
Wilson, R., 41
Wimsatt, W. C., 18, 201
Winchester, J., 63
Winsor Leach, E., 238
Wittgenstein, L., 168, 231
Woods, T., 204
Woolf, V., 155, 181, 189, 215, 225
Wooten, C., 196
Wordsworth, W., 55, 60
Wuthenow, R. R., 63
Wyatt, T., 145

Zagari, L., 52
Zanger, A., 233
Zanotti, P., 112, 148, 198-200
Zatti, S., 159
Zenobi, L., 23
Zizek, S., 13, 132, 214
Zola, É., 150
Zumthor, P., 173, 216

La balsa de la Medusa

1. Immanuel Kant
Primera introducción a la «Crítica del Juicio»
2. Konrad Fiedler
Escritos sobre arte
3. Valeriano Bozal
Mímesis: las imágenes y las cosas
4. Paul Valéry
Escritos sobre Leonardo da Vinci
5. Felipe Martínez Marzoa
Desconocida raíz común
6. F. M. Cornford
Principium Sapientiae
7. Aloïs Riegl
El culto moderno a los monumentos
8. Galvano della Volpe
Historia del gusto
9. Frederick Antal
Rafael entre el clasicismo y el manierismo
10. A. von Hildebrand
El problema de la forma en la obra de arte
11. L. Pareyson
Conversaciones de estética
12. Francisca Pérez Carreño
Los placeres del parecido (Icono y representación)
13. Plinio (edición de Esperanza Torrego)
Textos de Historia del Arte
14. F. M. Cornford
Platón y Parménides
15. Edgar de Bruyne
La estética de la Edad Media
16. Folke Nordström
Goya, Saturno y melancolía
17. Carlos Thiebaut
Cabe Aristóteles
18. Paul Valéry
La idea fija
19. Frederick Antal
Estudios sobre Fuseli
20. Rosario Assunto
Naturaleza y razón en la estética del setecientos
21. M. Calvesi
La metafísica esclarecida
22. Charles Baudelaire
Edgar Allan Poe
23. Karl Kraus
Escritos
24. F. Rosenzweig
El nuevo pensamiento
25. Charles Baudelaire
Lo cómico y la caricatura
26. Isidoro Reguera
La lógica kantiana
27. Edward Timms
Karl Kraus: satírico apocalíptico
28. Massimo Cacciari
El Angel necesario
29. José M. González García
La máquina burocrática (Afinidades electivas entre Max Weber y Kafka)
30. N. Goodman
Maneras de hacer mundos
31. Rainer Warning (ed.)
Estética de la recepción
32. R. Assunto
La antigüedad como futuro
33. Remo Bodei
Hölderlin: la filosofía y lo trágico
34. AA. VV.
Estudios sobre la «Crítica del Juicio»
35. Carlos Thiebaut
Historia del nombrar
36. Javier Arnaldo
Estilo y naturaleza. La obra de arte en el romanticismo alemán
37. J. Addison
Los placeres de la imaginación y otros ensayos de «The Spectator»
38. Michael Baxandall
Giotto y los oradores
39. Paul Valéry
Teoría poética y estética
40. Max Kommerell
Lessing y Aristóteles
41. Emmanuel Lévinas
Etica e infinito
42. Sergio Givone
Desencanto del mundo y pensamiento trágico
43. Felipe Martínez Marzoa
Cálculo y ser. Aproximación a Leibniz
44. Paul Cézanne
Correspondencia
45. Ernst Robert Curtius
El espíritu francés en el siglo XX. Tomo I

46 Ernst Robert Curtius
El espíritu francés en el siglo XX. Tomo II
47 Valeriano Bozal
*Los primeros diez años. 1900-1910,
los orígenes del arte contemporáneo*
48 Robert Musil
Ensayos y conferencias
49 Juan Antonio Ramírez
Arte y arquitectura en la época del capitalismo triunfante
50 F. Martínez Marzoa
De Kant a Hölderlin
51 D. Frisby
Fragmentos de la modernidad
52 A. Riegl
El arte industrial tardorromano
53 Estrella de Diego
El andrógino sexuado
54 Carl Gustav Carus
*Cartas y anotaciones sobre la pintura de paisaje.
Diez cartas sobre la pintura de paisaje con doce suplementos y una carta de Goethe a modo de introducción*
55 José L. Villacañas
Tragedia y teodicea de la historia. El destino de los ideales en Lessing y Schiller
56 Champfleury
*Su mirada y la de Baudelaire.
Presentación y selección de los textos de Geneviève y Jean Lacambre*
57 John Neubauer
La emancipación de la música. El alejamiento de la mimesis en la estética del siglo XVIII
58 Peter Szondi
*Poética y filosofía de la historia. I. Antigüedad clásica y Modernidad en la estética de la época de Goethe.
La teoría hegeliana de la poesía*
59 A. Wellmer
Sobre la dialéctica de modernidad y postmodernidad. La crítica de la razón después de Adorno
60 Carlos Piera
Contrariedades del sujeto
61 Karl Löwith
Mi vida en Alemania antes y después de 1933. Un testimonio.
62 Paul Valéry
Estudios filosóficos
63 Hermann Fränkel
*Poesía y filosofía de la Grecia arcaica.
Historia de la épica, la lírica y la prosa griegas hasta la mitad del siglo V*

64 Paul Valéry
Escritos literarios
65 B. J. Gallardo
Diccionario crítico-burlesco
66 Werner Hofmann (ed.)
Runge: preguntas y respuestas
67 N. Chomsky
Crónicas de la discrepancia
68 S. González Noriega
El viaje a Siracusa
69 R. Longhi
Breve pero auténtica historia de la pintura italiana
70 G. Apollinaire
Los pintores cubistas
71 H. Blumenberg
Naufragio con espectador
72 C. Bodenmann-Ritter
Joseph Beuys. Cada hombre, un artista
73 A. Llorente Hernández
Arte e ideología en el franquismo (1936-1951)
74 N. Poussin
Cartas y consideraciones en torno al arte
75 N. Goodman
De la mente y otras materias
76 H. Robert Jauss
Las transformaciones de lo moderno
77 M. C. Nussbaum
La fragilidad del bien
78 F. Martínez Marzoa
Hölderlin y la lógica hegeliana
79 S. Buck-Morrs
Dialéctica de la mirada
80 Valeriano Bozal (ed.) y otros
Historia de las ideas estéticas y de las teorías artísticas contemporáneas. I
81 Valeriano Bozal (ed.) y otros
Historia de las ideas estéticas y de las teorías artísticas contemporáneas. II
82 P. Bürger
Crítica de la estética idealista
83 Ch. Baudelaire
Salones y otros escritos sobre arte
84 R. Wollheim
La pintura como arte
85 Ch. Menke
La soberanía del arte
86 Karl-Otto Apel
El camino del pensamiento de Charles S. Peirce
87 Angel Ferrant
Todo se parece a algo
88 Michael Baxandall
Las sombras y el Siglo de las Luces

89 Facundo Tomás
Escrito, pintado
90 Jean Clair
Malinconia
91 Remo Bodei
La forma de lo bello
92 Jean Clair
La responsabilidad del artista
93 Charles Baudelaire
Crítica literaria
94 Valeriano Bozal
El gusto
95 Maurizio Ferraris
La imaginación
96 Salvador Mas
Hölderlin y los griegos
97 Paolo D'Angelo
La estética del romanticismo
98 Paul Valéry
Monsieur Teste
99 Carlos Thiebaut
De la tolerancia
100 Paul Valéry
Piezas sobre arte
101 Valeriano Bozal
Necesidad de la ironía
102 Karin Hellwig
La literatura artística española del siglo XVII
103 Antonio Valdecantos
Contra el relativismo
104 Remo Ceserani
Lo fantástico
105 Julio Seoane
La política moral del Rococó
106 Elio Franzini
La estética del siglo XVIII
107 Picasso/Apollinaire
Correspondencia
108 Jean Starobinski
Remedio en el mal
109 Michael Fried
El lugar del espectador
110 Paul Valéry
Eupalinos o el arquitecto / El alma y la danza
111 Mario Perniola
La estética del siglo veinte
112 Roberta Ann Quance
Mujer o árbol
113 Svetlana Alpers
La creación de Rubens
114 Concetta d'Angeli y Guido Paduano
Lo cómico
115 Michael Podro
Los historiadores del arte críticos

116 Enrico Fubini
Estética de la música
117 Carmen González Marín
De la mentira
118 José-Miguel Marinas
La fábula del bazar
119 Stanley Cavell
Un tono de filosofía
120 James Lord
Retrato de Giacometti
121 Facundo Tomás
Formas artísticas y sociedad de masas
122 Ernst Bloch
Thomas Müntzer, teólogo de la revolución
123 Thomas Crow
Emulación
124 Juan Antonio Ramírez
Dalí: lo crudo y lo podrido
125 Richard Shiff
Cézanne y el fin del impresionismo
126 Alessandro Ferrara
Autenticidad Reflexiva
127 Francisca Pérez Carreño
Arte minimal. Objeto y sentido
128 Noël Carroll
Una filosofía del arte de masas
129 Jèssica Jacques Pi
La estética del románico y el gótico
130 George Dickie
El siglo del gusto
131 Michael Fried
El realismo de Courbet
132 Josep E. Corbí
Un lugar para la moral
133 Diderot
Salón de 1767
134 Paul Valéry
Mi Fausto/Diálogo del árbol
135 Eduardo Westerdahl
Dar a ver
136 Roberto Masiero
Estética de la arquitectura
137 Hans Blumenberg
Salidas de caverna
138 Federico Vercellone
Estética del siglo XIX
139 Susan Buck-Morss
Mundo soñado y catástrofe
140 Jordi Ibáñez Fanés
La lupa de Beckett
141 Michael Fried
Arte y objetualidad
142 Mario Pezzella
Estética del cine

143 Michael Walzer
Razón, política y pasión
144 Felipe Martínez Marzoa
El saber de la comedia
145 Noël Carroll
Filosofía del terror o paradojas del corazón
146 Francisca Pérez Carreño (ed.)
Estética después del fin del arte
147 Gerard Vilar
Las razones del arte
148 Peter Szondi
Poética y filosofía de la historia II
149 Facundo Tomás
Escrito pintado
(2.ª ed. corregida y aumentada)
150 Semir Zeki
Visión interior
151 Stendhal
Escritos sobre arte y teatro
152 María López Fernández
La imagen de la mujer en la pintura española
153 Jean-Marie Schaeffer
Adiós a la estética
154 Valeriano Bozal (ed.)
Imágenes de la violencia en el arte contemporáneo
155 Eustaquio Barjau
Elogio de la cortesía
156 Richard Wollheim
Sobre las emociones
157 Felipe Martínez Marzoa
El decir griego
158 Jean Clair
La barbarie ordinaria
159 Valeriano Bozal
Estudios de arte contemporáneo, I
160 Valeriano Bozal
Estudios de arte contemporáneo, II
161 Jèssica Jaques Pi
Picasso en Gósol, 1906: un verano para la modernidad
162 Baldine Saint Girons
Lo sublime
163 Jean Clair
Lección de abismo. Nueve aproximaciones a Picasso
164 Laura Bossi
Historia natural del alma
165 Christoph Menke
La actualidad de la tragedia. Ensayo sobre juicio y representación
166 Clavelinda Fuster
Aficiones y fricciones en el planeta del arte
167 Giovanni Lombardo
La estética antigua
168 Alois Riegl
El retrato holandés de grupo
169 Richard Wollheim
Germen. Memorias de infancia
170 Valeriano Bozal
Pinturas negras de Goya
171 Stanley Cavell
Más allá de las lágrimas
172 Matti Megged
Diálogo en el vacío y otros escritos
173 Karl Kraus
Escritos
174 Wolfgang Kayser
Lo grotesco. Su realización en literatura y pintura
175 M.ª José Alcaraz y Francisca Pérez Carreño (eds.)
Significado, emoción y valor. Ensayos sobre filosofía de la música
176 Ernesto L. Francalanci
Estética de los objetos
177 Jerrold Levinson (ed.)
Ética y estética
178 Salvador Rubio Marco
Como si lo estuviera viendo (El recuerdo en imágenes)
179 Patricia Castelli
La estética del Renacimiento
180 Bernard Williams
Vergüenza y necesidad. Recuperación de algunos conceptos morales de la Grecia antigua
181 Peter Kivy
El poseedor y el poseído. Handel, Mozart, Beethoven y el concepto de genio musical
182 Andrea Pinotti
Estética de la pintura
183 Giorgio Melchiori
Joyce: El oficio de escribir
184 Ulisse Dogà
Port Bou: ¿Alemán? Paul Celan lee a Walter Benjamin
185 Hans Robert Jauss
Caminos de la comprensión
186 Gregory Currie
Artes & Mentes